浙江省哲学社会科学规划课题（23NDJC369YB）资助出版

数字技术赋能城市交通拥堵治理机制及优化策略研究

陈　暄　著

中国原子能出版社

图书在版编目（CIP）数据

数字技术赋能城市交通拥堵治理机制及优化策略研究 /
陈暄著. -- 北京 : 中国原子能出版社，2024. 7.

ISBN 978-7-5221-3527-4

Ⅰ. U491

中国国家版本馆 CIP 数据核字第 2024QX8279 号

数字技术赋能城市交通拥堵治理机制及优化策略研究

出版发行	中国原子能出版社（北京市海淀区阜成路 43 号　100048）	
责任编辑	王齐飞	
责任印制	赵　明	
印　　刷	河北宝昌佳彩印刷有限公司	
经　　销	全国新华书店	
开　　本	787 mm×1092 mm　1/16	
印　　张	16	
字　　数	230 千字	
版　　次	2024 年 7 月第 1 版　2024 年 7 月第 1 次印刷	
书　　号	ISBN 978-7-5221-3527-4　　　　**定　价　88.00 元**	

前　言

随着城市化进程的加速，交通拥堵已经成为各大城市面临的共同难题。为了解决这一难题，各国政府和城市管理部门采取了多种措施，但效果有限。本书旨在深入研究数字技术在城市交通拥堵治理中的应用与优化策略，以期为相关管理部门和研究者提供有益参考。

本书介绍了数字技术的内涵、分类及在新时代的应用，分析了城市交通拥堵的现状及原因，揭示了数字技术在解决交通拥堵问题中的重要性。总结国内外先进的治理经验，探讨数字技术在交通管理中的应用，包括智能交通系统的发展、大数据与交通管理的结合，以及人工智能在交通领域的应用等。深入剖析数字技术赋能城市交通拥堵治理的机制，包括治理要素的协调、治理目标的明确，以及治理手段的创新。探讨数字技术赋能城市交通拥堵治理的实现路径，包括数字技术在公交车辆调度、车辆特征识别、交通流量预测、交叉路口疏导，以及车路协同方面的应用。提出数字技术赋能城市拥堵治理策略优化，包括强化政策体系支撑、优化交通工具的数字技术，以及推动智能交通系统的数字化转型升级。

在撰写本书的过程中，尽可能地收集了国内外相关领域的最新研究成果和实践案例，进行了深入的分析和比较研究。相信这些研究成果和实践经验对于推动城市交通拥堵治理的数字化转型具有重要的意义。

当然，本书的研究还存在一些不足之处。由于数字技术的发展迅速，相关政策和措施也在不断变化和完善中，因此本书的研究成果可能具有一定的时效性。此外，本书主要关注数字技术在城市交通拥堵治理中的应用与优化策略研究，对于其他相关领域的问题未进行深入探讨。希望未来的研究能够进一步拓展和深化这一领域的研究内容。

希望本书的研究成果能够为城市交通拥堵治理的数字化转型提供参考和借鉴。同时，也希望未来有更多的学者和研究人员关注这一领域的研究，共同推动城市交通拥堵治理的创新和发展。

目 录

第一章　数字技术概述 ……………………………………………… 1

　　第一节　数字技术的内涵 ………………………………………… 1

　　第二节　数字技术的分类及影响 ………………………………… 13

　　第三节　数字技术在新时代的应用 ……………………………… 19

第二章　城市交通拥堵治理困境分析 …………………………… 28

　　第一节　国内外研究现状 ………………………………………… 28

　　第二节　交通拥堵的现状及原因 ………………………………… 34

　　第三节　"精细化"管理路径设计 ……………………………… 43

第三章　城市交通拥堵治理经验借鉴研究 …………………… 51

　　第一节　世界先进经验研究 ……………………………………… 51

　　第二节　先进技术与城市交通拥堵治理 ………………………… 59

　　第三节　缓解城市交通拥堵的政策制定与施行 ………………… 75

第四章　数字技术在交通管理中的应用 ……………………… 84

　　第一节　智能交通系统的发展 …………………………………… 85

　　第二节　大数据与交通管理 ……………………………………… 94

　　第三节　人工智能的应用 ………………………………………… 104

第五章　数字技术赋能城市交通拥堵治理机制 …………… 114

　　第一节　剖析治理要素，协调路、车、人最优关系 ………… 114

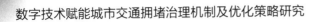
第二节 明确治理目标，找准数字技术定位 …………… 123

第三节 创新治理手段，疏导城市道路交通拥堵 …………… 130

第六章 数字技术赋能城市交通拥堵治理实现路径 …………… 149

第一节 数字技术赋能公交车辆调度 …………… 150

第二节 数字技术赋能的车辆特征识别 …………… 165

第三节 数字技术赋能的交通流量预测 …………… 191

第四节 数字技术赋能的交叉路口疏导 …………… 208

第五节 数字技术赋能的车路协同研究 …………… 215

第七章 数字技术赋能城市拥堵治理策略优化 …………… 225

第一节 强化政策体系支撑 …………… 225

第二节 交通工具的数字技术优化 …………… 229

第三节 智能交通系统的数字化转型升级 …………… 237

参考文献 …………… 246

第一章　数字技术概述

在探索数字技术的广阔世界时，首先需要理解其深刻的内涵、分类和新时代的应用。数字技术，作为当代社会最具变革性的力量之一，不仅是一系列技术工具和应用的集合，它更是一种全新的思维方式和生活模式的体现。本章将探讨数字技术的基本概念、核心构成和主要特征，揭示其与传统技术的根本区别，并分析其分类及内部关系。通过这样的剖析，可以更全面地理解数字技术如何重塑世界。数字技术的影响无处不在，从公共服务到工作环境，从日常生活到教育领域，每一个角落都显露着数字化的足迹。在公共服务领域，数字技术正改善着城市基础设施的运作和提高公共安全水平；在工作环境中，它引领着远程办公和自动化流程的革新；在日常生活中，智能家居系统和在线娱乐正日益成为生活的一部分；在教育领域，数字技术正在创造全新的学习体验和知识传递方式。通过了解不同领域中数字技术的应用，不仅能够洞察各领域尤其是交通领域的技术趋势和发展方向，还能预见未来社会的变化轨迹。

第一节　数字技术的内涵

数字技术，不仅是当代科学技术的一个重要分支，更是现代社会发展的强大驱动力。通过详细剖析数字技术的基本概念、核心构成及其与传统技术的区别，来揭示数字技术如何在计算能力和互联互通的基础上，通过其独特的通信和连接特性，为人们的生活和工作带来深远的影响。数字技术的基本概念及其核心构成，包括数字组件、数字平台和数字基础设施，这些构成要素共同定义了数字技术的范畴和功能。数字技术的主要特征，如计算与互联的融合、通信与用户互动的集成，以及连接与应用的综合特性，这些特征共同塑造了数字技术的独特优势和应用领域。通过比较数字技术与传统技术在功能性、应用领域扩展及效率与性能提升方面的差异，清晰地展示了数字技术如何改变着当今的世界，不仅在效率上超越传统技术，更在创新和服务开发上展现出其无可比拟的优势。让人们洞察数字技术的深层结构和广泛影响，理解它如何在不断进化中重塑生活和思维方式。

一、数字技术的概念与核心构成

（一）数字技术的内涵

数字技术，通常被称为数字控制技术，是一种紧密与电子计算机技术相关联的科学技术。它的基础是将多种形式的信息——包括图形、文字、声音、图像等，通过特定的转换设备编码为计算机可识别的二进制数字形式，信息资源以数字化的形式存在，也就是说，计算机实现了信息数字化的突破，所有的信息都可以用"1"和"0"这两个数字来表示。这一过程包含了信息的运算、加工、存储、传输、传播，以及最终的还原。在这个过程中，涉及的信息编码、压缩和解码等关键操作，使得数字技术在许多领域中也被广泛称为数码技术或计算机数字技术。此外，作为数字技术的一个重要分支，数字控制技术专注于利用计算机对各类信息进行高效处理。

在现代科技发展的大背景下，数字技术已经成为创新要素最为丰富、应用范围最为广泛、辐射效应最为显著的技术创新领域之一。当前，全球正经历着从传统的网络化时代向数字网络化、智能网络化时代的加速转变。这种

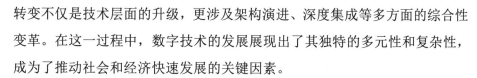

转变不仅是技术层面的升级，更涉及架构演进、深度集成等多方面的综合性变革。在这一过程中，数字技术的发展展现出了其独特的多元性和复杂性，成为了推动社会和经济快速发展的关键因素。

深入理解数字技术的内涵，可以从其作为信息通信技术或系统在当代的最新发展这一角度出发。数字技术是一种能够将各类信息转化为计算机可以识别的语言，并对其进行加工、存储、分析，以及传递的先进技术。在这个过程中，信息被转化为数字格式，使得计算机和其他电子设备能够更有效地处理和管理这些信息。数字技术的这一核心功能，不仅极大地提高了信息处理的效率和准确性，还拓展了信息的使用和应用范围。故此，把数字技术的内涵阐述为数字技术是信息通信技术或系统在当代的最新发展。它是一种能够将各种信息转化为计算机可以识别的语言进行加工、储存、分析，以及传递的信息通信技术或系统。

（二）数字技术包含数字组件、数字平台、数字基础设施 3 个核心

数字组件作为数字技术的一个核心构成部分，不仅在技术实现上发挥着基础作用，也在促进数字技术与用户之间的互动和连接上起着关键作用。数字组件主要是指那些被嵌入到产品或服务中的硬件或软件，它们为用户提供特定的功能和价值。这些组件包括但不限于数字配件、应用程序和媒体内容，例如，电子芯片、智能手机应用程序、智能手表。这些数字组件是构成现代数字技术不可分割的部分，它们通过各自的功能性和应用场景，共同构成了数字技术的实际应用基础。

在数字技术的应用和发展过程中，这些组件不仅提供了技术实现的基本单元，也是连接用户与数字世界的关键桥梁。每个组件都具有其独特的功能和应用价值，能够在特定的环境和条件下发挥作用，从而为用户提供丰富多样的数字化体验。例如，智能手机应用程序通过提供各种实用功能和服务，极大地丰富了用户的日常生活，而智能手表则通过其便携性和连接性，提供了更加方便和快捷的信息获取方式。

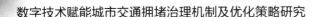

数字基础设施为数字技术的实现提供了物理基础，也为数字技术的发展和应用提供了基础平台。它涵盖了一系列提供通信、协作或计算能力的数字技术工具和系统，以支持创新创业活动。数字化基础设施因其潜力巨大、市场估值较高，也受到了前所未有的关注，它为数字化社会的广泛功能和服务提供了必要的支撑。数字基础设施主要包含三个关键领域。一是通信网络基础设施，代表着现代通信技术的最新发展，如 5G 网络、物联网和工业互联网。这些技术为高速、大容量的数据传输提供了基础，从而支持了复杂的网络操作和实时数据处理。二是新技术基础设施，包括人工智能、云计算、区块链等先进技术，这些技术为数字化世界提供了强大的计算能力和高效的数据处理机制。三是算力基础设施，以数据中心、智能计算中心为代表的算力基础设施，它们是处理、储存和分析海量数据的核心设施，为数字技术的高效运行提供了关键支持。

数字平台可以被看作是建立在互联网之上的基础设施，实现了人们的连接和信息集成，并且通过提供一系列的工具软件，使用户可以构建自己的产品、服务和市场。数字平台可以细分为创新型数字平台和交易型数字平台，各自具有不同的功能和目标。创新型数字平台目标在于支持用户基于平台开发相关的产品与服务；交易型数字平台目标在于促进用户之间的交易与价值交换。这类平台提供了必要的技术支持和资源共享环境，从而促进用户创新和产品开发的活动。它们通常集成了各种开发工具和服务，使用户能够在一个统一的环境中进行产品设计、原型开发，以及市场测试。与此同时，交易型数字平台则专注于促进用户间的交易与价值交换。这类平台通过提供一个集成的交易环境，使得买卖双方可以更加方便地进行商品和服务的交易。交易型平台不仅优化了交易流程，还提供了评价系统、支付处理和物流跟踪功能，从而确保交易的安全性和便利性。无论是创新型数字平台还是交易型数字平台，都已成为数字技术架构的重要组成部分。它们不仅是技术创新和经济活动的关键平台，更是连接不同用户、企业和市场的重要桥梁。数字技术通过这些平台能够更有效地被应用于各种场景，从而推动各领域的数字化转型和发展。

二、数字技术的主要特征

（一）计算与互联的融合特性

1. 可编辑性与可扩展性

数字技术在现代社会中的普遍应用和迅猛发展，归功于其一系列独特的核心特征，尤其是在计算与互联方面。这些特征不仅突出了数字技术的可调整性和可增强性，使数字技术成为了一个动态、可适应和多功能的平台，而且与互联性和网络化特点紧密相连，充分体现了数字技术在网络环境中所展现的灵活性和适应性。数字技术通过这些特性，不断地促进新业务模式的产生，改变了人们的工作和生活方式。

（1）可编辑性。这指的是数字技术能被外部对象访问和修改的能力。这种特性对于当前数字技术的发展至关重要，因为它赋予了技术以前所未有的动态性和适应性。例如，嵌入式计算和多功能性的计算能力，这些特性不仅增强了非数字组件的可编程性，还提升了其可塑性。换言之，数字技术通过提升这些组件的可编程性，增加了它们的功能性和灵活性。更重要的是，这种可编辑性促进了形式和功能之间的脱耦，使得数字编码指令能够独立于物理结构而存在，并且可以被反复修改以适应不同的需求。这种脱耦不仅提升了数字技术的灵活性，也扩大了其应用范围。因此，可以通过对数字组件的部分修改，将新的功能嵌入到现有的数字产品中，这大大提高了产品的适应性和功能性。

（2）可扩展性。可扩展性指出数字技术可以以低成本和高效率的方式增强其功能和性能。这一特性在数字化时代尤为重要，因为它使得技术能够快速适应不断变化的市场和用户需求。数字技术在此方面的作用可视为一种中介，它能够有效控制信息的输入、处理和输出。这种控制能力不仅体现了数字技术的适应性，还展示了其对新需求和新情景的响应能力。通过对软件和硬件的修改，甚至通过简单的添加新元素，数字技术可以无缝地适应新的挑战和需求，无论是提升现有的性能，还是处理大规模和复杂的业务。例如，在云计算环境下，资源的动态分配和扩展使得企业可以根据需求快速调整其服务能力，这在保持成本效率的同时，也满足了市场的不断变化。

2. 数据驱动与智能化

数据驱动与智能化是数字技术主要特征中计算与互联融合特性的关键体现。通过数据的深入处理和分析，数字技术不仅能够实现智能决策和操作，还能够持续优化和扩展其功能。

（1）数据驱动。数据驱动的概念基于数据的收集、分析和应用，这是数字技术发展的基石。在数字化环境中，海量的数据被持续生成和收集，这些数据不仅包含了丰富的信息，还蕴含着潜在的价值。利用先进的数据处理技术，如数据挖掘和机器学习，可以从这些数据中提取有用的信息和洞见。这一过程不仅证明了数字技术的可编辑性，即对数据的访问和修改能力，还体现了其可扩展性，即能够根据数据的增长和变化进行自我优化和功能扩展。例如，通过分析消费者行为数据，企业可以优化其市场策略，提供更加个性化的产品和服务。

（2）智能化。智能化则是数据驱动的直接结果。随着计算能力的提升和算法的进步，数字技术已经能够进行复杂的数据分析和模式识别，从而实现智能决策和操作。这种智能化不仅局限于自动化或机械化的过程，更涉及决策支持、预测分析和自适应学习等高级功能。智能化技术如人工智能和机器学习，使得数字技术不仅能够处理和分析数据，还能从数据中学习并不断改进其性能。例如，在医疗领域，通过对大量医疗数据的分析，智能化的诊断系统可以提供更为准确的疾病诊断和治疗建议。

数据驱动与智能化的结合为数字技术赋予了前所未有的潜能。这不仅体现在技术本身的发展上，更是在其应用于各个领域时所展示的影响力。例如，在金融行业，智能化的风险评估系统能够基于大数据分析，提供更为精准的风险评估和信贷决策。在城市管理方面，智能交通系统能够根据实时交通数据，优化交通流量和减少拥堵。这些应用不仅展示了数字技术的高度可编辑

性和可扩展性，还体现了其在实际问题解决中的有效性和高效性。

（二）通信与用户互动的集成特性

可寻址性、可追溯性与可记忆性。数字技术的发展不仅依赖于其计算能力，还涉及其在通信和用户互动方面的独特能力。特别是可寻址性、可追溯性与可记忆性这三个特征，它们在实现个性化和定制化用户体验方面发挥着至关重要的作用。它们为数字技术提供了强大的通信能力和用户互动潜力，使得数字技术不仅能够处理复杂的数据，还能提供丰富、个性化和互动性强的用户体验。这些特性不仅对于提升个人用户体验至关重要，也对于企业和组织在市场上的竞争力、效率和创新能力发挥着重要作用。

（1）可寻址性。可寻址性是指数字技术中的某一组件能够对多种类似组件的信息进行独立响应的能力。这一特性是构建数字网络和实现万物互联的基础。在一个高度互联的数字世界中，每一个个体都可以被独立追踪和识别。这一过程不仅依赖于物理标识，如芯片和二维码，也涉及复杂的数据处理和通信协议。例如，当数字产品装配有特定的芯片或标识符时，它们可以在网络中被准确定位和追踪。这不仅为物品的追踪提供了便利，还为个性化服务和智能化管理打下了基础。

（2）可追溯性。可追溯性涉及数据的记录、存储和再现能力。这一特性确保了数据不仅被捕获和保存，还能被复原和追溯到其原始状态。在现代社会中，这种能力对于保证数据的真实性和可靠性至关重要。通过使用先进的数据管理和分析技术，如人工智能和大数据分析，数字技术能够重现复杂的使用场景和用户行为模式。例如，人工智能系统可以通过分析历史数据，准确重现产品使用过程中的各种情景，从而提供更为准确和深入的洞见。

（3）可记忆性。可记忆性是指数字技术能够记录和记住用户的行为、地点、时间和互动结果。这一特性在提高用户体验和实现个性化服务方面发挥着重要作用。例如，智能手机应用程序能够根据用户的地理位置、使用习惯和偏好，提供定制化的服务和内容。这不仅提高了用户体验，还使得服务更加贴合用户的实际需求。

用户交互性与体验优化。用户交互性与体验优化是衡量数字技术成熟度和效能的关键标准，不仅体现了数字技术的先进性和吸引力，而且揭示了其在促进用户参与度和优化用户体验方面的深远影响。在这个框架下，通信类特征如可追溯性和可记忆性与用户交互性和体验优化紧密相连，共同构成了数字技术通信与用户互动的集成特性的核心。

用户交互性与体验优化的概念涵盖了用户与数字技术之间互动的各个方面，包括界面设计、响应速度、个性化服务等。这些方面的优化不仅提高了用户对技术产品的使用满意度，也加强了用户的参与度和忠诚度。在设计这些体验时，关键在于理解和满足用户的需求和预期。随着数字技术的快速发展，用户期望的不仅是基本功能的满足，更期待获得丰富、个性化和互动性强的使用体验。因此，有效地利用数字技术提高用户交互性，已成为企业和开发者的主要目标之一。可追溯性和可记忆性作为通信类特征，在提高用户交互性和优化体验方面发挥着至关重要的作用。可追溯性指的是对数据的源头和变化过程进行追踪和复原的能力，这在确保数据真实性和可靠性方面至关重要。例如，在线购物平台通过追踪用户的浏览和购买历史，能够提供更准确的产品推荐和个性化体验。而可记忆性则指的是数字产品能够记住用户的行为模式和偏好设置，从而提供连贯和定制化的体验。例如，智能家居系统能够根据用户的活动模式自动调整环境设置，提供更舒适和个性化的居住体验。这些通信类特征通过收集和分析用户数据，使得数字技术能够提供更加个性化和精准的服务。当用户与数字产品互动时，这些产品不仅能够响应用户的当前需求，还能根据用户过去的行为和偏好预测未来的需求。这种基于数据的深度个性化和预测性服务，极大地提升了用户体验的质量和满意度。

（三）连接与应用的综合特性

1. 可沟通性、可联想性与可感知性

数字技术的发展已经超越了单纯的计算和处理功能，逐渐转向加强系统

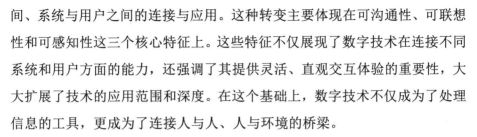

间、系统与用户之间的连接与应用。这种转变主要体现在可沟通性、可联想性和可感知性这三个核心特征上。这些特征不仅展现了数字技术在连接不同系统和用户方面的能力，还强调了其提供灵活、直观交互体验的重要性，大大扩展了技术的应用范围和深度。在这个基础上，数字技术不仅成为了处理信息的工具，更成为了连接人与人、人与环境的桥梁。

（1）可沟通性。可沟通性强调的是数字技术在促进不同产品之间，或产品与使用者之间的交流与感知能力。这种特征在信息时代显得尤为重要，因为它不仅关乎信息的传递，更关乎信息的有效性和及时性。可沟通性通过实时数据的收集和分析，使得决策者能够迅速做出反应，及时采取措施，从而有效控制疫情的扩散。

（2）可联想性。可联想性指的是数字技术能够定义用户、产品，以及时间、地点等相关信息的关联性。这种能力使得技术不仅能处理单一的数据点，而且能够将这些数据点联系起来，形成有意义的模式和洞见。例如，社交媒体平台上的公众号应用可以根据用户的浏览和互动记录对用户进行标签化，进而实现个性化的内容推送。这种分类方法不仅提高了用户体验，还增强了内容的相关性和吸引力。另外，可联想性还体现在技术如何综合不同的数据源，产生超出单一数据源可能的效果。例如，某些娱乐性应用能够通过算法与大量用户建立联系，实时生成和分析大量数据，从而提供更加丰富和多样化的内容。

（3）可感知性。可感知性是指嵌入数字技术的产品具有的情境感知能力。这种特性使得产品不仅能够收集数据，还能够根据环境变化或用户行为调整其功能。例如，汽车中安装的小型传感器可以根据驾驶环境调整车辆的性能，或者收集关于路况和驾驶行为的信息。这种感知能力不仅提高了产品的适应性，也增强了用户体验。

2. 可生成性与可供应性

可生成性与可供应性这两个概念是推动技术创新和实用性的重要驱动力。这些特性不仅表明数字技术在创造新的服务和产品方面的能力，使得数字技术能够在不断变化的环境中生存和发展，而且强调了其在技术创新性和实用性方面的重要地位。

（1）可生成性。可生成性关乎数字技术所表现的创新能力，即通过各种组件的混合与重组，自发产生新的变化和功能。这种能力是数字技术区别于传统技术的一个重要特征。它不仅体现在技术本身的自我演进上，更体现在其如何通过与外界的互动和连接，实现价值和功能的显著扩展。例如，在数字经济的背景下，企业通过对不同的数字组件进行重新连接、组合、扩展和分配，不仅能够创造出新的商业机会，还能够重构传统产品和服务的界限。这种能力使得数字技术成为了推动社会创新和经济增长的关键因素。

（2）可供应性。可供应性则指的是数字技术为特定用户或特定情境提供的行动潜力或可能性。这一特性体现了数字技术在满足用户需求和适应环境变化方面的灵活性和实用性。在这个过程中，数字技术不仅是一个工具或平台，更是一个催化剂，它能够激发新的能力、开发新的机会或重塑新的工作和生活模式。例如，在智能家居领域，数字技术不仅改变了人们的居住体验，还为家庭安全、能源管理和娱乐提供了新的解决方案。

当可生成性与可供应性相结合时，它们构成了数字技术在连接与应用方面的核心特性。这种结合不仅加强了数字技术的创新性和实用性，还提高了其在各个领域的应用效率和有效性。在数据驱动和智能化的背景下，这些特性使得数字技术能够更加灵活地适应不断变化的市场和用户需求，同时也推动了技术本身的持续创新和发展。

三、数字技术与传统技术的区别

（一）数字技术与传统技术的功能性比较

数字技术与传统技术在功能性方面呈现出显著的差异，这些差异不仅体现在技术运作的机制上，更体现在它们处理问题和创造价值的方式上。数字技术的核心在于数据和算法的驱动，而传统技术则主要依赖于固定的流程和

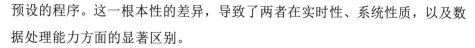

预设的程序。这一根本性的差异，导致了两者在实时性、系统性质，以及数据处理能力方面的显著区别。

数字技术与传统技术在驱动机制上的差异十分明显。数字技术是基于数据和算法驱动的。这意味着，它能够利用大数据和高级算法对各种信息进行深入分析和处理，从而实现更加智能化和自动化的决策过程。相比之下，传统技术通常基于流程驱动，依赖于预先设定的程序和固定的操作流程。这种方式在处理复杂问题和应对快速变化的环境时往往显得不够灵活和有效。

在实时性方面，数字化技术与传统技术同样存在明显差异。数字技术能够实时处理数据，当下即产生结果和效益。这种实时性使得数字技术在响应速度和处理效率上具有显著优势，特别是在需要快速反应和即时决策的场景中。相反，传统技术则更多地依赖于事后分析和记录。虽然这种方式在某些情况下仍然有效，但在需要快速处理大量数据和做出即时响应的现代环境中，它的局限性逐渐显现。

数字技术和传统技术在系统性质上也有所不同。数字技术可以被视为一种生产系统，它能够通过采集和分析海量数据，深挖数据的潜在价值，并将数据直接转化为生产力。这种能力使得数字技术在创新和价值创造方面具有巨大潜力。与此相反，传统技术更多地被视为一种采集系统，它主要用于收集有限的数据用于管理和控制。虽然传统技术在确保稳定性和可靠性方面仍然重要，但在数据驱动的现代社会中，其在创新和效率提升方面的局限性愈发明显。

（二）数字技术在应用领域的扩展

数字技术的迅速发展和广泛应用引领了从传统技术向数字化的显著转型。这一转型不仅改变了技术本身的功能和性能，还极大地扩展了技术的应用领域。数字技术相较于传统技术，在应用范围和效能上展现出显著的优势和创新性，这些变化正在深刻地影响着生产方式、生活方式及社会结构。数字技术的应用领域远远超越了传统技术的范畴。随着大数据、云计算、人工智能等技术的发展，数字技术不仅应用于传统的信息处理和通信领域，还渗透到了医疗、教育、交通、制造、农业等多个行业。这些技术通过高效的数据分析、智能化的决策支持和自动化的操作流程，为各行各业带来了革命性的变化。

与传统技术相比，数字技术在提高效率和创新能力方面展现出显著优势。数字技术通过其高度的灵活性和可扩展性，能够快速适应不断变化的市场需求和技术进步。这不仅提高了生产和运营的效率，还加速了新产品和服务的创新过程。例如，云计算技术使得企业能够快速部署和扩展应用程序，无需大量投资于硬件设施；大数据技术则使企业能够从海量数据中提取有价值的信息，为市场策略和产品开发提供支持。数字技术还推动了传统行业的转型升级。通过引入数字技术，传统行业如零售、金融和媒体正在经历深刻的变革。在线零售和电子商务的兴起，改变了消费者的购物方式和体验；数字支付和在线银行服务的发展，转变了人们的金融交易习惯；而数字媒体则重新定义了信息传播和内容消费的模式。

（三）数字技术相比传统技术的效率与性能提升

数字技术不仅在提高工作效率方面展现出优越性，还在促进创新、简化流程和开发新服务方面具有显著优势。这些优势来源于数字技术的核心特性，包括其数据驱动、智能化处理能力，以及灵活适应不断变化的环境的能力。在提高工作效率方面，数字技术通过其高度的自动化和智能化能力，显著优于传统技术。通过使用人工智能和机器学习算法，企业能够自动化完成复杂的数据分析任务，显著缩短了项目完成时间，同时也提高了决策的准确性。此外，物联网技术使设备和系统能够实时收集和传输数据，提高了监控和管理的效率。在这个过程中，数字技术通过实时数据处理，使得企业能够快速响应市场变化和客户需求，从而提高整体运营效率。

数字技术在创新性方面远超传统技术。数字化不仅是技术的应用，更是一种推动创新文化的力量。它促进了数字流程和程序的发展，使得开发数字服务和数字商业模式成为可能。云计算技术为企业提供了灵活的资源配置，使它们能够快速试验和部署新的应用程序。区块链技术则为创建安全透明的数字交易提供了可能。这些创新不仅改变了产品和服务的开发方式，还为企业带来了新的增长机遇。与传统技术相比，数字技术更加灵活和适应性强。在传统技术环境中，很多流程和操作都是固定和预设的，这在快速变化的市场环境中往往显得僵化和缺乏适应性。相反，数字技术能够快速适应新的需求和挑战。例如，通过使用数据分析和云服务，企业可以快速调整其产品和服务以应对市场变化，而不需要进行大规模的基础设施投资。

第二节 数字技术的分类及影响

在数字化浪潮席卷全球的今天，迎来了一个由大数据、云计算、物联网、区块链、人工智能及 5G 等数字技术引领的新时代。这些技术并非孤立存在，而是相互交织、共同演进，构成了一个错综复杂却又高效运转的数字生态系统。它们的崛起不仅彻底改变了获取、处理和交流信息的方式，更在深层次上重塑了人类社会的经济结构、交往模式和治理形态。数字技术的力量在于其颠覆性和创新性。它打破了传统的时空界限，让信息流动变得前所未有的迅捷和广泛。在社交领域，数字技术让人们的互动更加便捷和多元；在经济层面，它催生了新的增长点，为商业模式创新提供了无限可能；在公共治理方面，数字技术正推动政府服务向着更高效、更透明的方向发展，为政策制定提供了科学依据。

一、数字技术的分类及内部关系

（一）数字技术的分类

数字技术作为一个综合性的技术体系，数字技术主要涵盖了大数据、云计算、物联网、区块链、人工智能以及 5G 六大关键技术领域。这些技术领域不仅各自独立发展，还相互融合，共同推动着数字化时代的新经济高速度和高质量发展。通过其多样的技术领域和广泛的应用场景，数字技术已成为当代社会和经济发展的重要推动力。

大数据技术作为数字资源的重要组成部分，它通过对海量数据的收集、处理和分析，为决策支持、商业洞察和科学研究提供了强大的数据基础。云计算技术，则在数字设备方面发挥着核心作用。通过云计算平台，企业和个人能够获取弹性的计算资源，实现数据存储和处理能力的灵活扩展。物联网技术在数字传输领域起到了关键作用，它通过将物理世界的对象连接到互联网，实现了数据的实时收集和远程控制。区块链技术在数字信息的安全性和透明性方面具有重要意义。它通过去中心化的数据管理方式，提高了数据交易的安全性和不可篡改性。人工智能技术则是数字智能的代表，它通过模仿人类智能行为，提供了智能决策、自动化操作和复杂问题解决的能力。5G 技术作为数字通信的最新进展，它不仅提供了更快的数据传输速度，还支持了更高的连接密度和更低的延迟，为各种新兴应用提供了强大的网络基础。

（二）数字技术内部关系

在当今的数字化时代，大数据、云计算、物联网、区块链、人工智能和 5G 六大数字技术成为推动社会进步的重要力量。这些技术并非孤立存在，而是相互关联，相互促进，形成了一个复杂而高效的技术生态系统。大数据和云计算是密不可分的一对技术。这两项技术之间的紧密联系不仅反映在技术层面上，更体现在它们对于现代组织运营方式的深远影响上。云计算作为一种提供数据存储、处理和计算能力的平台，为大数据的有效分析和利用提供了必要的基础设施。它通过灵活的资源配置和高效的计算能力，使得处理和分析海量数据成为可能，从而解决了传统数据存储和处理方式在处理大规模数据时面临的诸多挑战。云计算平台上的弹性计算和存储资源，使得社会

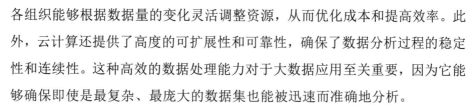

各组织能够根据数据量的变化灵活调整资源，从而优化成本和提高效率。此外，云计算还提供了高度的可扩展性和可靠性，确保了数据分析过程的稳定性和连续性。这种高效的数据处理能力对于大数据应用至关重要，因为它能够确保即使是最复杂、最庞大的数据集也能被迅速而准确地分析。

大数据技术为云计算提供了广泛的应用场景，使得云计算能够更加贴合各种业务需求。大数据的应用领域涵盖了市场分析、用户行为研究、风险管理等多个方面，这些都需要强大的计算和存储能力支持。因此，云计算平台成为了大数据技术不可或缺的一部分，它不仅为大数据提供了技术支持，还推动了大数据技术在各个领域的深入应用。

物联网与 5G 则是相互支撑的关系。物联网，作为连接各种设备和系统、实现数据收集和交换的技术，其普及和高效运作依赖于一个高速、稳定且具有广泛覆盖的通信网络。在这方面，5G 技术以其卓越的性能特征，为物联网的广泛应用提供了强有力的支持。5G 技术的高速率、低时延和大连接数，不仅可以满足物联网设备的快速数据传输需求，还能保证在大规模设备连接时的网络稳定性和响应速度。5G 技术的这些特性对于实现复杂的物联网应用至关重要。例如，在智能城市、智能制造和远程医疗领域，对于数据传输的速度和可靠性要求极高。5G 网络能够确保这些应用中的大量设备和传感器实时、准确地交换数据，从而提高整个系统的效率和效能。此外，5G 的低时延特性对于那些需要即时反应的应用，如自动驾驶汽车和远程手术，尤为关键。物联网的发展也为 5G 技术提供了丰富的应用场景，进一步推动了5G 技术的发展和普及。随着越来越多的设备被连接到物联网，对于高速、高效通信网络的需求日益增加。这促使 5G 技术不断优化和升级，以满足日益复杂的物联网应用需求。物联网在推动 5G 技术发展的同时，也在为各行各业带来创新的解决方案和服务。

区块链与人工智能则可以看作是数据安全与决策智能的结合。这种结合不仅在数据安全性方面提供了革命性的改进，还在智能化决策支持方面展示了巨大的潜力。区块链技术以其独特的去中心化和不可篡改性特征，为数据提供了一个安全、可靠的存储和传输环境。这种特性尤其在需要高度数据安全和透明度的领域中显得尤为重要，例如，在金融交易、供应链管理和身份验证等方面。人工智能技术通过对大量数据的深度学习和分析，为决策过程提供了智能化的支持。人工智能能够从复杂的数据集中识别模式和趋势，提供预测分析，并协助制定更加精准和有效的决策策略。这在诸如市场分析、客户行为预测和风险管理等领域中具有巨大价值。两者的结合，为数据的安全存储和智能化利用打开了新的可能性。区块链技术确保了数据的完整性和安全性，而人工智能则使得这些数据能够被有效分析和利用。例如，在医疗健康领域，区块链可以用于安全地存储和共享患者数据，而人工智能则可以用来分析这些数据，以提供个性化的治疗方案。在金融服务行业，区块链技术可以用于确保交易的安全和透明，而人工智能则可以用于评估信贷风险和市场趋势。

5G与人工智能的关系。5G作为一种高速的移动通信技术，其显著特点包括更高的数据传输速率、更低的延迟，以及更广泛的连接能力。这些特性为人工智能提供了实时数据采集的可能，极大地增强了人工智能系统的反应速度和处理能力。例如，在自动驾驶汽车中，5G技术能够实时传输大量的交通数据和环境信息给人工智能系统，使其能够迅速做出准确的决策和响应。人工智能技术也为5G的应用提供了广阔的空间。人工智能的高级数据分析和自动化决策能力，使得5G技术可以应用于更多复杂和智能化的场景。这不仅限于提升现有服务的质量，如通过智能化网络优化来提高通信效率，还包括开发全新的商业模式和服务。例如，人工智能可以帮助优化5G网络的资源分配，提高网络管理的效率；在工业互联网领域，结合5G技术的人工智能可以实现高效的工厂自动化和智能制造。

二、数字技术的影响

（一）数字技术在社会变革中的影响

数字技术在社会变革中的影响不仅局限于技术层面的进步，更深入到了人们的通信方式、信息获取方式，以及社交互动的各个方面。数字技术的发展和应用已经改变了人类理解世界、与他人交流，以及获取信息的方式，这些变化反映了数字技术与传统技术在功能性上的显著差异。数字技术革新了传统的通信方式。传统通信技术受限于时间和空间的限制，而数字技术通过提供即时、跨地域的通信能力，打破了这些限制。例如，社交媒体和即时通讯应用允许人们在全球范围内即时交流，无论距离多远。这种通信方式的转变不仅加速了信息的流动，也促进了文化和思想的交流，进一步推动了全球化进程。

在信息获取方面，数字技术提供了前所未有的便捷性和效率。在传统模式下，获取信息往往需要通过阅读书籍、报纸或观看电视等渠道，而数字技术通过互联网和各类数字设备使信息获取变得即时和广泛。搜索引擎、在线数据库和数字图书馆等工具为人们提供了快速访问大量信息的途径，极大地提高了学习和研究的效率。社交互动方面的变革同样显著。数字技术通过社交网络平台、在线游戏和各种线上社群，创造了新的社交空间。这些平台不仅为人们提供了新的交流和娱乐方式，还促进了基于兴趣和专业的社群形成，进而推动了社会多元化和个性化的发展。

（二）数字技术对经济发展的影响

在当代经济发展的语境中，数字技术的影响是深远且多方面的。它不仅催生了全新的数字经济领域，也促进了新商业模式的形成，同时为传统行业带来了既具挑战性又充满机遇的变革。这种影响可谓是跨维度的，触及了经济体系的各个层面，从根本上改变了商业环境的运作方式和经济活动的本质。

数字经济的兴起是数字技术对现代经济最为直观的影响之一。随着互联网、大数据、人工智能等数字技术的发展，一个以数据为核心资源的新经济形态逐渐成形。这种经济形态以其高效率、低成本和广泛的连接性为特点，推动了经济活动的数字化转型。数字经济不仅涵盖了传统产业的数字化升级，如数字化制造、电子商务，还包括了完全基于数字技术的新兴行业，如云计算服务、大数据分析。这些新兴领域在促进经济增长的同时，也引领了技术创新和产业升级的潮流。

数字技术还促进了新商业模式的形成。这些商业模式通常基于网络平台，强调用户体验和服务个性化，同时依赖于数据分析和智能算法来优化运营和增强竞争力。例如，共享经济、按需服务和订阅模式等新型商业模式，都是数字技术发展的产物。它们不仅提供了新的消费体验，还推动了资源的高效利用和市场的快速响应。传统行业面临着数字化转型的压力，需要适应数字经济时代的运营模式和市场需求。这种转型不仅涉及技术层面的更新，还包括管理理念和业务模式的创新。然而，这也为传统行业提供了新的发展机遇。通过利用数字技术，传统行业可以提高生产效率、优化产品和服务、扩大市场范围，甚至创造全新的业务领域。

（三）公共政策和管理的新趋势

数字技术对公共政策制定和管理实践的影响日益显著，它不仅改变了政府服务的运作方式，也为公共安全管理带来了智能化的转型，并在政策决策过程中引入了数据驱动的新模式。这些变化标志着政府运作和管理方式向着更高效、透明和参与性的方向发展。

在政府服务领域，数字技术的应用正在实现服务的数字化转型。传统的政府服务通常依赖于线下的办公室和人工处理流程，而数字化政府服务通过引入在线平台、移动应用和自助服务终端，极大地提升了服务效率和便利性。例如，通过在线政府服务平台，民众可以轻松地申请各类证件、报税和查询政府信息，无需亲自前往政府机构。这种转型不仅使政府服务更加便民，还提高了政府运作的透明度和效率。

公共安全管理的智能化是数字技术另一个重要的应用领域。利用大数据分析、视频监控和人工智能等技术，政府能够更有效地预防和应对各种安全问题。例如，智能视频监控系统可以实时分析公共场所的视频数据，及时发

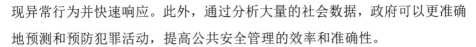

现异常行为并快速响应。此外，通过分析大量的社会数据，政府可以更准确地预测和预防犯罪活动，提高公共安全管理的效率和准确性。

数字技术在政策决策过程中的应用，为政策制定带来了数据驱动的新模式。通过对大量数据的收集和分析，政府可以基于更为全面和客观的信息进行决策。这种数据驱动的决策模式不仅能够提高政策的科学性和有效性，还能够及时调整和优化政策措施。例如，政府可以通过分析社会经济数据来制定更为精准的经济政策，或者通过分析环境数据来制定更为有效的环保政策。

第三节　数字技术在新时代的应用

随着数字技术的迅猛发展，其在公共服务、工作环境、智能化生活，以及教育领域的广泛渗透与深度融合，不仅重塑了社会服务的形态，还极大地拓展了人类生活的边界。在公共服务领域，数字技术正助力政府实现更高效、更便民的治理目标；在工作环境中，它催生了远程办公、自动化流程等创新模式，提升了工作效率与灵活性；在智能化生活方面，智能家居、在线娱乐等应用让人们的生活更加丰富多彩；而在教育领域，数字技术更是引领了一场学习革命，打破了时空限制，推动了教育资源的均衡分配。因此，深入探索数字技术在新时代的应用场景与发展趋势，对于把握未来社会的发展方向具有重要意义。

一、数字技术在公共服务领域的应用

（一）电子政务系统的实施与优化

电子政务系统的实施与优化是数字技术在公共服务领域应用的一个重要方面，其目的在于通过数字技术的应用来改进政府服务，提高政府工作的透明度和效率，并在提升公民服务体验方面发挥关键作用。电子政务系统的核心在于利用信息通信技术（ICT）来改造和优化政府的内部运作及其与公民的互动方式，从而提供更高效、更便捷、更透明的政府服务。电子政务系统的实施极大地改进了政府服务的质量和效率。传统的政府服务模式往往依赖于纸质文档和面对面的服务交付，这不仅耗时耗力，而且容易导致信息丢失和处理错误。电子政务系统通过将服务流程数字化，使政府能够更快捷地处理公民请求和提供服务。例如，公民可以通过在线平台申请证件、报税或申请许可，而不需要亲自前往政府机构排队等待。这种服务模式的转变不仅提高了政府服务的效率，也增强了公民的满意度。

电子政务系统在提高政府工作透明度方面发挥着重要作用。通过公开政府数据和决策过程，政府可以增加其工作的透明度，增强公民对政府工作的信任。此外，电子政务系统还提供了一个有效的反馈渠道，使公民能够更容易地表达意见和建议，参与到政策制定和治理过程中。这种双向的互动不仅加强了公民的参与感，也使政府能够更好地理解和响应公民的需求。电子政务系统还在提升公民服务体验方面起到了重要作用。通过提供个性化和定制化的服务，电子政务系统能够更准确地满足不同公民的需求。例如，通过分析公民的历史数据和偏好，政府可以提供更加个性化的服务建议。同时，电子政务系统还使得服务的获取更加便捷，公民可以随时随地通过智能手机或其他移动设备访问政府服务。

（二）智慧城市的构建

智慧城市的构建体现了数字技术在公共服务领域的广泛应用。智慧城市是综合利用各种数字技术改善城市管理，提高居民生活质量，实现资源的高效利用。关键技术包括物联网、智能交通系统等，它们共同作用于城市的各个方面，从而优化城市运作和居民的生活体验。随着数字技术的不断进步和创新，智慧城市的构建将继续推动城市管理和服务向更高层次的发展，为居民带来更加便捷、安全和舒适的生活环境。

　　物联网技术在智慧城市的构建中发挥着核心作用。它通过连接城市中的各种设备和传感器，收集关于交通流量、空气质量、能源使用等方面的实时数据。这些数据被用于监测和分析城市的运行状态，从而使城市管理者能够及时做出调整，以应对各种挑战和需求。例如，物联网技术可以帮助城市有效管理其水资源和电力供应，通过实时监控减少浪费并优化资源分配。

　　智能交通系统作为智慧城市的另一重要组成部分，通过数字技术显著提高了交通管理的效率和安全性。利用交通监控摄像头、GPS 数据和交通流量分析软件，智能交通系统能够实时监控交通状况，预测和缓解交通拥堵。此外，这些系统还可以与公共交通工具相连，提供实时的公交信息，优化公共交通路线和时刻表，从而鼓励更多居民使用公共交通工具，减少私家车的使用。

（三）数字技术在城市基础设施建设中的角色

　　通过应用各种先进的数字技术，城市能够实现基础设施的智能化管理，优化交通系统，进而提高城市的整体运行效率和公民的生活满意度。这不仅提高了城市管理的智能化水平，也优化了城市基础设施的使用和维护。智能交通信号系统的应用是数字技术改善城市交通管理的一个显著例子。这类系统通过集成先进的传感器、摄像头和数据分析工具，能够实时监控和调节交通流量。例如，智能交通信号可以根据实时交通状况动态调整红绿灯的时长，有效缓解交通拥堵，减少车辆等待时间。此外，通过分析交通数据，城市管理者可以更准确地识别交通瓶颈和事故高发区域，从而采取针对性的改善措施。

　　数据驱动的城市规划和维护是数字技术在城市基础设施建设中的另一个关键应用。城市规划者可以利用从各种来源收集的大量数据，如人口统计、交通流量和环境监测数据，来指导城市的发展和规划。这种基于数据的规划方法不仅可以提高城市规划的科学性和合理性，还能够更好地满足公民的需

求和期望。同时，数字技术在城市基础设施的维护中也发挥着重要作用。例如，通过实时监测城市基础设施的状态，如道路、桥梁和公共设施，可以及时发现并修复损坏，从而减少事故发生的风险，提高城市服务的可靠性。数字技术在提高城市效率和公民满意度方面也做出了显著贡献。智能化的城市管理系统不仅提高了城市运作的效率，也为公民提供了更加便捷和舒适的城市生活环境。例如，智能垃圾收集系统可以优化垃圾收集路线和频率，减少环境污染；智能照明系统则能够根据环境光线和人流量自动调整亮度，节约能源的同时保证公共区域的安全。

（四）公共安全领域的数字化升级

智能视频监控、数据分析等技术的应用不仅增强了犯罪预防和控制的能力，还优化了紧急响应机制，为公共安全领域带来了数字化升级。智能视频监控系统的应用极大地提升了公共安全监控的效能。传统的视频监控依赖于人工观察，容易受限于人力资源和观察者的注意力。相比之下，智能视频监控系统结合了高清摄像技术和人工智能算法，如面部识别和行为分析，能够自动识别可疑行为和人员。这种实时的自动监控大大提高了对公共区域潜在安全威胁的警觉性和响应速度。数据分析在犯罪预防和控制中发挥着至关重要的作用。通过分析历史犯罪数据、社会经济指标和其他相关信息，数据分析工具可以帮助执法部门识别犯罪热点区域和潜在风险因素。这种基于数据的方法使得犯罪预防更加科学和精准，有助于执法部门优化巡逻部署和资源分配，从而有效预防犯罪的发生。

数字技术在提高紧急响应效率方面也发挥着重要作用。在面对自然灾害、恐怖袭击或其他紧急情况时，快速准确的响应至关重要。数字技术，如移动通信、实时数据共享和云计算，可以确保紧急信息迅速传达给相关部门和公众。此外，通过利用人工智能和大数据分析，紧急响应团队可以更快速地分析形势，做出决策，并有效协调救援资源。

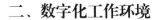

二、数字化工作环境

（一）数字化管理在社会组织中的应用

通过引入数据驱动的决策过程、数字化沟通工具，以及对管理策略的影响，数字技术正在改变社会组织的运作方式，使其更加高效、透明和灵活。数据驱动的决策过程是数字化管理的核心。在传统管理模式中，决策往往基于经验或直觉，而数字化管理则强调基于数据和分析来指导决策。这种转变意味着组织可以收集和分析大量的数据，如市场趋势、消费者行为和内部运营数据，从而做出更加精准和科学的决策。例如，通过数据分析，组织可以识别业务中的关键成功因素，预测市场变化，制定更有效的策略。此外，数据驱动的方法还能够提高资源分配的效率，确保组织的资源能够被有效利用。

数字化沟通工具在社会组织管理中的应用极大地提升了沟通的效率和质量。数字化工具如电子邮件、即时消息平台和视频会议系统，不仅使得沟通更加迅速和方便，还带来了更高的互动性和灵活性。这些工具使得组织内部的沟通跨越地理和时间限制，加强了团队合作和信息共享。此外，数字化沟通工具还为组织提供了更多样化的沟通方式，如社交媒体和博客，增强了组织与外部利益相关者的互动。

数字技术对社会组织的管理策略产生了深远的影响。随着数字技术的发展，组织不仅需要适应新的技术环境，还需要在管理理念和实践上进行创新。这包括采用更加平坦和灵活的组织结构，实施基于绩效的管理，以及推动组织文化的数字化转型。通过这些变革，组织能够更好地适应快速变化的市场环境，提升竞争力。

（二）远程办公的发展与实施

远程办公模式的兴起标志着工作环境和工作方式的重大转变。这种转变的背景深植于数字技术的快速发展和日益增长的全球化需求，其对传统办公方式产生了深远的影响和改变。远程办公模式的实施依赖于一个强大且可靠的技术支持体系，它不仅改变了人们的工作方式，还影响了组织结构和企业文化。远程办公模式的兴起背景可以追溯到数字通信技术的飞速发展。互联网技术的普及和移动通信技术的进步使得人们能够在几乎任何地点进行通信和协作。这种技术进步为远程办公提供了可能，打破了传统办公模式中对物理办公空间的依赖。此外，全球化的商业环境和日益灵活的工作需求也促进了远程办公模式的发展。企业越来越倾向于构建跨地域的团队，以便更好地进入全球市场并利用各地的人才资源。远程办公模式的实施依赖于一系列的技术支持体系。这包括高效的在线通信工具、云计算服务，以及各种协作平台。这些技术工具不仅支持即时通讯和信息共享，还提供了项目管理、文件存储和远程访问等功能。例如，视频会议软件使得远程团队能够进行面对面的交流，而云服务则确保团队成员可以随时随地访问所需的工作文件和资源。

远程办公对传统办公方式的影响是多方面的。它提高了工作的灵活性和自主性，为员工提供了更多的工作与生活平衡的可能性。员工可以根据自己的时间安排和偏好来规划工作，这常常能提升工作满意度和生产力。然而，远程办公也带来了对组织结构和企业文化的挑战。传统的管理模式和沟通方式可能不再适用，组织需要寻找新的方法来维持团队凝聚力和企业文化。

（三）自动化流程的优化与效益

自动化流程的优化不仅限于传统的制造行业，它还渗透到了如交通等各个领域，它不仅改变了工作方式，还提高了操作的效率和精准度，为各行各业带来了创新和优化。自动化技术的核心优势在于其能够提供持续、一致且高效的操作。在传统的人力驱动流程中，效率和精准度往往受限于人类工作者的能力和状况，如疲劳、注意力分散。相比之下，自动化系统可以无间断地执行任务，且准确度不受这些因素影响。例如，在交通行业中，自动化技术可以用于监控交通流量、管理信号灯系统，甚至辅助实现自动驾驶。这些应用不仅提高了交通管理的效率，还减少了交通事故和拥堵，从而优化了整体的交通流。自动化流程可以通过集成数据分析和实时监控来进一步提升效率和精准度。在这个框架下，自动化系统不仅执行预定任务，还能够根据实时数据做出调整。例如，智能交通系统可以根据实时交通状况动态调整信号灯，或者为紧急车辆提供快速通道。这种动态调整能力使自动化系统不仅是执行任务的工具，更是智能决策的助手。工作流程的自动化还带来了显著的成本效益。通过减少人工操作，自动化技术可以降低劳动力成本和操作错误所导致的损失。同时，自动化流程的高效性和准确性也意味着更高的生产力和更好的服务质量。这些优势在竞争激烈的市场环境中为企业和组织提供了显著的竞争优势。

三、智能化生活

（一）智能家居系统的集成与操作

智能家居系统的核心在于将家庭环境中的各种设备通过数字技术集成和互联，实现自动化控制和远程管理，从而为居住者提供更加便捷、舒适和安全的生活体验。智能家居系统的基本组成包括各种智能设备和控制中心。智能设备如智能灯泡、智能恒温器、智能安防摄像头等，都配备有传感器和联网功能，能够收集环境数据并根据预设的程序自动调整运作。例如，智能恒温器可以根据室内温度和居住者的习惯自动调节空调或供暖系统，智能灯泡则能够根据天色变化或居住者的活动模式自动调整亮度。这些智能设备的互联互通性使得整个家庭环境能够作为一个整体来协同工作，提高能源效率和居住舒适度。除了自动化控制，远程管理是智能家居系统的另一个关键特点。通过智能手机或平板电脑上的应用程序，居住者可以随时随地控制家中的智能设备，无论是开关灯光、调整室温，还是监控安防系统。这种远程管理功能不仅为居住者提供了极大的便利性，也增强了家庭的安全性。例如，即使在外出时，居住者也可以通过智能安防系统远程监控家中情况，及时响应任何异常事件。

　　智能家居系统如何改善日常生活，这一问题的答案在于其为居住者带来的全方位便利和改善。自动化和智能化的家居控制降低了日常家务的劳动强度，使居住者能够更多地享受休闲和家庭时光。通过优化能源使用和提高设备效率，智能家居系统有助于降低能源消耗和居住成本。智能家居系统通过提供定制化的居住环境设置，增强了居住者的舒适感和满意度。例如，通过智能场景设置，居住者可以一键实现适宜的阅读或娱乐环境。

（二）在线娱乐和数字媒体的发展趋势

　　数字技术在娱乐领域的应用主要体现在流媒体服务的普及、虚拟现实（VR）和增强现实（AR）技术在娱乐和休闲活动中的广泛应用。这些技术的应用不仅改变了人们消费娱乐内容的方式，也极大地丰富了娱乐体验的维度和深度。流媒体服务作为数字技术在娱乐领域的一个显著应用，已成为现代生活中不可或缺的一部分。与传统电视和电影院相比，流媒体服务提供了更加灵活和个性化的观看体验。用户可以根据个人喜好和时间安排，随时随地通过互联网观看各种电影、电视剧和其他娱乐节目。此外，流媒体平台还通过算法推荐系统为用户推荐内容，增加了发现新节目的可能性，同时提高了用户满意度。

　　虚拟现实技术在娱乐领域的应用则开辟了一个全新的互动娱乐世界。VR 技术通过头戴式显示设备和交互式控制器，为用户提供了一种沉浸式的娱乐体验。在虚拟现实环境中，用户可以体验到从游戏到旅游，从音乐会到电影的多种活动，这些体验在视觉、听觉甚至触觉上都尽可能地接近现实。例如，VR 游戏使玩家能够身临其境地参与游戏世界，为玩家提供了前所未有的互动体验。

　　增强现实技术则是另一种在娱乐领域中日益流行的应用。不同于 VR 的完全虚拟环境，AR 技术通过在现实世界中叠加数字信息来增强用户的真实

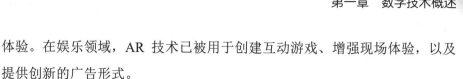

体验。在娱乐领域，AR 技术已被用于创建互动游戏、增强现场体验，以及提供创新的广告形式。

（三）数字健康与健身应用

数字技术在健康监测和健身管理方面的应用显著改变了人们对健康管理的方式。这些技术的应用不仅使个人健康管理更加便捷和有效，还为医疗保健行业带来了革新。智能穿戴设备、健康追踪应用和在线健康咨询服务等工具的发展，为个人提供了全方位的健康监测和管理解决方案，同时也为医疗保健行业带来了新的服务模式和机遇。智能穿戴设备在个人健康管理中发挥着重要作用。这些设备，如智能手表和健康监测手环，能够实时追踪个人的生理参数，包括心率、步数、睡眠质量甚至血氧水平。这些数据的实时监测为个人提供了对自己健康状况的即时了解。例如，智能手表的心率监测功能可以帮助用户在运动过程中调整运动强度，而睡眠追踪功能则可以帮助用户优化睡眠质量。这些设备的普及使得个人健康管理更加主动和科学。健康追踪应用是另一个数字技术在健康管理中的重要应用领域。这些应用程序能够帮助用户记录和分析各种健康相关的数据，包括饮食摄入、体育锻炼、体重变化等。用户可以通过这些应用设定健康目标，跟踪进展，并接收定制化的建议和反馈。此外，一些健康追踪应用还提供社交功能，允许用户与朋友或同样的健身爱好者分享进展和经验，从而增强了健康管理的互动性和乐趣。

在线健康咨询服务则为个人健康管理提供了更广泛的资源。通过这些服务，用户可以方便地获取专业医生的建议，进行健康咨询甚至远程诊疗。这种服务特别适用于生活繁忙或居住在医疗资源匮乏地区的用户。例如，通过在线医疗平台，用户可以在家中与医生进行视频咨询，获取健康建议和治疗方案。这种服务模式不仅提高了医疗服务的可及性，还节省了用户的时间和成本。

第二章　城市交通拥堵治理困境分析

在城市交通拥堵治理困境分析中，将深入探究城市交通拥堵这一普遍且复杂的现象，分析其背后的多重因素，并探索解决这一问题的有效策略。交通拥堵不仅是城市发展的一大挑战，也是影响市民日常生活质量的关键因素。因此，理解其现状和成因，对于构建数字技术赋能的城市交通体系至关重要。通过回顾国内外在城市交通拥堵治理领域的研究现状，展现全球范围内面对此类挑战时的不同策略和方法。不同地区由于其独特的地理、经济和社会结构，面临的交通问题各异，其解决方案也因地制宜。在对比国内外的研究现状时，可以获得更广泛的视角，从而为城市交通管理提供更多元的思考和解决方案。交通拥堵是一个多维度问题，涉及城市规划、交通政策、人口增长、城市化进程等多个方面。通过对这些因素的分析，可以帮助更好地理解交通拥堵的本质，为制定有效的治理措施提供坚实的理论基础。如通过智慧管理和对重要节点的精细化处理来优化交通流动性，减轻或消除拥堵现象。通过这种精细化的管理路径，可以更有效地应对城市交通中的复杂问题，为打造畅通无阻的城市交通环境提供可行的分析。

第一节　国内外研究现状

在全球化的背景下，各国面对城市交通拥堵问题所展现的创新思维和实践经验，提供了一个丰富的学习和参考平台。通过聚焦国内外在城市交通拥堵治理方面的研究现状，探寻其在应对这一普遍挑战时所采取的不同策略和方法。美国在交通管理数字技术的创新应用上始终走在前沿，英国通过大数据技术在城市交通管理中实现了显著的成果，而法国在智能化和数字化转型上的努力也值得关注。这些国家在交通拥堵治理上的研究和实践，不仅局限于技术层面，更涉及了政策制定、城市规划和社会行为的影响。通过比较这些国家的经验，可以深入了解全球城市交通拥堵治理的多元路径。同时，国内在智能交通管控、智能车辆技术、大数据和人工智能等方面的成就，展示了中国在城市交通管理领域的快速发展和创新能力。自 2020 年以来，随着政策的推动和技术的进步，国内在智能交通系统的研究和应用上有一定的进展，为城市交通拥堵治理提供了新的视角和解决方案。在理解和学习国内外在城市交通拥堵治理领域的最新研究进展和经验后，为我国进一步深入探索城市交通拥堵治理的困境和解决路径奠定坚实的基础。

一、国外研究现状

（一）美国

美国城市交通拥堵的原因多元化，其中包括持续的城市化进程、私家车的普及，以及不足的高速公路建设等。以纽约市为例，其人口、就业岗位和游客规模在过去十年持续增长，导致了日益严重的城市出行量增加、道路货运交通量上升，以及交通污染和拥堵等问题。在应对这些挑战的过程中，美国展现出了其在大数据应用方面的全球领先地位。美国拥有谷歌、惠普、IBM、微软、甲骨文、亚马逊、脸书等众多掌握大数据核心技术的企业。这些企业不仅在规划自身的大数据目标，而且积极推动基于大数据的各种产品和特色服务的发展。他们通过分析特定行业的特点，为其他企业和政府部门提供有针对性的大数据应用方案和工具，助力解决商业和社会问题。

以 IBM 为例，该公司通过整合和分析收集的交通数据，以及来自社交

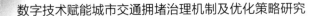

平台的新数据，建立决策模型并生成决策报告，有效帮助波士顿等城市政府解决交通拥堵问题。某高科技公司已经开始与圣地亚哥的公交公司合作设计运行线路，在市区，如果想从起点到达目的地，也许要先乘坐电车，然后再倒一趟公交，如果使用"一卡通"乘车，那么在系统记录里，这分别会是两次旅程，该科技公司则试图把这些看似独立的数据关联起来：如果有足够多的人会使用这段完全相同的电车—公交的行程，运输署就将计划开通一条直接连通两地的固定公交线路。在迪比克市，政府部门非常重视智能化建设。他们与 IBM 合作，利用大数据技术将城市的所有资源数字化并整合成一个闭环生态系统。这种系统通过实时监测、数据分析和深度挖掘，能够智能响应市民需求，同时减少能耗和降低成本。终端设备收集的数据被实时推送到综合监测平台，以实现资源整合、深入分析和公共展示。

（二）英国

英国在城市交通拥堵治理方面的研究和实践，尤其是在大数据技术的应用上，展示了其在解决复杂城市问题中的技术创新能力和实际应用的成熟度。这些经验对于全球面临类似挑战的城市具有重要的参考价值，为未来城市交通管理提供了新的视角和解决方案。伦敦作为英国的首都和最大城市，其交通管理系统的有效运行对于保障城市功能和提高居民生活质量至关重要。早在 2012 年举办奥运会期间，伦敦便面临着出行人数大幅增加的挑战。为了应对这一挑战，伦敦公共交通网络部门采用了大数据技术，通过实时采集和分析地铁、公交卡、闭路电视和社交媒体数据，有效地保障了交通网络的顺畅运行。这一应用案例不仅在奥运会期间展现了大数据在交通管理中的巨大潜力，也为后续的城市交通管理提供了重要的参考。

在英国的火车站，已经部署了大量数据收集终端，包括视频监控和测试仪器等。这些终端设备能够收集并分析大量数据，为火车站的运营提供了全面的信息支持。例如，通过这些数据，运营部门能够准确了解火车的运营成本、客流量、系统耗能、车站空气质量等关键指标，从而更有效地进行运营管理和优化。英国还在其他交通领域探索了创新应用。伦敦等城市通过运行城市管理系统软件，实现了能源、水、电和交通等信息的融合管理。利用移动应用程序，居民可以实时监控公共交通的运行路线，精确预测公交到站时间和商圈的人流高峰。在高速公路上，大量安装的探头不仅收集交通数据，还能够有效控制车流、车速和车辆数量。

（三）法国

法国在城市交通拥堵治理方面的研究和实践，特别是在大数据技术的应用上，展示了其在城市智能化管理和数字化转型方面的先进思路和有效实践。法国政府在大数据领域的投入和战略规划不仅反映了其对数字化转型的重视，更具体体现在解决城市交通拥堵问题上的创新思路和实践措施。法国政府通过一系列手段积极推动大数据领域的发展，以应对城市交通拥堵的挑战。这些手段包括培育新兴的大数据企业，创新软件公司，以及加强数据工程师和信息化系统设计师的专业培训。这些举措旨在建立一个强大且具有创新能力的数字技术支持体系，为城市交通管理提供高效、智能的解决方案。法国还在探索利用大数据技术来优化公共交通系统。通过分析大量的交通和乘客数据，政府和公共交通公司能够更有效地规划和调整公共交通路线和服务，以应对高峰时段的乘客需求。这种基于数据的决策使得公共交通更加灵活和响应市民需求，从而成为缓解城市交通拥堵的重要手段。

早在 2013 年，法国政府便公布了一份数字化发展战略图《数字化路线图》，这一战略图明确指出了政府将增加对与大数据相关的高新技术的扶持力度。法国软件编辑联盟更是投入了数亿欧元，以促进政府部门和私营企业在大数据领域的合作与共同发展。这种跨部门和跨行业的合作模式不仅加速了大数据技术的应用，也为城市交通拥堵治理提供了更多样化的解决方案。2023 年，法国政府针对交通问题在公共交通设施建设、自动驾驶技术应用等方面进行了最新改革，旨在从根本上解决法国交通拥堵和驾驶便利性问题，提升民众的出行体验。

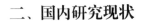
二、国内研究现状

2015 年 12 月 22 日，北京交通大学宣布与滴滴出行共同合作建设"北京交通大学滴滴共享交通大数据研究中心"，借助该中心，进行大数据分析、挖掘、整合，以此来进行相关的应用研究，打造大数据智能化开发共享平台，达成战略合作。该研究中心的核心任务在于利用大数据技术进行交通管理问题的分析与解决。中心的成立旨在推动科学技术创新应用，通过提供大量、多维度的大数据支持智能交通、感知交通及交通服务技术的创新。这些数据不仅提高了数据挖掘技术水平，而且为交通管理的创新应用研究提供了数据基础和理论支持。在社会服务水平方面，研究中心着力于以数据驱动的服务和管理决策。这一方向包括利用大数据技术破解交通拥堵问题，建立综合交通监测与管理平台的理论架构，以及探讨交通数据在大数据时代背景下的采集、管理和应用等方面面临的机遇和挑战。通过这些研究，中心致力于提出中国未来交通数据管理应用的转型与发展方向。研究中心还致力于推动行业的快速发展，依托开放共享的交通与经济数据，构建高效便捷、公平，以及持续的城市交通发展模式。该中心通过对典型案例的分析，提出了借助大数据技术打造智慧化平台解决城市交通问题的策略。在城市交通和智慧城市领域，大数据的研发和应用领域正进行着初步探讨。在大数据应用方面，研究中心探讨了通过手机 GPS 定位获取交通数据的实际应用场景。例如，通过组合 GPS 和全球移动通信系统技术来收集市民的行为时空数据。这些应用不仅在提升交通管理的效率方面展示了潜力，而且在理解和预测市民的出行行为方面提供了新的视角。面对交通大数据带来的数据安全、网络通信、计算效率和数据存储等问题，研究中心已提出应对策略和思路，并讨论了大数据驱动的智能交通系统的体系框架。这些研究和实践不仅为中国城市交通拥堵治理提供了新的解决方案，也为全球城市交通管理提供了有益的借鉴。

近年来，国内在智能交通管控、智能车辆技术，以及大数据和人工智能在交通领域的应用方面取得了显著的成就。这些研究和实践不仅展示了智能交通系统在提高城市交通效率和准确性方面的潜力，也为城市交通拥堵的治理提供了新的思路和技术支持。

在智能交通管控方面，中国已经进行了深入的研究和实践。特别是在城市交通信号控制、交通诱导和公共交通优化等方面，通过引入先进的算法和技术，极大地提高了交通管控的效率和准确性。例如，应用智能算法优化交通信号配时，不仅减少了交通延迟，还提高了交通流量的处理能力。此外，通过交通诱导系统，可以有效引导车辆合理分布，减轻主要道路的交通压力。

智能车辆技术是中国在智能交通系统领域另一个重要的研究方向。在自动驾驶技术、智能网联汽车技术和车载智能设备等方面，中国取得了重要的进展。自动驾驶技术已经从实验室阶段走向了实际道路测试阶段，标志着自动驾驶技术在实际应用中的可行性和安全性得到了验证。同时，智能网联汽车的发展也在加速，国内多家企业如百度、阿里巴巴和腾讯等纷纷投入市场，推动无人驾驶技术的发展。大数据和人工智能技术在交通领域的应用也为交通管理提供了新的解决方案。利用大数据和人工智能技术，可以对大量交通数据进行深入挖掘和分析，为交通决策提供更加准确和全面的数据支持。例如，通过大数据分析，可以准确预测城市交通流量，为交通规划和调度提供科学依据。同时，智能停车服务的发展也在为缓解城市停车难问题提供有效解决方案。随着智能停车服务在一线城市取得良好的市场效果，其应用领域和用户规模也在持续增长，逐渐向全国扩展。

自 2020 年以来，中国交通运输部门在智能交通领域的政策推动和规划布局方面展现了显著的活力和前瞻性。在政策层面上，一系列关键性的指导性文件陆续发布，旨在加速智能交通系统的发展，并推动交通基础设施的现代化和数字化转型。这些政策和规划不仅为智能交通领域的发展提供了明确的方向和强有力的支持，也为城市交通拥堵治理提供了新的解决思路和技术手段。2021 年 9 月，交通运输部发布了《交通运输领域新型基础设施建设行动方案（2021—2025 年）》，明确提出了到 2025 年前建成若干交通新基建重

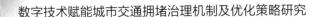

点项目的目标。该行动方案强调了交通基础设施网、运输服务网、信息网和能源网一体化建设的重要性，突出了在交通领域建设的系统性和综合性。该方案旨在通过构建一系列可复制和可推广的应用场景及技术标准规范，推动交通基础设施的智能化和网络化。2021年11月，《数字交通"十四五"发展规划》的发布，进一步明确了到2025年建立一个全面数字化、智能化的交通体系的宏伟目标。该规划提出了数字化感知、信息网络覆盖、智能化运输服务，以及线上线下协同治理等关键领域的发展目标。这表明中国政府在智能交通发展上的决心，以及对于利用数字化技术优化城市交通管理和提升交通服务水平的重视。2022年12月，《扩大内需战略规划纲要（2022—2035年)》的发布，更是标志着中国在推动汽车电动化、网联化、智能化方面的长期规划。这一规划涵盖了交通基础设施建设，包括停车场、充电桩、换电站和加氢站等配套设施的建设，旨在为智能交通系统的实施提供坚实的基础设施支持。

2023年，《加快建设交通强国五年行动计划（2023—2027年)》的发布，强调了加强交通战略科技力量和科技基础能力建设的重要性。该行动计划提出了加快智慧交通建设和健全交通科技创新体系的目标，体现了中国在智能交通领域的科技创新追求。中国在城市交通拥堵治理方面的国内研究现状表明，政府在智能交通系统的推进上投入了巨大的努力。通过一系列政策和规划的发布，中国不仅明确了智能交通系统发展的方向，也为该领域的研究和应用提供了坚实的政策支持和技术基础。预计在未来，"十四五"期间，中国的智能交通领域将迎来更快的发展，为城市交通拥堵治理提供更为有效的解决方案。

第二节　交通拥堵的现状及原因

深入探究城市交通拥堵的现状及原因的目的不仅是描绘交通拥堵的

表象，更重要的是解析其背后的结构性问题，为寻找有效的解决方案打下基础。通过分析各大城市 24 小时内交通流量的变化，可以看到交通拥堵主要集中在特定的时段，尤其是早晚高峰时段。这种时间上的聚焦不仅反映了城市居民的出行习惯，也暴露了交通系统在高峰期应对能力的局限。拥堵地点的相对固定性也是需要关注的重点。城市交通拥堵往往在特定的区域更为严重，例如，商业中心、学校周边、医院等地区。这些区域的交通压力揭示了城市规划和社会经济活动分布的不均衡。同时，静态交通问题也是城市交通拥堵的一个重要方面。城市中不平衡的停车需求与供给之间的差距，加剧了道路的拥堵状况，尤其是在商业区和居住区。在成因分析部分，将综合考虑交通基础设施的不足、交通管理体系的漏洞，以及交通参与各方的责任缺失等因素。这些因素共同作用于城市交通系统，造成了复杂的拥堵现象。

一、交通拥堵现状

（一）拥堵时间相对集中

根据相关调查数据 24 小时拥堵延时统计，我国各大城市普遍存在交通拥堵时间相对集中现象。具体来说，交通拥堵主要集中在每天的早晚高峰时段，即 7:00 至 9:00 和 17:00 至 19:00。这一现象的成因可以归结为多个方面。早晚高峰时段是市民及中小学生上下班和上下学的高峰时段，这导致了私家车、出租车、非机动车，以及行人的出行需求在这一时间段急剧增加。城市的主要干道和次要干道在设计和规划时，其通行能力往往未能充分考虑早晚高峰时段的交通需求激增问题，导致实际通行能力与需求之间出现不匹配。此外，值得注意的是，早高峰时段的拥堵延时指数通常高于晚高峰，这可能与上班时间的严格性和学生上学的时间限制有关。

周末的城市交通格局与工作日有着显著的差异，尤其在交通拥堵的特点和时间分布上。相较于工作日的早晚高峰明显的拥堵模式，周末的交通拥堵主要集中在中午到晚上时段。这种变化主要是由于周末人们的生活节奏和活动性质的改变所引起的。在周末，由于不受传统的工作日规律约束，人们的出行时间变得更加灵活，往往会选择中午到晚上这一时段进行外出活动。这种时间的选择与休闲娱乐活动的增多密切相关，例如，家庭聚会、购物、娱乐。这类活动往往集中在商业区、购物中心、餐厅和电影院等地区，从而在这些区域和时间段形成了新的交通高峰。此外，周末的交通状况虽然在某些时段有所改善，但在特定区域和路段，如通往热门休闲娱乐场所的道路，仍可能出现拥堵现象。这种拥堵的性质更多是由于休闲活动引发的集中出行需求，而非工作日的通勤需求所导致。

节假日的交通拥堵现象，尤其在小长假期间，呈现出独特的特点。这一时期，自驾游成为许多人的首选出行方式，尤其是家庭出游。随着节假日的临近，人们纷纷选择在假期开始的第一天出发，导致在节假日前夕的道路交通出现显著的压力增加。这种集中出行的现象，尤其在通往旅游热点、景区或者郊外的主要道路上表现得尤为明显。与此同时，节假日结束时的返程高峰同样是交通拥堵的关键时段。许多人为了充分利用假期，会选择在最后一天返回，从而造成在假期最后一天或次日的交通高峰。这种集中返程的现象，往往导致高速公路出入口、城市主干道等路段的严重拥堵。

（二）拥堵地点相对固定

城市交通拥堵作为一个复杂的社会经济现象，在空间分布上表现出显著的规律性，特别是拥堵地点的相对固定性。城市中的某些特定区域由于其独特的地理位置和功能属性，成为了交通拥堵的常发地点。这些区域通常包括商业区、学校周边、医院附近、公共交通站点、主要交通要道，以及红绿灯设置较多且行人穿行频繁的路段。

商业区、学校和医院等人流密集区域，由于其高度集中的活动和需求，往往成为城市交通拥堵的重灾区。例如，在商业区，由于购物、娱乐等商业活动的吸引，大量的行人和车辆汇集于此，尤其是在节假日或促销活动期间，交通压力尤为显著。学校和医院周边地区也是交通拥堵的常见地点，这主要是因为学生和家长的上下学高峰、医院门诊的高峰时段造成的交通集中。公共交通站点附近往往也是城市交通拥堵的关键区域。这些地点由于是公交、地铁等公共交通工具的集散地，自然成为人流和车流高度集中的地点。特别是在早晚高峰时段，乘客的集中上下车造成周边道路交通压力增大。城市的主要交通要道，如主干道和环路，由于其承担着城市大部分交通流量的重任，因此也容易发生交通拥堵。尤其是在交通要道的交叉口或连接点，车流汇合导致的拥堵问题更为突出。

红绿灯设置较多且行人穿行频繁的路段也是交通拥堵的常见地点。这些路段由于需要平衡机动车和行人的交通需求，交通信号灯的频繁变换往往导致车辆通行效率降低，进而引发交通拥堵。特别是在行人密集的市区街道，行人穿行机动车道的行为常常导致交通流的中断和拥堵。

（三）大量的停车缺口增加了交通拥堵

城市中的停车需求与提供的停车设施之间的不平衡，已成为加剧交通拥堵的关键原因之一。尤其在大型城市中，随着机动车保有量的急剧增加，停车需求与停车空间之间的差距日益显著。目前，许多城市在解决停车缺口问题上主要依赖于背街小巷的停车空间，以及路边的停车位，但这种方式在很大程度上加剧了交通拥堵的问题。

路边停车位作为城市中最常见的停车方式之一，其数量和管理也直接影响着交通流的顺畅。由于路边停车位数量有限，尤其在商业区、办公区等人流密集区域，车辆寻找停车位时往往需要在道路上缓慢行驶甚至多次绕行，这不仅降低了道路的通行效率，还增加了交通拥堵的风险。同时，路边停车的随意性在很大程度上影响了道路的正常通行秩序。背街小巷的停车空间往往有限，而且这些区域的交通设施并不完善，使得车辆进出不便。当大量车辆选择在这些区域停放时，不可避免地会影响到小巷内的交通流动性，甚至可能导致临近主要道路的交通堵塞。此外，背街小巷内的停车通常缺乏有效的管理和指导，导致车辆随意停放，进一步加剧了交通混乱和拥堵。

停车缺口问题还与城市规划和交通管理政策密切相关。在很多城市中，停车设施的建设与城市发展并不同步，导致新兴商业区或居民区的停车需求得不到有效满足。同时，缺乏有效的停车管理政策和技术支持，也使得停车问题愈发严重。

二、交通拥堵成因分析

（一）交通基础设施缺乏

1. 路网建设不能满足交通需求。尽管近年来我国各大城市积极推进交通基础设施的建设，例如，高架路、城市快速干道和环路快速路的建设和通车，但这些措施仍然面临着诸多挑战和局限性。路网建设的不足体现在无法实现网状分布。现有的快速路系统之间往往无法实现互联互通，这限制了路网的整体运行效率。路网密度低下，使得交通流量在特定的路段或区域高度集中，导致交通拥堵现象的发生。此外，快速路与普通路段之间衔接的不畅也是造成交通拥堵的重要原因。这种衔接的不畅通，尤其是在高速路与市区道路的连接点，形成了瓶颈，影响了交通的顺畅流动。

城市中心区的土地使用强度过高，尤其在商业区，交通负荷尤为严重。由于商业活动的密集，交通用地资源紧张，导致道路空间不足。这种空间的限制不仅影响了交通的流动性，也限制了交通水平的提升。尤其是在购物高峰期或节假日，商业区的交通压力更是凸显。商业区内外的道路系统不畅，出入口经常成为交通"堵点"。这不仅是由于商业活动的集中带来的车辆和行人流量增加，还因为道路设计和交通管理不足以应对高峰时段的需求。

道路功能性质的混乱也是造成交通拥堵的一个重要原因。在许多城市中，道路并未根据其承担的交通功能进行有效规划和设计，导致商业、居住、交通等多种功能的混杂和冲突。这种功能性的混乱降低了道路的交通效率，增加了交通拥堵的风险。交叉路口的"瓶颈"问题在很多城市中也十分严重。这些路口往往因为车流和行人流的交织、信号灯调控不当，以及道路设计缺陷问题，成为交通拥堵的关键点。

2. 公共交通的智能化水平较低。中国各大城市虽然在公共交通系统的建设和运营上取得了一定的进展，但在智能化方面仍存在显著的提升空间。当前，公共交通系统在提高出行分担率、利用智能化设施设备进行城市综合管理和交通数据分析处理方面的能力有限，这在很大程度上影响了城市交通的整体运行效率和出行便利性。公共交通的出行分担率不高，这意味着更多的市民选择私家车作为出行方式，从而增加了城市道路的交通负荷。虽然公共交通作为解决城市交通拥堵的重要手段，但其吸引力不足，部分原因在于智能化水平的不足。公共交通的智能化不仅包括车辆本身的技术水平，还包括信息系统的建设、运营管理的智能化，以及服务质量的提升。

智能化设施和设备在城市综合管理及交通数据分析处理方面的应用水平不高。当前，许多城市在交通管理中的各个部门往往独立进行数据采集，缺乏有效的数据整合和共享机制。这种碎片化的数据管理模式限制了数据的价值发挥，无法为城市的交通管理和决策提供充分的支撑。例如，交通流量、公交车运行状况、乘客出行模式等数据的综合分析对于优化交通信号控制、调整公交路线和减少交通拥堵至关重要，但在现有体系下难以实现。一些城市的地铁线路建设相对缓慢，未能有效形成覆盖广泛的地铁运营网络。地铁作为高效、大容量的公共交通方式，其网络的完善程度直接影响城市居民的出行选择和道路交通的负担。在地铁网络不发达的城市，市民对公共交通的依赖度降低，转而增加了私家车的使用，进一步加剧了交通拥堵问题。

提高公共交通的智能化水平，包括提升公共交通工具的技术标准、完善交通信息系统、优化交通数据管理和分析能力，以及加快地铁等快速公交系统的建设，对于缓解城市交通拥堵、提升城市交通效率和居民出行便利性具有重要意义。

3. 静态交通缺口较大。静态交通，即停车问题的缺口是一个不容忽视的关键因素。尤其在中国的一线城市中，停车供需矛盾十分突出，主要体现在中心城区的学校、医院、商圈，以及住宅小区集中地区的停车难问题。这种停车难的问题不仅影响了市民的日常生活，还对动态交通，即道路的行车流量和效率，产生了严重的负面影响。

由于停车供需矛盾的存在，大量机动车被迫停放在主次干道上，这直接降低了这些道路的通行能力。在中心城区，尤其是学校、医院和商圈附近，高密度的活动需求导致了停车需求的激增，而现有的停车设施和空间无法满足这一需求。结果是，许多车辆不得不在道路上停放，造成道路拥堵，影响交通的正常流动。道路停车的规划理念在很多城市中相对滞后。路边停车的部分设置不合理，同时存在乱停乱放现象。这种无序的停车方式不仅占用了宝贵的道路空间，还增加了道路交通的复杂性和不可预测性。特别是在一些道路过窄的情况下仍然允许路边临时停车，使得本已不宽敞的道路通行能力进一步降低。停车周转率低下也是加剧停车问题的一个重要因素。在很多情况下，车辆长时间占用停车位，导致停车资源的使用效率低下。这种低周转率的停车现象，在一定程度上加剧了停车供需矛盾，进一步影响了道路的通行效率。

（二）交通管理体系不完善

1. 交通管理体系缺乏协调机制。城市交通管理涉及多个部门，如城市规划、交通警察、公共交通、城市建设等，每个部门都有其特定的职能和功能。然而，由于缺乏有效的协调和沟通机制，这些部门往往只关注自身的职能范围，而忽视了整体的交通管理效果。这种部门间的信息孤岛现象，不仅影响了交通管理的效率，也成为了加剧城市交通拥堵的一个重要原因。

交通管理体系中各部门职能的差异导致了管理重点的不一致。例如，城市规划部门可能更关注长期的城市发展和道路建设规划，而交通警察可能更专注于日常的交通秩序维护和事故处理。这种职能上的差异导致了各部门在交通管理上的重点和策略不一致，无法形成一个统一高效的交通管理体系。部门间沟通不畅和信息不共享问题严重影响了交通管理的协同效应。在当前的管理体系中，各部门往往各自独立运作，缺乏有效的信息共享和沟通机制。

这导致了管理决策的重复性和低效性，同时也无法有效应对交通问题的复杂性和动态性。例如，公共交通的调整可能需要依赖于交通流量数据，但如果相关数据无法及时有效地共享给公共交通管理部门，就无法作出快速和准确的调整决策。

缺乏协同管理机制还意味着在应对突发事件和综合性交通问题时，各部门难以有效协作。城市交通系统是一个复杂的动态系统，面对突发事件如交通事故、极端天气等，需要多个部门的紧密配合和快速反应。然而，在现有的管理体系下，这种紧密配合往往难以实现。

2. 交通信号设置不合理。在城市的道路交通系统中，交通信号灯作为调节车辆和行人流动的主要手段，其设置的合理性直接影响着道路的通行效率和交通流的顺畅度。然而，在许多城市中，部分路段的交通信号设置存在明显的不足，这不仅降低了通行速度，而且在很大程度上加剧了交通拥堵的问题。

某些路段的交通信号设置不合理，尤其是在一些主干道上，绿灯的设置时间过长且固定。这种设置往往忽视了实际的交通流量和需求变化，导致在主干道上虽然绿灯时间较长，但在实际交通量不大的情况下，这种过长的绿灯时间反而造成了资源的浪费和交通效率的降低。同时，这也导致了次干道和其他路段等车现象频发，进一步造成交通拥堵。

许多城市在设定交通信号时间时仍然依赖于经验和固定模式，缺乏智能化的调整。这种基于经验的设定方式无法有效适应交通流量的动态变化，尤其是在早晚高峰时段或特殊事件发生时，固定的信号设置无法满足复杂多变的交通需求。这种不智能的交通信号设置在一定程度上降低了道路的通行速度，增加了交通拥堵的风险。

交通信号设置不合理还可能导致交叉路口的瓶颈问题。在许多城市中，交叉路口是交通拥堵的重要原因之一。如果交通信号灯在这些路口的设置不合理，如绿灯时间过短或红灯时间过长，将导致车辆在路口处的排队等待时间增加，严重影响交叉路口的通行效率。

（三）不同交通参与方的不作为

1. 绿色出行交通意识淡薄。绿色出行，即采用环保、节能的交通方式，如公共交通、自行车、步行，对于减少交通拥堵和环境污染具有重要意义。然而，在许多城市中，大多数市民在出行方式的选择上依然以自驾为主，这不仅反映了市民绿色出行意识的不足，同时也指向了城市公共交通网络的不完善和公交优先交通发展理念的落后。

公共交通网络的不完善是导致市民绿色出行意识不强的一个重要客观因素。在很多城市中，公共交通系统尚未能提供覆盖广泛、便捷高效的服务。这包括公交路线的不合理、班次的稀少、交通工具的老旧等问题。这些问题直接影响了市民对公共交通的依赖度，导致大多数人选择自驾出行。自驾出行虽然在一定程度上提供了出行的便利性和灵活性，但也大量增加了城市道路上的机动车数量，从而加剧了交通拥堵。公交优先交通发展理念的落后同样是一个重要因素。在一些城市的交通规划中，对公共交通系统的重视程度不够，缺乏有效的政策和措施来促进公共交通的发展。例如，缺乏对公交专用道的规划和保障、对自行车和步行设施的投资不足等。这种公交优先理念的缺失，导致公共交通系统难以与市民的出行需求相适应，进而影响了市民选择绿色出行方式的意愿。

市民绿色出行交通意识的淡薄也与城市文化和教育水平有关。在很多情况下，市民对于绿色出行的重要性和益处缺乏足够的认识。这需要通过教育、宣传和文化建设来逐步改变。增强市民的绿色出行意识，不仅有助于减少交通拥堵，还有助于提升城市的生活质量和环境友好度。

2. 不作为行为普遍。机动车驾驶员、行人、非机动车驾驶员，以及商铺商贩，各方的违规行为在交通高峰时段尤为突出，这些行为不仅违反了交通规则，也严重影响了道路的通行效率，加剧了交通拥堵的状况。机动车驾驶员的违规行为是交通拥堵的一个重要原因。在交通高峰时段，违规变道、强行超车、违法停放车辆等行为在机动车驾驶员中十分常见。这些行为不仅增加了道路交通的不确定性，也引发了交通事故和冲突的风险，从而降低了道路的通行效率。此外，驾驶时打电话等分心驾驶的行为同样增加了交通事故的风险，进一步影响了交通的流畅性。行人和非机动车驾驶员的不遵守交通规则行为也是导致交通拥堵的一个因素。行人横穿马路、非机动车违反交通信号等行为，在高峰时段尤为常见。这些行为不仅危及自身安全，也严重干扰了道路交通的正常流动。在一些情况下，行人和非机动车的不规范行为会导致机动车不得不减速或停车，从而影响了整个道路的交通流量和速度。

商铺商贩的违规占道经营同样是加剧交通拥堵的一个原因。在很多城市中，商铺商贩占用人行道或车行道进行经营活动的现象较为普遍，这不仅影响了行人和非机动车的通行，也对机动车的正常行驶造成了阻碍。这种占道经营的行为，在繁忙的商业区和居民区尤为突出，严重影响了交通的流畅性。

第三节　"精细化"管理路径设计

城市交通拥堵治理，作为一项复杂而长期的系统工程，要求多个部门之间的密切配合与协作，以全面提升城市交通的精细化管理水平。这一过程融合了数字技术和交通管理，致力于通过高效、科学的方法解决交通拥堵问题，实现更为人性化的服务。精细化管理的核心在于细致入微地分析和处理交通流、交通设施及用户行为等多方面的因素。这要求利用先进的信息技术，如大数据分析、云计算、物联网和人工智能，对城市交通系统进行实时监控和数据分析。通过这些技术，可以准确预测交通流量的变化，及时调整交通信号灯配时，优化交通路线，从而提高道路的通行效率。通过这些措施，可以显著提升城市交通治理的水平，为城市居民创造更加舒适和高效的出行环境。

一、管理的智慧

城市交通拥堵的精细化管理路径设计中，管理的智慧是实现有效管理和优化升级的关键。管理者需要具备前瞻性的视角，对市场变化保持敏感，并通过制定包容性和灵活性强的政策与制度来引领市场发展，从而促进城市交通系统的持续优化和升级。

城市交通管理需要紧密跟随市场的发展和变化进行调整。随着城市化进程的加速和技术的进步，城市交通面临着日益复杂和多变的挑战。管理者需凭借其智慧，对城市交通的实际情况进行深入分析，从而制定出既符合当前市场需求又具有前瞻性的管理策略。例如，随着共享经济的兴起，共享单车、网约车等新型交通模式的出现，给城市交通管理带来了新的挑战和机遇。管理者需要及时调整交通管理策略，以适应这些新兴模式对城市交通格局的影响。

城市交通政策的设计应当具有引领市场发展的作用。管理者需要具备前瞻性的思维，通过制定合理的政策和规划来引导市场发展的方向。例如，通过推广公共交通和绿色出行，可以引导市场减少对私家车的依赖，从而减轻城市道路的交通压力。此外，通过对新兴交通模式的合理规范和引导，可以促进其健康发展，为城市交通系统注入新的活力。城市交通管理制度需要具有足够的包容性和灵活性。城市交通环境复杂多变，管理者在制定政策时需要考虑不同群体的需求和利益，保证政策的公平性和合理性。此外，管理制度也应当具备适应性和灵活性，能够根据实际情况及时进行调整和优化。例如，在特殊情况如重大活动或自然灾害发生时，管理者需要灵活调整交通管制措施，以确保城市交通的顺畅和安全。

通过提高道路网密度、改善建成区道路交通系统的运行效率，以及增强城市次干路及支路的通行能力，可以有效减轻城市交通拥堵的问题。采用精细化梳理的新理念，开展路网研究工作，对于提升城市交通系统整体性能至关重要。提高道路网密度是解决城市交通拥堵的关键。道路网密度低下会导致交通流量在特定路段过于集中，从而引发交通拥堵。因此，需要通过建设更多的道路来分散交通流量，特别是在城市中心和交通繁忙区域。通过增加道路网的密度，可以提供更多的路线选择，有效缓解主要干道的交通压力，提高整个城市交通系统的运行效率。改善建成区道路交通系统的运行效率也是缓解交通拥堵的重要措施。这包括对现有道路结构的优化，如增加转弯车道、优化交通信号灯配时，以及改善交叉路口设计等。同时，还应考虑应用智能交通系统等先进技术来提高道路运行效率，比如通过实时交通监控和数据分析来优化交通流量管理。提高城市次干路及支路的通行能力同样重要。次干路和支路作为连接主干道与社区的重要组成部分，在分散交通流量、提高出行便利性方面扮演着关键角色。对次干路和支路进行改造升级，如拓宽道路、增设停车设施和提高路面质量，可以有效提高这些道路的通行能力，减少交通堵塞。在进行路网建设和改善工作时，采用精细化梳理的新理念至关重要。这意味着在规划和建设过程中要充分考虑城市发展规划、居民出行需求和环境保护等多方面因素，以科学、综合的方式进行路网设计。通过精细化的路网研究，可以确保路网建设更加合理高效，更好地服务于城市发展和市民出行需求。

通过运用先进的算法和技术，中国的城市交通管理在交通信号控制、交通诱导、公共交通优化等多个方面取得了显著的进步，这不仅提高了交通管控的效率，还增强了其准确性。智能交通管控在交通信号控制方面的应用显著。通过使用先进的数据分析和算法，智能化的交通信号系统能够根据实时交通流量调整信号灯的配时。这种动态调整机制使交通信号更加灵活地响应不同时间段和路段的交通需求，从而有效减少交通拥堵和等待时间。例如，智能信号系统可以在早晚高峰时段自动延长主干道的绿灯时间，以提高交通流的通过率。

交通诱导系统的智能化也是精细化管理中的关键一环。智能交通诱导系统通过收集和分析交通数据，向驾驶员提供实时的交通信息和建议路线。这包括拥堵路段的预警、最优路线的推荐，以及其他交通状况的信息。通过这些智能化的诱导，驾驶员能够更加有效地规避拥堵路段，减少不必要的行驶和等待，从而提高整体的交通效率。智能交通管控在公共交通优化方面也发挥着重要作用。通过利用智能化技术，实时跟踪公交车辆的位置和运行状态，城市交通管理部门能够更加精确地调整公交车辆的发车频率和运行路线。这不仅提高了公共交通的准时性和可靠性，也提升了公共交通的吸引力，鼓励更多市民选择公共交通作为出行方式。

推动公共交通自行车化的模式以自行车租赁系统为依托，旨在解决城市短途出行问题，特别是在地铁、公交等特定场景中的固有拥堵问题。通过推广公共自行车的使用，不仅能够有效减轻城市交通拥堵，同时也促进了环保和可持续发展。公共自行车系统在缓解城市短途出行的交通压力方面发挥着重要作用。城市中的很多出行需求实际上是短距离的，这部分需求使用自行车作为交通工具是非常合适的。自行车具有灵活性高、占用道路空间小、不产生尾气污染等优点，能够有效减少城市内部的机动车流量，从而缓解交通拥堵。

政府和企业加大对公共自行车系统的投资，可以进一步完善自行车租赁服务。这包括增加自行车租赁站点的数量、提高自行车的质量和维护、优化租赁过程中的用户体验等。通过提供高质量的自行车租赁服务，可以鼓励更多的市民选择自行车作为出行方式，从而进一步减少对公共汽车和地铁等传统公共交通工具的依赖。智能自行车租赁系统的应用为公共自行车系统提供了更多的便利性。例如，通过"一码通行"系统，用户可以轻松地使用智能手机扫码租借自行车，缩短了租赁流程，提高了出行效率。智能系统还可以根据实时数据分析，调整自行车在不同租赁站点的分布，以满足不同区域的需求，进一步提高系统的使用效率。

绿色出行，包括步行、骑行等低碳、环保的出行方式，不仅能够减少城市交通拥堵，还有助于减少环境污染，促进可持续发展。政策引导和行政执法是鼓励绿色出行的重要手段，而宣传活动则是提高公众对绿色出行重要性认知的关键。政策引导在鼓励绿色出行方面扮演着核心角色。政府可以通过制定有利于绿色出行的政策来引导市民的出行选择。例如，提供更多的自行车道和步行道、设置低排放区域、提供公共交通补贴等。此外，政府还可以通过税收优惠、补贴等经济手段，鼓励市民购买和使用环保的交通工具，如电动自行车和电动汽车。

行政执法是确保绿色出行政策有效实施的必要手段。这包括加强对交通规则的执行，如严格处罚非法占用自行车道和人行道的行为，加大对机动车违法停车的处罚力度。通过这些措施，可以保护绿色出行空间，确保绿色出行者的安全和便利。

城市交通管理部门可以开展绿色出行宣传活动，提高公众对绿色出行重要性的认识。这些活动可以包括举办绿色出行主题日、在公共媒体上宣传绿色出行的好处、在学校和社区开展绿色出行教育等。通过这些宣传活动，可以提高公众对低碳出行的认识，增强公民履行社会责任的意识。

二、重要节点的"精细化管理"

在城市交通管理中，路口作为道路网的重要节点，常常是交通拥堵的发生地。为了有效缓解这一问题，需要采用一系列综合性措施，包括缩短空间跨越、避免人车争路，以及疏导交通流向等。通过对交通拥堵节点的精细化优化改造，辅以适当的管理措施，可以显著提升路口的通行能力和交通秩序。这种以点带面的策略，最终将实现区域交通环境的整体改善，为城市交通管理提供了有效的解决方案。

（一）缩短空间跨越，提升不同交通流通行效率

对于行人与机动车多向交汇的交叉口，合理的空间布局和交通组织对于提高通行效率和确保安全至关重要。对于行人过街距离较长且与机动车冲突干扰较大的问题，适当前移进口车道的停止线，压缩路口空间是一种有效的解决方法。这种做法能够减少行人过街时需穿越的车道数，从而缩短行人的过街距离，减少与机动车的冲突点，提高行人过街的安全性和效率。同时，这也有助于减少机动车在路口的等待时间，提高机动车通行的效率。设置行人过街等候区和完善行人二次过街信号灯是进一步优化行人交通流的措施。通过在路口设置专门的行人等候区，可以确保行人在等待信号变化时的安

全，并减少行人与机动车的直接接触。行人二次过街信号灯的设置能够根据行人流量和交通状况灵活调整信号时长，确保行人安全过街的同时，也不过分影响机动车的通行。对进口车道进行渠化调整和设置掉头专用通道，将畸形路口规范化管理，是提高机动车通行效率的有效手段。渠化调整可以引导机动车按照特定的行驶轨迹，避免随意变道引发的交通混乱。同时，设置掉头专用通道可以将掉头车辆与直行车辆分离，减少交叉和冲突，提高路口的整体通行效率。通过缩短空间跨越并优化路口布局，可以有效提升行人、非机动车，以及机动车的通行效率。这不仅涉及道路设计和交通信号的优化，还包括考虑行人与车辆交互的安全性和流畅性。这些措施能够有效改善交叉口的交通状况，减少拥堵，提高道路网络的整体运行效率。

针对距离跨度大的路口采取特定措施以提升不同交通流的通行效率，特别是在行人及非机动车流量较大的路口，考虑信号灯配时可能偏重于某一方向放行，对行人及非机动车过街的影响较大，创新的解决方案是设置前置等待区，并合理安排机动车信号灯，以优化整体交通流的运行。

对于跨度大的路口，行人和非机动车前置等待区的设置尤为重要。由于这类路口行人及非机动车过街距离较长，单次绿灯往往难以保证所有行人和非机动车安全、完全地通过路口，从而降低了通行效率，并可能产生安全隐患。通过在路口设置前置等待区，可以使行人及非机动车在信号灯不放行时，提前移动到距离对面较近的位置，等待下一个绿灯信号。这种方法不仅缩短了行人及非机动车的实际过街距离，也减少了他们在路口的等待时间，从而提高了过街效率。

增设机动车信号灯并合理调整信号灯配时，是提高路口通行效率的另一重要策略。例如，在东西向放行机动车左转相位时，可以通过信号灯引导南北方向的非机动车行驶至等待区。待南北方向绿灯亮起时，行人和非机动车便可迅速通过路口。这种信号灯的合理设置和配时调整，不仅可以提高路口的机动车通行效率，也能确保行人及非机动车的安全和高效过街。

对于距离跨度大的路口，还需考虑提高路口设计的整体功能性和安全性。例如，通过改善道路标识、增设路口引导标志、优化道路照明等措施，可以进一步提升路口的通行效率和安全性。同时，应充分考虑行人和非机动车的视线问题，确保他们能够清晰地看到信号灯和路口的交通情况。

（二）避免人车争路，梳理不同行人和机动车通行秩序

避免人车争路并梳理不同行人和机动车通行秩序的核心在于重新规划和设计路口的交通流线，以减少机动车与非机动车、行人之间的冲突，从而提高整体的交通效率和安全性。

考虑常规路口辅路常设有机动车右转专用车道，存在部分车辆违法直行的问题，互换机动车右转车道与非机动车道的位置是一种有效的解决方案。这种重新设计的目的在于清晰划分机动车和非机动车的行驶区域，减少它们在路口的交叉和冲突。通过这种重新布局，可以有效地规范机动车和非机动车的行驶轨迹，减少违法行为的发生，进而提高交通流的顺畅度。

设置柔性隔离设施也是提高路口交通效率的重要措施。柔性隔离设施不仅可以物理上分隔不同类型的交通流，还保持了一定的灵活性，以应对紧急情况或特殊交通需求。这种隔离方式既能够明确划分行车和非机动车道，又不会过于僵硬地限制交通流的灵活性。通过这种方式，可以有效地防止机动车在辅路违法直行的行为，减少路口的拥堵问题。对于路口的总体设计还需考虑行人的安全和通行效率。这包括合理设置行人过街信号、增设行人安全岛、优化行人过街路径等。通过这些措施，可以保障行人在过街时的安全，同时减少行人与机动车之间的冲突，提高路口的通行效率。

（三）人流密集路口，要疏导不同流向的交通路径

这类路口通常因周边区域如大型居住区、办公区、地铁站、医院等吸引点集中而导致的交通拥堵情况较为突出。通过合理规划和设计，可以有效缓解这些路口的交通压力，提高不同交通流的通行效率。疏导不同流向交通路径的措施如图 2-2 所示。

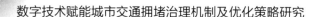

图 2-2 疏导不同流向交通路径的措施

引导行人从过街天桥通行是解决人车冲突的有效方式。取消路口人行横道并设置过街天桥，可以将行人与机动车在空间上完全分离，极大地提高了机动车在路口的通行效率。同时，通过设置提示标语、完善人行道护栏、缩小人行道开口等措施，可以有效地引导行人使用天桥过街，提高行人的安全性，同时减少了地面路口的交通拥堵。

完善交通标志标线对于明确车辆通行轨迹、规范驾驶行为至关重要。针对左转车辆行驶不规范、交通指示标志不明确等问题，通过施划导流区导流线、设置非机动车禁驶区、增设左转指示标志等措施，可以明确和规范车流的通行路径，减少机动车与非机动车的冲突点，提高通行效率。例如，改善进口道路线形，设置导流带，都可以有效提升左转车辆的通行效率。

设置可变导向车道根据高峰时段车流量的变化，是提高路口通行效率的另一关键措施。在交通承载负荷度高、排队长度及时间较长、拥堵较为严重的路口，可以采取分时段可变导向车道设置，如某时段设置为左转专用车道，其他时段则作为直行车道。这种灵活的车道设置可以根据不同时间段的交通需求进行调整，从而有效缓解路口的交通拥堵。

第三章　城市交通拥堵治理经验
借鉴研究

　　面对城市交通拥堵治理这一复杂且多维的问题，不同国家不同城市采取了各具特色的策略和技术手段来应对，带来了缓解城市交通拥堵方面的先进经验和实践。这包括了构建智能交通系统、发展城市轨道交通、限制私人小汽车的拥有量和使用频率，以及转变公众出行观念，倡导绿色出行等多方面内容。同时，还聚焦于先进技术如广域雷达、无人驾驶技术、物联网及移动互联网技术和 5G 技术在城市交通监控和控制中的应用，以及这些技术对提高城市交通系统性能的潜力。在借鉴不同城市交通拥堵治理经验的基础上，最终应把有效的政策制定与执行策略当作落脚点。如统筹规划、协同治理、加强公共交通服务，以及提升城市交通管理的精细化水平，强调了加强宣传引导和倡导绿色出行的重要性，这为缓解城市交通拥堵带来了更为全面的视角和政策支持。

第一节　世界先进经验研究

　　美国纽约、旧金山等城市通过构建智能交通系统，有效地管理和优化了城市交通网络。日本东京和美国洛杉矶则通过发展城市轨道交通，增强了城市的交通运输能力，并减少了对道路交通的依赖。新加坡、伦敦及纽约在限制私人小汽车拥有量和使用频率方面，通过实施创新的政策，有效缓解了城市交通压力。同时，全球范围内的城市也在积极推广绿色出行理念，如法国巴黎的交通革命，以及美国芝加哥的共享单车项目等，都在努力引导公众转变出行方式，采取更加环保和高效的交通手段。这些举措和实践不仅体现了城市交通管理的技术创新，也彰显了政策制定和社会文化引导的重要性。通过学习这些先进经验，可以更好地理解城市交通拥堵的复杂性，探索更加有效的解决方案。

一、构建智能交通系统

在全球范围内，智能交通系统的发展和应用已成为缓解城市交通拥堵的关键策略之一。以美国为例，纽约和旧金山等主要城市在智能交通系统的构建和应用方面走在了世界前列，其经验为全球其他城市提供了宝贵的借鉴。纽约市的智能交通系统充分利用了先进的技术来优化城市交通管理。系统通过对全市的主干道进行实时监控，有效地掌握了交通流量和交通状态。交通信号灯的管理和车流量的测定均纳入了这一智能系统的调控范围。系统中安装的大型电子显示屏能够实时追踪曼哈顿岛上所有交通信号灯的动态，这样的设计使得交通管理部门能够快速响应各种交通情况，尤其是在事故或拥堵发生时。一旦检测到路段出现异常，计算机便会自动调整附近区域的信号灯，同时启用闭路电视对现场进行实时监控，为事故处理和交通疏导提供即时信息。旧金山的智能交通系统则注重于利用高科技手段实现道路交通的实时监测和管理。城市中安装的先进传感器和摄像头不断收集道路交通数据，通过数据分析技术精确地评估道路状况。智能交通信号控制系统根据实时数据调整交通信号灯的时序，以减少交通拥堵并提高道路通行效率。此外，旧金山还推出了智能手机应用程序，为市民提供即时的交通信息和出行建议，进一步提升了交通系统的效率和便利性。

美国智能交通系统的成功在于其综合应用了计算机技术、数据分析、传感器技术和通信技术，形成了一个多层次、互联互通的交通管理网络。这一系统不仅能够实时监控和响应交通状况，还能够通过数据分析预测和规划交通流量，从而有效地优化城市交通布局和管理策略。同时，智能交通系统还考虑了公众参与的重要性，通过提供实时交通信息和出行建议，使市民能够更加灵活地规划出行，减少不必要的拥堵。

二、大力发展城市轨道交通

现代城市轨道交通将先进的轨道技术、大容量载客能力、高效的运行速度和精密的控制技术有机结合在一起，形成了现代化城市的交通基础设施和技术支柱。国际上，众多大城市在发展城市轨道交通时，特别重视将交通系统与城市的整体环境及其特有的城市特征相结合。轨道交通以其高容量、高效率、安全性强和成本相对较低的特点，特别适合人口密集的城市。如果忽视这些特性，在实践中可能会导致交通效率不提升、居民便利性不增加，甚至出现运营亏损的问题。以欧洲城市为例，它们在建立轨道交通系统方面具有显著的成就。多数欧洲大城市都建立了以效率极高的地铁系统为主体的轨道交通网络。地铁作为主干运输方式，提供了高速、大容量的城市内交通服务。同时，有轨电车则作为地铁系统的有效补充，在中小型城市中较为常见。与传统电车相比，现代有轨电车拥有更高的性能和舒适度，而且其建设和运营成本远低于地铁，因此在欧洲城市中备受青睐。此外，城际快速列车则作为连接欧洲各大城市及其卫星城的主要铁路客运方式，提供了大运量、快速的区域间运输服务。

日本东京，作为一个人口密集且经济活跃的大都市，其轨道交通体系的发展和完善展示了城市交通管理的先进经验。东京都市圈，包括东京都、埼玉县、千叶县和神奈川县，总面积约 13 400 平方千米，占全国面积的 3.5%，而人口则超过 4 000 万人，占全国人口的超过三分之一。在这样的人口密度和地理空间条件下，高效的交通系统对于缓解交通拥堵至关重要。东京的交通网络是一个高度整合的系统，它包括城市高速公路、城市道路、地铁、电

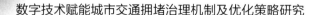

气铁道、新干线及新型交通系统，形成了一个覆盖市际和市内交通的全面网络，与此同时，便捷的换乘交通枢纽有效地连接了这些不同的交通模式。东京的立体交通网络构成尤为引人注目，其包括地面、地下和空中三个层面。地面网主要由城市一般道路组成，地下网则完全由地铁和电车等公共交通构成，而空中网包括新干线、高速公路和电车。东京作为立体交通网络的典型代表，其巨大的交通网结构合理，站点分布科学，有效地缓解了人口密度高的地区的交通拥堵问题。尤其是在东京都中心区，交通枢纽站的设置便利了市内地铁与电车，以及城郊电车或新干线之间的换乘，大多数情况下乘客可在站内实现换乘。东京地铁系统是全球最长的地铁系统之一，拥有 13 条地铁线路，总运营里程达到 300 多千米。这些线路贯穿东京市区，连接了各个重要地点，由东京地铁公司和其他私营公司共同运营。由于其广泛覆盖和高效运营，东京地铁每日的客流量极为庞大，尤其在早晚高峰时段，轨道交通承载的客运量远超私家车。

洛杉矶，作为美国知名的交通拥堵城市，近年来积极实施了一系列公共交通扩建计划，以缓解其日益严峻的交通状况。这一策略的核心在于不断扩充和提升城市的轨道交通网络，同时增强公共交通的吸引力，鼓励市民减少私家车出行，转而选择更加环保和高效的公共交通方式。具体而言，洛杉矶地铁系统的扩展是该计划的关键组成部分。新的地铁线路和站点的建成不仅增加了轨道交通网络的覆盖范围，也极大地提高了整个城市交通系统的连接性和便捷性。通过这种扩展，地铁系统能够服务于更广泛的城市区域，为更多市民提供便利的轨道交通服务。洛杉矶市还着重于提升公交服务的质量。增加公交线路和提高运行频次，是提升公交系统服务能力的重要措施。同时，改善公交车辆的舒适性和便利性，对于吸引更多市民选择公交出行具有至关重要的作用。通过这些措施，公共交通不仅成为了一个实用的出行选择，更是成为了一种更加舒适和可靠的出行方式。

有效的轨道交通系统不仅需要考虑城市的地理和人口特征，更要关注居民的出行便捷性，这是提高轨道交通吸引力、鼓励市民选择此类交通方式的关键因素。例如，新加坡的轨道交通系统展现了如何通过便捷换乘条件促进居民使用公共交通的成功案例。新加坡政府在构建地铁和轻轨主线时，充分考虑了与公交车和出租车辅线之间的顺畅换乘。在地铁或轻轨站点设置的公交车换乘站，为地铁与公交车之间的快速换乘提供了便利条件，极大地提高了整个公共交通系统的效率和吸引力。此外，新加坡还特别注重居民的日常出行体验，例如，在居民区附近建设专门的遮阳棚通道，保护乘客免受恶劣天气影响，这些贴心的设计提升了公共交通的舒适度和实用性。新加坡政府还在地铁站附近规划和建设大型商场、影院、小吃街等设施，通过这种方式鼓励居民在使用轨道交通的同时，享受便捷的生活服务。这种综合性的规划不仅优化了城市的交通布局，也丰富了市民的生活方式，增加了选择轨道交通出行的吸引力。

世界上许多大城市面对日益增长的城市化压力和交通拥堵问题，已经认识到了大力发展轨道交通体系的重要性。这种策略的核心在于将城市规划、住宅发展、交通基础设施，以及交通工具等多方面的物质文明成果进行有效整合与统筹规划。轨道交通系统作为一种高效、环保的城市交通方式，已经成为全球许多大城市的优先选择。轨道交通的发展不仅局限于其作为交通工具的角色，而是在更广泛的城市规划和发展中发挥着关键作用。这种整合性的发展策略考虑了城市的空间布局、人口密度、经济活动和环境可持续性等多重因素。通过优化轨道交通网络，可以有效提高城市交通效率，减少交通拥堵，并促进城市空间的合理利用。

中国的一二线城市也开始逐步吸收和借鉴这一国际经验。面对快速的城市化进程和交通拥堵问题，中国城市正在通过构建和扩展轨道交通网络，来改善城市交通状况。这包括但不限于地铁、轻轨，以及城际铁路等多种形式的轨道交通。随着轨道交通系统的不断发展和完善，预期能够在缓解城市交通压力、提高居民出行效率，以及推动城市可持续发展方面发挥显著作用。

三、限制私人小汽车拥有量，减少私家汽车使用频率

许多国家在面对日益严重的交通拥堵问题时，逐渐意识到了从制度层面确保道路资源合理分配的重要性，目标是在保障交通参与者之间的权利平衡的同时，优化城市交通系统的运行效率。其中，小汽车由于其运行和停放所需的人均道路面积远高于步行、自行车、公共交通等交通方式，成为城市交通效率低下的主要原因之一。鉴于此，国外许多大城市采取了一系列政策措施，以限制小汽车的使用，减少公共道路空间被私人汽车过度占用的现象。这些措施包括但不限于实施交通限行、提高停车费用、推广电子收费系统、建立低排放区等。通过这些政策的实施，这些城市旨在引导市民减少对私家车的依赖，转而选择更加环保和高效的交通方式，如公共交通、步行或骑行。这些城市还通过制定和执行严格的汽车拥有量限制政策，来直接控制私人小汽车的数量。这包括限制汽车注册数量、实施汽车购置税和年检费用，以及提供公共交通优惠等激励政策，鼓励市民选择公共交通出行。这些措施旨在减少城市中小汽车的数量，从而降低交通拥堵和环境污染。

在限制私家车数量，提高城市交通效率和道路通畅性上，新加坡的做法尤为引人注目，其通过严格的车辆数年度配额制度和拥车证措施，有效控制了私家车数量，成为全球交通管理的先进范例。新加坡，作为世界上汽车密度极高的国家，其城市中心却基本无堵车现象，这一成就的背后是一套精心设计的交通管理策略。自20世纪90年代起，新加坡政府开始实施车辆数年度配额制度，即每年根据城市交通状况和环境承载力，政府会设定一个小汽车的年度配额。该配额通过每月的公开招标方式进行分配，确保了小汽车数量的有效控制。新加坡还引入了拥车证制度，这是购买新车的必要条件。拥车证的价格昂贵，且有有效期限制（通常为10年），使得居民在购买和拥有小汽车时需考虑高额的经济成本。这一制度在很大程度上抑制了居民购车的积极性，进而有效限制了小汽车的保有量。新加坡小汽车的年增长率因此得以控制在低至3%的水平，这在全球范围内是极为罕见的。

通过这些政策措施，新加坡成功地控制了城市中的小汽车数量，有效缓解了城市交通压力，提升了道路运行效率。这不仅保障了城市交通的顺畅，也为居民提供了更多的公共交通选择，促进了城市可持续发展。新加坡的经验表明，通过制度设计和政策创新，可以有效地管理城市交通，减少交通拥堵，提高城市生活质量。这种以政策和制度为支撑的交通管理模式，为全球其他城市在解决交通拥堵问题上提供了重要的借鉴。特别是对于那些正经历快速城市化进程和面临严重交通拥堵问题的城市来说，新加坡的经验具有特别的参考价值。通过限制私家车数量，并推广公共交通，不仅可以有效缓解交通拥堵，还可以促进城市交通体系的健康发展，为居民提供更加便捷、高效和环保的出行选择。

采取包括道路收费政策和停车管理手段等一系列措施，以减少私家车的使用，并控制市中心的车流量。这些措施在有效保障交通通畅的同时，也推动了公共交通系统的发展和利用。征收拥堵收费政策正逐渐被各城市所认知，也成为许多城市解决道路拥挤、舒缓交通压力的主要方式。其中，伦敦和新加坡在实施道路收费政策方面取得了显著的成功。以伦敦为例，该城市自 2003 年起实施道路拥堵收费政策，划定市中心特定区域为收费区，对进入该区域的私家车辆在规定时段内进行收费。该政策对公共服务车辆、残障人士和社会保障金领取者驾驶的车辆实行免费。这一政策的实施，显著减少了市中心的车流量，降低了交通总量 16%，有效地缓解了拥堵程度。公共交通的使用比例和运营效率也得到了明显提升，有效缓解了城市的交通压力。纽约市的拥堵收费计划也是一个成功的案例。为了缓解曼哈顿地区的交通拥堵，纽约市对进入曼哈顿核心区的车辆实施额外收费。这项措施旨在减少进入拥堵区域的车辆数量，鼓励市民选择公共交通、合乘或其他出行方式，从而减少道路拥堵和环境污染。

这些城市的实践表明，通过实施道路收费政策和停车管理手段，可以有效减少私人小汽车的使用频率，减轻城市交通拥堵。同时，这些措施还促进了公共交通系统的发展和利用，改善了城市居民的出行体验。在应对城市交通拥堵问题上，这些经验为世界其他城市提供了宝贵的参考。

四、转变观念，倡导绿色出行

在全球范围内，越来越多的大城市正通过改变交通参与者的观念和行为来控制城市交通量，以缓解交通拥堵并提高交通效率。绿色出行理念的核心目的是促进城市可持续发展，这包括减轻城市交通压力、节能减排，以及保护环境。这种理念鼓励居民改变传统的交通消费习惯，通过规范自身交通行为，促进环境保护和资源节约，以构建可持续的城市交通体系。在推动绿色出行方面，新加坡和法国巴黎是典型的成功案例。新加坡政府制定了一系列发展绿色交通的政策和法规，旨在通过政策引导和法律约束来减少居民对私家车的依赖，同时鼓励公共交通和非机动车出行。这些政策包括对私家车实施高额税费、提供优质的公共交通服务和建设便利的自行车道。这些措施有效地鼓励了市民采用更环保、高效的出行方式。

法国巴黎则通过发起交通革命等倡议，强调了绿色出行的重要性。巴黎政府采取了一系列措施，包括限制市中心汽车通行、扩大公共交通网络、提升自行车和步行的便利性等，以减少交通拥堵和环境污染。这些举措不仅改善了市民的出行体验，也促进了城市交通的可持续性。

欧洲众多城市在交通管理上极其重视绿色出行理念的推广与实施，将其作为缓解城市交通拥堵的关键手段。特别是在巴黎，市政府早在 2007 年便开展了创新性的"城市自行车"计划，通过为居民提供免费自行车服务来鼓励环保出行。这一计划的核心在于改变居民的交通消费习惯，特别是在中短距离出行时，鼓励市民选择步行或骑行这些低碳环保的出行方式。巴黎的这一举措不仅有效减轻了市区的交通压力，还对减少城市尾气排放产生了积极作用。这种鼓励绿色出行的方式，还进一步提高了居民对环境保护的认识，促进了城市可持续发展。这种以居民为中心的交通管理策略，通过提供便捷、健康且环保的出行选择，不仅优化了城市的交通状况，也增强了市民的环保意识，从而构成了一个智能化、高效且可持续的城市交通系统。

美国芝加哥通过实施共享单车项目展示了如何通过文化策略促进绿色出行。在芝加哥，共享单车项目不仅是一种新的交通方式，更成为城市文化的一部分，反映了居民对于可持续生活方式的支持。共享单车项目在芝加哥的成功得益于其全面而周密的实施计划。城市各个区域都建立了方便的自行车租借点，通过智能手机应用，市民可以轻松地租借和归还自行车。这种便捷的服务设计不仅提供了一种高效的短途出行方式，而且有效减少了市民对私家车的依赖，从而缓解城市交通拥堵。芝加哥的共享单车项目不仅是一种交通工具的共享，更是一种绿色出行文化的共享。它鼓励市民以更环保、更健康的方式出行，增强了居民的环保意识和社会责任感。此外，该项目还带动了城市交通管理的智能化。通过数据分析，城市管理者能够了解自行车使用的热点区域，进而优化交通规划和城市布局。

绿色出行理念在世界各大城市交通拥堵治理中扮演着关键的文化策略角色。其核心在于将环保与可持续的出行方式转化为居民的自发行为。很多城市通过推广绿色出行理念，成功地引导居民认识到个人出行选择对城市交通效率的影响，从而促进了交通行为的积极变革。这种文化策略的实施不仅关注于绿色出行方式的推广，如骑行和步行，而且重视居民出行观念的转变。通过教育和宣传活动，欧洲城市强化了居民对于环境保护和交通效率的认识，鼓励他们主动采取更加环保、高效的出行方式。通过引导市民采用绿色交通方式，不仅能有效减轻城市交通压力，还能减少环境污染和提升城市生活质量。这种以环境友好和资源节约为导向的交通管理模式，为全球各大城市解决交通拥堵问题提供了重要的参考和借鉴。

第二节　先进技术与城市交通拥堵治理

广域雷达技术在城市交通拥堵治理中的应用，提供了对交通流的精确监测和实时响应，从而优化交通管理和控制。无人驾驶技术作为改变未来城市

交通的关键技术之一，有望显著降低城市中的汽车数量，改变道路空间的使用方式，并提高道路通行能力。物联网和移动互联网技术的应用，正变革着城市交通监控和控制的方式，为城市交通管理提供了更高效、更智能的解决方案。最后，5G 技术的运用与性能优化，不仅增强了城市交通系统的通信能力，还提升了整个交通网络的运行效率和响应速度。

一、广域雷达与城市交通拥堵治理

城市快速路作为城市交通网络的核心部分，其通畅性直接影响着整个城市交通系统的运行效率。随着城市化进程的加速和机动车数量的持续增长，城市快速路面临的交通拥堵问题日益严峻。为有效应对这一挑战，采用先进的科技手段，特别是广域雷达系统，在城市交通管理中发挥着越来越重要的作用。广域雷达系统作为智能交通系统的关键组成部分，通过实时捕捉道路上车辆的位置和速度信息，为城市交通管理提供了高效准确的数据支持。这一系统利用先进的雷达技术，覆盖广泛的道路区域，能够连续不断地监测道路状况，及时掌握交通流量、车速变化和路面占有情况等关键参数。借助于广域雷达系统收集的数据，城市交通管理部门可以更精准地分析道路交通流的变化规律，预测可能出现的拥堵点，从而在拥堵发生前采取有效的预防措施。例如，通过对交通流量的实时监测，可以及时调整交通信号灯的配时，优化交通流动，减少交通拥堵的发生。广域雷达系统还能在突发事件发生时迅速反应。一旦检测到交通事故或其他紧急情况，系统能立即向交通管理中心发送警报，协助快速启动应急响应机制，及时处理事故，减轻对交通流的影响。广域雷达系统不仅提高了城市交通管理的效率和响应速度，而且为城市交通管理决策提供了科学依据。它的应用有助于城市交通管理部门更好地理解和分析城市交通动态，从而在城市交通规划和管理中发挥重要作用。

（一）交通流检测

随着机动车数量的激增，城市快速路的交通拥堵问题日益严重，对交通流的实时监测和精确预测变得尤为重要。广域雷达微波检测器在这一领域发挥着重要作用，提供了对交通流量和交通状况的全面掌握。广域雷达系统通过高频率的雷达波实现对快速路上车辆的实时定位和速度监测，从而提供关于车流量、车速和路面占有率的实时数据。这些数据对于了解路网的实时交通状态至关重要。通过对这些数据的分析，交通管理部门能够准确地预测交通流量的变化趋势，及时调整交通信号灯配时，优化交通流动。广域雷达系统能够有效地监测道路交通拥堵情况。一旦检测到异常交通流量或速度下降，系统会立即向交通管理中心发出警报。这样，交通管理部门可以迅速采取措施，如发布交通信息提示、启动紧急疏导计划，以减轻拥堵状况。广域雷达系统还为交通参与者提供了实时信息服务。通过大屏幕显示、移动应用和其他通信渠道，驾驶员和乘客可以实时获得关于道路状况、拥堵情况和可能的替代路线的信息，帮助他们做出更明智的出行决策，避免或减少拥堵。同时，历史交通流数据的积累对于未来的道路规划和交通管理至关重要。通过分析历史数据，可以识别交通拥堵的模式和原因，为道路改造、扩建和交通管理策略的制定提供数据支持。

（二）交通行为监测

城市快速路在日常使用中面临着各种交通问题，包括交通事故、违法行为，以及突发的拥堵事件。在这种背景下，广域雷达微波检测器的应用变得尤为重要，它不仅能够实时监测和分析交通流状态，还能够及时发现和应对各种交通异常事件和违法行为，为城市交通管理提供强有力的技术支持。

广域雷达系统能够覆盖较大的检测区域，实时捕捉和分析道路上的各种动态变化。这些变化包括车辆的速度、行驶轨迹、密度等，从而能够及时发现交通事故、交通拥堵，以及违法行为等异常情况。例如，当一辆车在禁止变道的区域变道或者在禁停区域停车时，广域雷达检测器可以快速捕捉到这一行为，并通过与监控摄像头联动，对违法行为进行记录和自动抓拍。广域雷达系统通过对车辆行为的连续监测，能够为交通管理部门提供精准的数据

支持。管理部门可以根据这些数据分析快速路上的交通状况，合理调配交通资源，优化交通信号灯控制，减少交通事故和拥堵的发生。同时，这些数据还能为交通规划和政策制定提供参考，帮助城市规划者更好地理解和解决城市交通问题。在法律执法方面，广域雷达系统还能够提高交通违法行为的检测和处罚效率。通过自动化的违法抓拍和记录系统，交通执法部门能够更加高效地处理交通违法事件，增强法律的威慑力，从而提高道路的安全性和畅通性。

（三）匝道入口区检测

匝道入口区的车辆汇入行为，尤其是在高峰时段，若管理不当，很容易导致交通拥堵。因此，对匝道入口区进行有效的监测和控制是减轻快速路拥堵的重要手段。广域雷达微波检测器在匝道入口区的应用，能够精确地捕捉车辆的速度、密度、汇入模式等关键信息。它不仅能够提高交通流的监测精度，优化交通控制策略，还能够提高交通安全水平，有效减少交通拥堵。这些数据对于理解和分析匝道入口区的交通行为至关重要。例如，有些专家学者的研究通过聚类分析方法，探究了不同汇入行为（前段、中段、末段汇入）对交通流动的影响。此类研究为优化匝道控制策略提供了科学依据。

匝道入口区检测系统能够实时收集车辆的运行数据，通过与匝道控制系统联动，对匝道车辆进行有效管控。例如，根据主路车道的交通密度和速度，系统可以调整匝道车辆的放行间隔和数量，减少由于车辆汇入引起的主路拥堵。此外，检测系统还能够提供实时的交通信息，引导驾驶员采取最佳的行驶路线和汇入方式，减少交通事故的风险。

匝道入口区的管理不仅关系到交通的流畅性，也关系到交通安全。广域雷达微波检测器的应用，能够提高交通管理部门对匝道入口区交通状况的认识和掌握，使其能够及时响应各种交通情况，采取有效的交通管理措施。例如，在交通高峰期或者紧急情况下，通过实时数据的支持，交通管理人员可以迅速采取行动，进行交通疏导或者事故处理，有效降低了由于交通拥堵导致的时间损失和潜在安全风险。

二、无人驾驶技术与城市交通拥堵治理

无人驾驶的关键技术包括对车辆行驶环境的感知、对车辆行驶路径的规划、对驾驶行为的智能决策、对车辆的导航定位，以及对车辆的自动控制。Uber、谷歌等知名企业在无人驾驶领域的大量投资和研发活动预示着这一技术未来的广泛应用和深远影响。无人驾驶汽车技术的发展和普及，将对城市交通系统产生根本性的变革。

未来，无人驾驶技术将在公共交通、货运物流、零售服务等多个领域中发挥关键作用。例如，无人驾驶公交车、轨道交通、送货车和售货汽车将成为城市交通体系的重要组成部分。这些自动化的交通工具将提供更加高效、安全、环保的出行和服务方式。无人驾驶汽车的特性将为城市交通管理带来新的挑战和机遇。随着无人驾驶汽车的普及，城市道路空间的利用效率有望大幅提升，交通流量将更加平滑，交通拥堵问题有望得到有效缓解。此外，无人驾驶技术将促进交通系统的优化升级，如智能交通信号控制系统、动态路况监测系统等，从而提高整个城市交通的运行效率和安全性。

无人驾驶汽车的普及也将对现有的交通法规、基础设施设计，以及交通管控方法提出新的要求。未来的城市交通规划和管理需要适应这一技术变革，确保无人驾驶汽车与传统驾驶车辆、行人等其他交通参与者的有效融合与协调。

（一）汽车数量减少

在探讨无人驾驶技术对城市交通拥堵治理的影响时，一个关键因素是预计汽车数量的显著减少。麻省理工学院的研究数据显示，目前美国的汽车大部分时间处于停放状态，仅有 5%的时间被实际使用。这一现象表明，大量汽车资源在大部分时间内处于闲置状态，这不仅占用了大量城市空间，而且意味着低效的资源利用。

随着无人驾驶技术的发展和普及，汽车共享成为新的出行模式，预计将会显著减少城市中的汽车数量。汽车共享模式允许多个用户共享一辆车的使用权，从而减少了个人拥有和使用汽车的需求。据估计，每辆共享汽车可以替代 10 至 30 辆个人汽车。这意味着，如果无人驾驶汽车在城市中被广泛采用，城市交通系统将不再需要如此多的私家车。

汽车数量的减少将直接影响城市交通的拥堵状况。更少的汽车意味着道路上的车辆密度将降低，这将减轻交通拥堵，提高道路的通行效率。减少的汽车数量也意味着对停车空间的需求减少，从而释放出更多的城市空间用于其他用途，如公共交通设施、绿地或步行区域。

无人驾驶汽车的共享模式将改变人们的出行习惯。随着无人驾驶技术的进步，共享汽车将更加智能化和便捷化，能够提供更加高效、灵活的出行服务。这将激励人们选择共享汽车作为主要的出行方式，从而减少个人车辆的购买和使用。

（二）城市道路空间变化

随着无人驾驶技术的发展，城市道路空间的利用将迎来革命性的变化。目前，城市道路设计标准是基于传统人工驾驶汽车的需求而设定的。例如，考虑人为驾驶的不确定性和潜在的驾驶错误，道路宽度通常被设置得比汽车宽度宽很多。这一设计不仅占用了宝贵的城市空间，还增加了建设和维护成本。无人驾驶技术的发展将引导城市道路空间的重构。减少的道路宽度将释放更多的城市空间，促进城市公共空间的增加和交通效率的提升。

无人驾驶汽车通过先进的传感器、算法和通信技术，能够实现更精确和稳定的驾驶。这种技术的精确性大大降低了车辆行驶中的空间误差，使得车辆可以在更窄的道路上安全行驶。因此，无人驾驶汽车可以设计得更为紧凑，这将直接影响城市道路的设计标准和布局。

在无人驾驶技术普及的未来，城市道路的宽度可以相应减少，从而释放出更多的城市空间用于其他用途。这一变化不仅减少了道路建设和维护的成本，还为城市提供了更多的灵活性，使得城市规划者能够重新配置城市空间，以满足公共交通、行人和自行车道等的需求。道路空间的优化利用还将带来交通效率的提升。更紧凑的道路设计意味着车辆可以更加密集地行驶，而不会增加交通事故的风险。这将提高道路的承载能力，减少交通拥堵，特别是在高峰时段。

（三）道路通行能力增加

无人驾驶技术的发展和应用不仅将改变城市交通的面貌，还将显著提升城市道路的通行能力。这一变革源于无人驾驶汽车在控制精度、反应速度和信息交换方面的技术优势。无人驾驶汽车通过高度精确的传感器和先进的计算算法，能够实现精确的车速控制和路径规划。这使得无人驾驶汽车在维持车流平稳的同时，减少了因驾驶员反应不及时或不一致造成的车辆波动和阻塞。在这种精确控制下，车流能够以更高的效率和平稳度通过道路，从而提高道路的整体通行能力。无人驾驶汽车的通信能力允许车辆之间进行实时的数据交换，形成所谓的车联网。这种车辆间的信息交流使得无人驾驶车辆能够在接近实时的情况下调整自己的行驶状态，以应对前方路况的变化。这种协同驾驶能力减少了车辆间的不必要距离，允许更多的车辆在同一时间段内安全地通过同一段道路。无人驾驶汽车的安全性较高，可以在更短的时间内作出反应。这意味着车辆之间可以保持更小的车头间距，而不会增加交通事故的风险。相比于传统汽车，这些车辆的最小车头间距大幅缩短，进一步提高了道路的通行能力。

通过精确的车速控制、车辆间的实时信息交换和更短的车头间距，无人驾驶汽车能够使城市道路的交通流更加高效和顺畅，无人驾驶时代，道路基本通行能力将提高 2.6～4.2 倍。这不仅提高了道路的使用效率，也为减少城市交通拥堵提供了有效的解决方案。

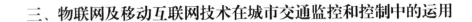

三、物联网及移动互联网技术在城市交通监控和控制中的运用

（一）物联网技术的应用

物联网技术在城市交通管理领域的应用，正逐渐成为城市交通系统智能化、高效化的重要驱动力。通过对车辆、道路，以及行人的全面连接和信息整合，物联网技术不仅能够实现对城市交通的实时监测，还能提供智能化的交通服务。

物联网技术在车联网的应用上尤为显著。车联网即车与车、车与道路、车与人之间的网络连接，可以实时收集和交换交通信息。借助于车载传感器、道路摄像头和其他智能设备，车联网能够收集大量关于车流量、车速、交通事故、道路状况等信息。这些信息被实时传输至交通管理中心，为交通调控提供了大量的数据支持。

物联网技术在交通信息的整理与分析方面具有巨大优势。利用高级数据分析技术，如大数据分析和机器学习算法，可以从海量的交通数据中提取有用的信息和模式。这对于预测交通流量、识别拥堵点、提出改善建议等方面都是至关重要的。例如，通过分析历史数据，可以预测特定时间段或地点的交通流量和拥堵趋势，从而提前采取疏导措施。物联网技术在提供智能化交通服务方面也显示出巨大潜力。通过整合交通数据和个人出行习惯，能够向出行者提供个性化的路线建议。例如，基于实时交通信息，智能导航系统能够为驾驶员推荐最佳行驶路线，避开拥堵区域。同时，智能交通应用还可以提供事故报告、天气预报、路面状况等信息，进一步提升出行效率和安全性。

（二）移动互联网技术的应用

移动互联网技术的利用，不仅提高了交通信息收集的效率和准确性，而且极大地拓宽了信息覆盖范围，从而为城市交通管理提供了全面、实时的数据支持。移动互联网技术能够实现对人员和车辆的高效定位。在传统交通管理模式中，依靠固定的交通检测设备，如摄像头和地磁感应器，来收集交通信息。这些方法虽然能够提供一定的数据支持，但由于覆盖范围和检测效率的局限性，往往难以满足日益复杂的城市交通管理需求。相比之下，移动互联网技术通过智能手机、车载导航系统等终端设备，能够提供更加广泛和精准的实时定位信息，为城市交通流量分析、道路拥堵预测和交通事故应急响应等提供了有力的数据基础。

移动互联网技术在交通信息的整合和发布方面发挥着重要作用。通过收集的大量交通数据，交通管理部门可以通过数据挖掘和分析技术，获取交通流动模式、拥堵热点区域、事故频发地点等关键信息。然后，这些信息可以通过移动互联网平台快速发布给公众，例如，通过交通管理 App 或社交媒体平台，为市民提供路况信息、最优出行建议等服务。这样不仅提高了交通信息的透明度和公众的出行效率，也增强了交通管理的主动性和预见性。移动互联网技术还为交通管理提供了与公众互动的新途径。市民可以通过移动应用程序报告交通事故、道路损坏等问题，交通管理部门可以据此快速响应，及时处理相关问题。同时，利用大数据分析，交通管理部门可以根据市民的出行习惯和需求，进行更为精准的交通规划和管理。

四、5G 技术的应用与性能优化

（一）5G 技术的应用

5G 技术在城市交通治理方面的应用，尤其体现在提升私人出行、轨道交通及交通辅助服务的效率和安全性。5G 的高速传输和低延迟特性极大提升了车联网的通信效率，使自动驾驶汽车的数据传输更加稳定，提高了车辆的实时感知和决策能力。5G 技术通过高效的车辆调度和乘客信息服务，如实时更新列车时刻和拥挤度预测，极大提高了轨道交通的运行效率和乘客体验。5G 在交通辅助领域的应用也不容小觑。这些应用的融合，使得 5G 成为提升城市交通系统整体智能化和效率的关键技术，如图 3-1 所示。

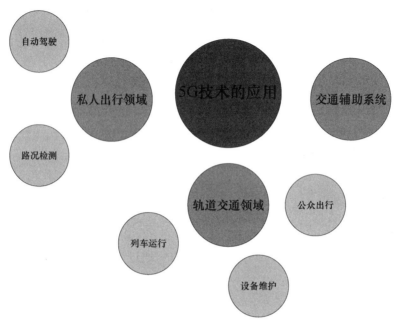

图 3-1　5G 技术的应用

1. 私人出行领域

（1）在自动驾驶方面。自动驾驶汽车的核心是其内置的人工智能控制系统，该系统依赖于各类高精度传感器，如雷达、激光测距仪、全球定位系统，以实现无需人类干预下的安全驾驶。随着 5G 网络的融入，自动驾驶技术将迈入一个全新的发展阶段，得益于 5G 技术的低延迟和高带宽特性，自动驾驶汽车的感知能力和反应速度将得到显著提升。在 4G 时代，自动驾驶汽车主要依赖雷达和摄像头来感知外部环境，但这种方法在恶劣天气条件下的效果并不理想。相较之下，5G 技术的低延迟特性使汽车能够实时、准确地探测周围环境并作出快速反应，从而提高行车安全性。此外，自动驾驶汽车在处理环境监测、信息采集、系统运算及实时决策的过程中对计算速率和决策系统提出了更高的要求。这一系列的操作需要快速、可靠地完成，而5G 技术以其高带宽和强大的数据处理能力，能够为自动驾驶系统提供云端支持。

通过 5G 技术的应用，自动驾驶汽车不仅能实现更加高效和安全的驾驶体验，还能通过云计算服务大幅减轻车载计算系统的负担，为车辆设计提供更多空间自由度。同时，5G 技术还支持车辆与车辆之间，以及车辆与基础设施之间的车对一切通信，为车辆提供实时的道路信息和交通状况更新，进一步优化道路使用效率，降低交通拥堵。在智能交通系统的大背景下，5G 技术为自动驾驶汽车的大规模商用化铺平了道路，预示着城市交通管理将进入一个全新的时代。

（2）在路况检测方面。实时路况信息，如交通拥堵、事故发生或道路维修信息，是出行者规划路线和减少出行时间的重要依据。目前，这些信息主要由浮动车辆如出租车和公交车通过其车载 GPS 系统和移动网络收集并上传至数据中心。随后，这些数据在数据中心经过处理和分析，为出行者提供实时路况更新。5G 技术的融合将为路况监测带来革命性的变化。5G 技术以其高速率、低延迟和大容量的特点，为路况监测提供了新的可能性。与传统的 4G 网络相比，5G 网络能够更快速、更准确地处理大量数据。这意味着，安装在关键交通节点的传感器能够实时收集交通数据，并快速将这些数据传输至数据中心。这些传感器可以安装在路面或道路两侧，实时监测车辆流量、车速和其他交通参数，从而构建一个更加高效和准确的路况监测网络。5G 技术的应用还可以减轻传统移动网络基站的压力，提高整个系统的响应速度和数据处理能力。这对于城市交通管理来说极为重要，因为它能够帮助交通管理中心更快地响应突发事件，如交通事故或极端天气条件，从而及时调整交通信号灯或发布交通管制措施，减少交通拥堵。在 5G 网络支持下的路况监测系统还可以与车载导航系统、智能手机等终端设备无缝对接，为出行者提供更为精准和全面的路况信息。这不仅有助于提高个人出行的效率和安全性，也有助于优化整个城市交通网络的运行效率，减轻交通拥堵，提高城市交通系统的整体效能。

这一方案在美国已开展相关应用，Verizon Wireless 公司与萨克拉门托市签订协议，同意将物联网传感器安装在路面与路灯上以采集实时交通路况信息，为政府与民众提供高效率的路况信息反馈，通过该系统可以减少 44% 的汽车闲置时间，提高公众出行效率。

2. 轨道交通领域

（1）列车运行的高效传输。在轨道交通领域，5G 技术的应用显著提高了列车运行的通信效率和数据传输的质量，进而增强了列车运行的安全性和可靠性。特别是在列车与调度中心、列车与列车之间的通信方面，5G 技术的应用具有突破性的意义。在列车运行过程中，与数控调度中心的稳定通信联系至关重要，它不仅关系到列车的运行安全，还涉及乘客的安全和舒适体验。传统的通信方式往往依赖于基站转发，存在延时较高和连接不稳定等问题。5G 技术的引入，特别是 D2D 通信技术的应用，使得列车与数控调度中心之间的数据传输更为高效和直接。D2D 通信允许终端设备之间直接交换数据，无需通过基站转发，这大大降低了通信的延迟，并提高了数据传输的可靠性。D2D 技术还使得列车与列车之间的直接通信成为可能。这在紧急情况下尤为重要，例如在列车故障或事故发生时，附近的列车可以直接接收到警报信号，从而迅速采取应对措施。这种直接的通信方式也减轻了数控调度中心的工作压力，提高了整个系统的运行效率。

5G 技术的高传输速率还为列车运行提供了更为丰富的数据支持。例如，超清视频传输的实现，使得列车内外的视频监控更加清晰，有助于及时发现和处理安全隐患。同时，这也为列车的实时状态监控提供了更为详细和全面的数据，有助于调度中心做出更准确的决策。

（2）公众出行的弹性选择。轨道交通运行时尤其是在高峰时段，乘客经常面临进站难、安检难、购票难等问题。这些问题往往是由于客流量在不同时间和地点的不均匀分布造成的。5G 技术的引入，特别是内容分发网络（CDN）的应用，可以有效地缓解这些问题。CDN 是一种通过将内容存储在离用户较近的网络节点上，从而减少内容传输时间和改善用户体验的技术。在轨道交通系统中，CDN 可以用来监控和管理不同进站口的客流量。通过分析乘客的网络连接情况，5G 技术可以帮助估测各个进站口的客流量，并将这些信息实时传达给乘客。这样，乘客可以根据实时信息选择相对人少的进站口，从而避免拥挤，并改善出行体验。例如，如果某个进站口的客流量过大，而相邻的另一个进站口客流量相对较小，系统可以通过 5G 技术实时更新的信息，引导乘客选择人少的进站口。这样不仅提高了乘客的出行效率，也减轻了繁忙进站口的压力。此外，5G 技术还可以用于实时更新列车的到站时间、列车拥挤度等信息，进一步优化乘客的出行决策。

5G 技术的高速传输能力和低延迟特性使其在轨道交通系统中的应用变得更加广泛和有效。通过 5G 技术，轨道交通系统可以更准确、更快速地处理大量的实时数据，并将这些数据及时传达给乘客。这不仅提高了轨道交通系统的运行效率，也极大地提升了乘客的出行体验。

（3）设备维护的智能监控。设备的定期养护和维护是确保城市轨道安全、高效运行的关键。传统的以人工巡检为主的维护方式面临着诸多挑战，包括设备分布广泛、线路长、环境复杂等。随着 5G 技术的发展，将其应用于轨道交通的设备监测系统，能够有效克服这些挑战，提高维护效率和安全性。5G 技术的核心优势在于其高速、大容量和低延迟的特点。这些特性使得 5G 技术特别适合用于复杂的轨道交通系统。通过在轨道交通系统中部署 5G 网络，可以实现对设备状态的实时监控，及时发现并响应潜在的问题。例如，通过在轨道、列车、信号系统等关键设备上安装传感器，这些传感器可以实时收集设备状态数据并通过 5G 网络发送回控制中心。控制中心的工作人员可以凭借这些实时数据，迅速准确地判断设备的运行状况，及时做出维护决策。

5G 技术还可以支持更为高级的监控技术，如视频监控、远程诊断和预测性维护。例如，通过在关键部位安装高清摄像头，可以对轨道交通运行环境进行 24 小时实时监控。结合人工智能和大数据分析技术，可以实现对异常情况的自动检测和预警，大大提高响应速度和处理效率。在预测性维护方面，5G 网络能够实时传输大量设备数据，这些数据可以被用来分析设备的使用寿命和维护需求。通过对历史数据和运行数据的深入分析，可以预测设备可能出现的问题，并在问题发生前进行维护，从而避免了意外故障和服务中断。

3. 交通辅助领域

在 5G 网络的信息采集与处理模式下，程序化平台运算将逐步过渡到人工智能逻辑，5G 网络作为下一代通信技术，具备超高速率、低延迟和大容量的特点，数据的处理和展现能够在秒级或者毫秒级得到响应，其在城市交通辅助系统中的应用将极大地推动城市运作和市民出行向数字化、智能化发展。5G 网络通过自组织网络（SON）技术实现多节点无线接入，这不仅促进了城市综合信息管廊的建设，还提高了城市交通管理系统的动态监测和主动运维能力。在交通突发事件的应急管理方面，5G 网络的应用显得尤为重要。它可以有效地连接紧急服务中心和交通管理系统，为紧急服务车辆如救护车、消防车等提供优先处理。这种优先处理不仅包括为紧急服务车辆实时规划最优路线，还包括向相关区域内的其他车辆提供实时信息，以避免交通拥堵并加快紧急服务车辆的响应速度。例如，当发生紧急事件时，5G 网络可以快速收集现场信息，实时传输给交通管理中心，并迅速计算出最优路线，同时通过交通信号控制系统为紧急车辆清理道路，确保其快速到达现场。

5G 网络在城市照明系统中的应用也同样重要。它可以将智能照明、智能电网和智能交通系统结合起来，实现道路照明的智能控制。基于 5G 网络的高容量和高速率，智能照明系统可以根据车流量和行人数量自动调节照明强度和时长，从而达到节能和智能化的目的。例如，5G 网络可以帮助实现智能路灯，在车辆和行人少的时候自动降低照明强度，而在车流量大或行人多的时候增强照明，不仅提高道路安全性，还有效节约能源。

（二）5G 技术的性能优化

1. 网络覆盖范围与容量优化

5G 网络在智慧城市交通管理中的应用需求复杂多样。通过对基站布局、无线技术和网络切片等方面的优化，5G 网络能够为城市交通管理提供更广泛、更稳定、更高效的服务，从而显著提升城市交通的整体运行效率和安全性。针对这一目标，综合技术应用，包括基站布局优化、无线技术优化和网络切片技术的应用，对于实现 5G 网络在智慧城市交通管理中的高效运用至关重要。

5G 网络基站的布局优化是确保网络覆盖和容量的基础。在智慧城市交通管理中，应根据交通流量密集区域和重要交通节点的需求进行基站布局。布局时，考虑城市地理特征、建筑物遮挡、信号干扰等因素，以实现最佳的网络覆盖效果。同时，对于城市中的主要交通干道、交通枢纽等重要地点，需部署更多基站，以保证高密度流量下的网络稳定性。

无线技术的优化也是提高 5G 网络性能的关键。例如，采用大规模多输入多输出（Massive MIMO）技术，该技术通过使用大量天线元素和高级的信号处理算法，显著提高网络的信号质量、传输速率和覆盖范围。Massive MIMO 技术能有效降低信号干扰，提高数据传输的可靠性和速度，这对于城市交通管理系统中大量实时数据的处理和传输尤为重要。网络切片技术的引入是实现 5G 网络定制化服务的重要手段。通过网络切片技术，可以将网络资源根据不同的应用场景和服务需求进行有效分配。例如，为交通管理系统提供专用的网络切片，能够确保在高密度交通流和紧急情况下的通信优先级和服务质量。这样的技术应用不仅可以满足日常的城市交通管理需求，还可以在紧急情况下如交通事故处理、急救车辆通行优化等方面发挥关键作用。

2. 网络延时处理与稳定性优化

在城市交通拥堵治理中，5G 网络的实时性和稳定性对交通数据和控制指令的传输至关重要。为了充分发挥 5G 网络的优势，应考虑引入边缘计算、服务质量（QoS）管理以及网络拓扑结构优化等关键技术手段。边缘计算在智慧城市交通管理中的应用可以极大地减少数据传输的延迟。通过在网络边缘节点部署计算资源，数据处理和决策可以更接近用户和设备，实现实时响应和快速决策。这意味着交通信息的收集、分析和反馈可以在接近数据源的位置进行，从而降低总体网络延迟，提高交通监控和控制系统的效率和响应速度。

实施严格的服务质量管理，为交通管理相关应用提供优先级和保障至关重要。QoS 管理通过优先级控制和带宽分配，确保关键的交通管理应用如紧急响应、实时监控和交通信号控制等在网络中享有足够的资源，从而保证这些应用的实时性和可靠性。例如，在紧急情况下，紧急服务信息的传输将获得优先处理，确保交通管理系统能够及时响应并采取必要措施。优化网络拓扑结构对于降低网络延迟和提高数据传输效率至关重要。网络拓扑的优化包括减少网络节点间的跳数和传输路径长度，使用智能路由和拓扑优化算法来提高网络效率。通过优化网络的物理结构和逻辑布局，可以实现更快的数据传输速度和更低的网络拥塞，从而提高整个智慧城市交通系统的运行效率。

3. 数据安全与隐私保护

在城市交通管理系统中，5G 技术的性能优化不仅涉及网络覆盖、速率和延时，也涉及数据安全和隐私保护的关键环节。鉴于此，采用数据加密和身份认证技术，建立严格的访问控制和权限管理机制，以及采用数据去标识化和匿名化技术，对于保障交通管理数据的安全性和保护用户隐私至关重要。

数据加密和身份认证技术是确保数据在传输和存储过程中安全的基础。在 5G 网络中，数据加密技术可以防止数据在传输过程中被截取和篡改，保护交通管理信息的完整性和机密性。同时，身份认证技术确保只有经过验证的用户才能访问系统和数据，防止未授权访问和数据泄露。建立严格的访问控制策略和权限管理机制，对于限制对交通管理数据的访问和使用至关重要。通过实施分级授权和角色管理，确保不同级别和角色的用户只能访问其授权范围内的数据。审计跟踪则记录数据访问和操作的详细日志，以便于在发生安全事件时进行追踪和处理。对数据共享进行去标识化和匿名化处理，是保护用户隐私的有效手段。通过脱敏处理个人身份信息和敏感数据，可减少个人隐私泄露的风险。同时，建立合适的数据共享协议和法律法规，明确数据使用和共享的界限，既能保护个人隐私，又能促进数据的合理利用。

第三节　缓解城市交通拥堵的政策制定与施行

城市交通作为现代城市及其社会和经济发展的基石，已成为城市规划和管理的重点领域。城市客运系统作为日常出行的重要组成部分，每天承载着约3亿人次的出行需求。然而，近年来，城市交通拥堵现象作为一种典型的"城市病"表现，逐渐成为社会关注的焦点。

城市交通拥堵问题是城市交通系统复杂性的一个表现，其解决需要综合、多元化的方法和策略。在《交通强国建设纲要》中，提出了系统分析、因地制宜、综合施策的原则，这些原则旨在通过多方面的措施共同作用，有效缓解城市交通拥堵现象。

2020年8月，交通运输部关于浙江省开展构筑现代综合立体交通网络等交通强国建设试点工作的意见正式发文。《意见》里原则同意在构筑现代综合立体交通网络、打造义甬舟陆海统筹双向开放大通道、打造美丽经济交通走廊、打造一流枢纽城市、推进新技术与交通行业深度融合、推动交通产业创新发展、打造世界一流港口、打造平安交通、推动综合交通改革创新、优化调整交通运输结构、推进城市交通拥堵治理、绿色交通发展等方面开展试点。强调加强对浙江省交通运输厅试点工作的组织领导，建立健全试点工作推进机制，明确责任分工，强化政策支持。加强上下联动，强化协同配合，鼓励各方积极参与。关于试点内容与实施路径，此处只节选两项，具体如下。

一是构建优质高效的快速网。全面构建"五横五纵"快速铁路网络，加快完善沪昆、沿海通道，提升京沪（杭）通道能力，增强浙江与周边中心城市通达能力，推进高速轮轨列车和超高速磁悬浮铁路前期工作。完善高速公路网络布局，加快繁忙路段扩容改造，强化对省际接口、四大都市区、加快发展县、10万人口以上城镇的覆盖支撑。完善运输机场布局，打造"一核两心、三商三旅"的运输机场体系（杭州为核心机场，温州和宁波为中心机场，义乌、嘉兴和台州等机场以商贸为特色，舟山、衢州和丽水等机场以旅游为特色）。

二是构建一体化衔接枢纽体系。支撑服务长三角世界级城市群，打造"4+6+N"的综合交通枢纽体系（杭州、宁波、温州、金义4大全国性综合枢纽，台州、衢州、丽水、绍兴、湖州、嘉兴6大区域性综合枢纽，"N"为若干个地区级综合枢纽）。以高铁站、机场为节点，建设一批立体互联、便捷高效、零距离换乘的综合客运枢纽。以港口、物流园区为节点，打造多式联运型物流枢纽。

城市交通拥堵的治理不仅是一个技术和管理的问题，更是一个战略和政策层面的议题。必须从推进中国特色的现代化进程、加快建设交通强国的宏伟蓝图，以及支持城市高质量发展的战略全局高度来理解和实施缓解城市交通拥堵的政策。这需要政府部门、社会组织、行业协会和市民共同参与，形成全方位的治理策略和行动方案，以确保城市交通系统的高效、顺畅和可持续发展，因地制宜综合施策打好拥堵治理"组合拳"。

一、统筹规划、协同治理

城市交通拥堵治理作为一个复杂的系统工程，要求多部门的紧密协同和综合施策。在当今城市快速发展的背景下，各城市需要建立和完善跨区域、跨模式、跨部门的综合交通运输协同发展机制。这一机制的核心在于促进交通基础设施的网络化布局、运输服务的一体化管理，以及规划、建设、运营、管理和服务的系统化整合。这要求完整、准确和全面地贯彻新发展理念，统筹推进交通体系各环节的建设、联动、使用和管理，实现各种交通方式、管理主体和运营主体的高效衔接和相互支持。

随着私人机动车的快速普及，特大型城市的通勤高峰拥堵问题愈发严重。截至2022年，我国多个城市汽车保有量突破百万辆的大关，显示了机动化出行特别是私人小汽车出行比例的显著增长。互联网大数据显示，全国主要城市工作日通勤高峰期间小汽车出行时间是畅通状态下的 1.67 倍，超大城市的平均高峰通勤时间普遍超过 45 分钟。这种情况下，城市交通管理部门需要采取更加科学、合理的策略来应对日益加剧的交通拥堵问题。

限行措施是常见的城市交通管理手段之一，通过限制车辆在特定时间和区域内行驶来减少车流量。许多大城市已经实施了诸如尾号限行、路段限行等政策，以期减缓交通拥堵。然而，这些措施在一定程度上也带来了副作用，如限制车辆的自由使用，给市民日常生活带来不便，甚至可能导致限行区域周边的交通压力增加。

为了更有效地缓解城市交通拥堵，城市规划者和管理者需要采取更为全面和长远的视角。需要强调的是，缓解城市交通拥堵不仅是通过限制、限购措施，更应该通过优化城市规划、改善公共交通系统、促进绿色出行、加强交通信息系统建设等多方面措施综合施策。例如，通过发展高效的公共交通系统，如地铁、公交，可以显著减少私人车辆的使用频率和数量；通过实施绿色出行计划，鼓励市民步行或骑行，减少对机动车的依赖；加强智能交通系统建设，提供实时交通信息，优化交通流量管理；同时，增加城市绿化和行人友好空间，提升城市居住环境，减少市民对长距离出行的需求。

二、着力提升精细化治理水平

缓解城市交通拥堵的一项重要举措在于提升城市交通管理的智能化水平，并通过精细化治理方法，实现城市交通的有效治理。城市交通智能化管理的核心是利用大数据技术对城市交通运行进行深入分析，从而准确研判不同城市交通运行的规律和特点。

智能化管理要求提升城市交通，特别是公共交通信息服务的能力。这涉及推进各系统间信息的共享和互联互通，优化和改善城市交通出行信息服务。例如，通过集成交通监控系统、GPS 定位系统、交通流量监测系统等，可以实时收集和分析城市交通状态，为出行者提供准确的交通信息和建议。通过建立统一的交通数据平台，可以实现不同交通模式之间的信息融合，提供更为全面和准确的交通情报。

要合理引导小汽车出行，减少对城市道路资源的占用。利用大数据分析技术，可以对城市交通拥堵程度、交通需求管控效果、污染物及温室气体排放控制目标等进行精准研判。此外，通过实施差别化的停车收费政策，可以有效调节小汽车的使用频率。例如，将城市核心区的停车费用提高，可以激励市民减少驾车出行，转向使用公共交通。城市交通管理部门还应制定科学的小汽车使用引导政策，促使居民从小汽车出行转向公共交通等绿色、集约的出行方式。例如，通过增加公共交通的运营频次和覆盖范围，提高公共交通的便捷性和舒适性，可以吸引更多的市民选择公交、地铁等公共交通工具。同时，城市交通管理还应重视交通需求管理，采用动态交通管控技术和政策工具，如高峰时段限行、交通拥堵收费等，以调节交通流量，减轻道路拥堵压力。通过智能交通系统的应用，可以实现对城市道路交通状态的实时监控，及时调整交通信号灯配时，优化交通流量分配，提高道路通行效率。

三、发挥交通先行作用

城市交通拥堵的根本解决之道在于解决交通供需的不平衡问题。这要求城市规划和管理者们推动城市交通供给侧的结构性改革与需求侧的有效管理，在轨道交通站点周边，通过综合利用土地资源，可以提升该区域的居住和商业价值，同时通过合理规划，实现人流、物流的高效集散，从而减轻周边道路的交通压力。此外，通过研究制定包含土地利用、空间设计、换乘衔接等要素的交通发展指南，可以有效提升城市交通系统的承载力和运行效率，支撑构建 15 分钟生活圈，改善城市居民的生活质量。

城市综合交通体系的建设是缓解交通拥堵的另一个关键方向。将城市公共交通纳入国土空间规划，强化城市公共交通场站等用地的实际落地实施，以及加强国土空间规划与交通专项规划的衔接协调，对于实现城市交通系统的高效运作至关重要。这些措施不仅能够提高城市交通系统的整体运行效率，还能促进城市空间的合理利用和发展。

公安交通管理部门的改革措施也对缓解交通拥堵至关重要。例如，浙江省全面实施的 10 项公安交管便利措施，内容包括深化减证便民、服务群众出行、创新"互联网＋交管"等方面。为进一步优化交通环境，服务经济社会发展，全力护航"两个先行"，按照公安部统一部署，2023 年 6 月 1 日起，浙江全面实施 10 项公安交管便利措施。10 项改革措施内容涉及深化减证便民、服务群众出行、创新"互联网＋交管"等 3 个方面，这些改革措施涵盖了车驾管办牌办证、城市交通秩序、事故和违法处理、驾驶人教育审验以及农村交通安全管理等多个交管业务领域，不仅提高了交管服务的效率和便利性，也有助于提升城市交通秩序和安全。

四、大力发展公共交通，优化公共服务

2023 年 10 月，交通运输部会同国家发展和改革委员会、公安部、财政部、人力资源和社会保障部、自然资源部、国家金融监督管理总局、中国证券监督管理委员会、中华全国总工会等共 9 部门和单位印发《关于推进城市公共交通健康可持续发展的若干意见》（交运发〔2023〕144 号，以下简称《意见》），《意见》提出了五方面的政策举措，如图 3-2 所示。

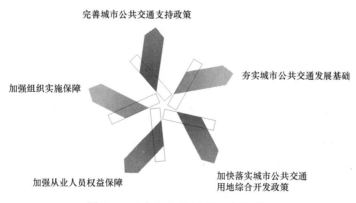

图 3-2　《意见》的五方面政策举措

中国城市交通发展应秉持优先发展公共交通这一理念，通过制定和执行一系列政策措施，来提升公共交通系统的效能和吸引力，进而缓解城市交通

拥堵现象。为了明确城市交通的发展方向和定位，需要制定城市公共交通条例。这些条例应聚焦于公交发展当前面临的困境和问题，提出具体解决方案。例如，国家层面可以设立公共交通发展专项资金，鼓励和支持公交企业探索差异化、定制化的公交服务，增强企业的自我发展能力。同时，公共交通用地的综合开发政策也应得到重视，以促进公交设施的有效利用和城市空间的高效规划。城市交通管理部门需要深入贯彻以公共交通引导城市发展的 TOD 理念。TOD 理念着重于公共交通与城市空间布局的协调发展，通过优化城市空间布局和公共交通系统设计，达到减轻交通拥堵、提升城市生活品质的目的。城市政府应坚持公交优先的主体地位，将公共交通的"行有所乘"服务纳入基本公共服务体系，并保障相应的财政投入。

公交优先发展战略的具体实施要求城市政府加强公交专用道的建设和管理。科学合理地设定公交专用道的使用时段，并在保障公交车运行速度的基础上，允许特定的大运力载客车辆使用公交专用道，旨在提高道路资源的利用率。公交专用道的具体使用时段、车辆类型和管理方式应根据各地实际情况灵活确定。进一步来说，为了提升公共交通系统的整体吸引力，需要积极引导社会舆论，提高公众对公交优先发展国家战略的认识。通过加强公交专用道的使用监管，确保公交车辆在高峰时段的优先通行权，可以有效发挥公交在城市通勤中的主体作用，减少交通拥堵现象。

五、加强宣传引导，倡导公共交通出行

随着社会的发展和人民生活水平的提高，私家车逐渐成为家庭的常见交通工具，这直接导致了城市交通拥堵问题的加剧。因此，必须采取有效措施，通过增强公众意识，引导市民采取更为环保、高效的出行方式。政府应持续开展"公交优先、绿色出行"等主题宣传活动，通过多种渠道和方式，如广播、电视、互联网、社交媒体等，普及绿色出行的重要性。这些活动不仅能增强公众对城市交通拥堵问题的认识，还能促进公众了解和支持绿色出行措施。此外，通过举办相关讲座、研讨会、展览等活动，可以进一步提高市民

对绿色出行理念的认同感和参与度。

政府应探索建立绿色出行的激励机制，例如，"每周少开一天车"、设立交通"近零排放区"等措施。这些措施不仅能够直接减少机动车的使用，还能激励市民选择更加环保的交通方式。同时，通过建立绿色出行碳普惠机制，可以鼓励居民更多地选择公共交通、自行车、步行等绿色出行方式。中国是世界上自行车产量最大和拥有量最多的国家，建设以人为本、步行/自行车友好的街道具有天然基础。政府还应加大对非机动车道和步行系统的建设力度，提供安全、便捷的绿色出行设施。例如，建设和完善自行车道和步行道，提供足够的自行车停车设施和步行区域的便利设施，确保非机动车和行人的安全和舒适。同时，应积极开展相关的道路安全教育和培训，增强市民的交通安全意识。政府应发挥社会团体、行业协会等组织的作用，广泛传播绿色、文明、礼让的交通理念。通过组织绿色出行相关的社会活动、竞赛等，鼓励市民积极参与到绿色出行的实践中。同时，应利用新媒体平台，如微博、微信、短视频，传播绿色出行的信息和案例，提高市民对绿色出行的认识和参与感。

六、实例分析——以浙江省为例

浙江省地处中国东南沿海，是中国经济最发达的地区之一。近年来，随着浙江省经济的飞速发展和城市化进程的加速，人口密度大幅上升，汽车保有量迅速增加，导致了交通拥堵问题日益凸显。交通拥堵不仅浪费了大量的人力物力，而且严重影响了省内众多城市的可持续发展和居民的生活质量。杭州、宁波，温州等城市都是全省经济领先和人口众多的城市的代表，先进的经济发展与滞后城市交通治理形成了鲜明的对比。随着居民收入水平的提高，私家车保有量急剧增加，给原本交通基础设施落后的道路建设带来了极大的压力，增加了城市道路的负担。同时，城市规模中的住宅区、商业中心、工业区的建设与日俱增，人们的通勤需求也在不断增加，尤其是在上下班高峰期。因此，如何缓解和改善城市交通拥堵始终都是关乎民生的焦点问题。目前，浙江省主要城市在治理交通拥堵方面主要集中在政策制定、公共交通发展和数字技术应用等方面，虽然取得了一些丰硕的成果，但依然需要在各个方面不断改进。

相关政策已经实施，但效果有待进一步加强。近年来，杭州市政府为了更好的治理交通拥堵出台了一系列政策，并在 2023 年将此列入十大民生解决的问题之一，由此可见杭州市政府改善交通拥堵的决心。杭州市政府提出把城市大脑的建设作为数字赋能城市治理的主要抓手，全面提升城市治理现代化水平。宁波市政府对 2023 年的治堵工作提出以"公交优先、因地制宜、数字赋能、都市一体"为原则，努力打造"设施更加完善、出行更加绿色、管理更加高效、服务更加优质、治理更加智慧"的城市交通服务体系，使全市城市交通拥堵状况进一步改善，人民群众满意度进一步提升。温州市率全省之先，聚焦"设施完善、公交优先、科技引领、管理提升"4 大方面，将堵点整治列入民生实事，坚持以点带面、全域一体协同推进，出台《温州市治理城市交通拥堵工作五年行动计划（2023—2027 年）》全力解拥堵、保畅行。

从以上这些城市的出台政策来看，政府部门十分重视交通治理，但由于交通拥堵的治理是一个不断持续、周而复始的过程。因此，政府相关部门在制定相关政策的过程，还需要通过不断调研，倾听民声，制定更加科学、合理的政策，同时加大倡导和采用新的技术方法应用于道路拥堵的解决。

立体公共交通体系初步建立，正在不断完善。近年来，杭州大力发展公共交通，开通并运营了多条轨道交通和水上巴士线路，同时对地面交通车辆进行了不同程度的线路优化。杭州市公交集团在全国率先推出定制公交服务，打造快速接驳公司与最近地铁站的"心动巴士"服务模式，以及满足市民长距离通勤需求的"心享巴士"，又陆续推出了连接住宅区与地铁站、主干公交和公共设施的社区"微公交"，连接校园与各个住宅小区的"求知专线"，服务弱势群体出行、直达医院内部的"就医专线"等，以及"公交进企业""公交进园区""公交进学校""公交进小区""公交进医院"和"公交进中心"的公交"六进"服务举措，以专员对接的形式收集市民出行需求，为广大市民提供更加精准的公共交通服务。宁波市在现有城市交通的基础上，续建地铁 3 号线、4 号线、6 号线、7 号线、8 号线等城市轨道，同时续建宁波至象山市域（郊）铁路、宁波至慈溪市域（郊）铁路等市域快速轨道。温州市在现有交通线路的基础上，新增优化公交线路 74 条，开通特色公交服务线路 14 条，建成投用轨道周边微公交接驳场站 3 个，新建优化接驳公交停靠站 25 个，新辟优化接驳公交线路 15 条，新增轨道站点周边自行车点位 10 个，轨道交通站点 50 米范围内非机动车或公交站点覆盖率达 90% 以上，多层次公交服务模式逐步显现。

从以上城市在公共交通投入中产生的效果发现，立体化公共交通的出行越来越开始受到人们的重视，但同时各种多元化的出行需求给公共交通带来了压力，因此，研究如何进行合理的公共调度依然是当前公共交通体系努力的方向。

数字化技术已经开展，技术手段加强存在上升空间。近年来，杭州交管部门清晰地掌握着城市的道路实况、车流数据等即时交通流量，并依靠算法优化路口时间分配，提高交通效率。同时将穿梭在大街小巷的出租车装载了传感设备，可以 24 小时实时感知和上传道路状况，发现问题能在第一时间处理。宁波市建成了公共交通数据资源中心和政府指挥决策支持平台、企业运营平台、公共出行信息服务平台，完成标准规范建设和配套设施建设，整合公交车、自行车、出租汽车运营数据资源，实现智能调度、出行信息服务及运营状态动态监测等功能。温州市交通运输部门全力推进交通数字化改革，通过谋划温州交通数改 "1＋3＋X" 架构，推动交通数字化改革应用迭代升级、试点扩面，其中 "高速公路与地面危货停车位联动" 和 "危货驾驶员安全积分" 等项目正在应用。

从以上政府使用了一系列的数字技术的应用效果来看，在一定程度上缓解了道路通行的交通压力，为当前的交通拥堵的问题治理提供了思路。因此，不断的探究数字技术在交通拥堵问题中的解决是非常必要的，尤其是车辆识别技术、车辆流量预测技术，十字路口的车路协同技术，交叉路口疏导技术等方面的探究需要深入开展。

第四章　数字技术在交通管理中的应用

在数字时代，交通管理正经历着一场深刻的变革。智能化和数据驱动已成为推动这一领域发展的关键力量。随着科技的进步，尤其是智能交通系统、大数据分析和人工智能技术的快速发展，城市交通管理不再仅仅依赖于传统的基础设施和人工操作，而是转向更加高效、精准且自动化的新模式。智能交通系统作为交通管理的重要组成部分，通过集成多种技术手段，极大地提升了城市交通的运行效率和安全性。在我国，智能交通系统的快速发展和应用，不仅显著改善了城市交通状况，还为交通管理提供了新的思路和工具。大数据技术在城市交通管理中的应用，则是通过分析海量的交通数据，识别交通流的模式和趋势，预测和缓解交通拥堵，提供更加个性化和智能化的交通服务。它不仅改变了交通管理的操作方式，还为制定有效的交通策略提供了数据支持。人工智能技术在城市交通管理领域的应用，正在为传统交通管理系统带来革命性的变化。从核心技术到实际应用，人工智能正助力交通管理系统变得更加智能、自动和高效。数字技术在交通管理中的应用不仅是技术创新的成果展示，更是对未来城市交通管理模式和效率提升的有力探索。随着这些技术的不断成熟和应用，一个更加智能、高效和安全的城市交通环境正应运而生。

第一节　智能交通系统的发展

智能交通系统作为城市交通治理的重要组成部分，其核心在于利用高科技手段实现交通管理的智能化、自动化，从而提高城市交通的效率和安全性。在我国，随着技术的进步和城市发展需求的日益增长，智能交通系统已成为城市交通管理不可或缺的一环。智能交通系统通过集成先进的交通信息系统、管理系统、公共交通系统、车辆控制与货运系统，以及电子收费与紧急救援系统，有效地优化了城市交通流动。这些系统不仅能提供实时的交通信息，还能对城市交通进行全面的监控和管理，从而极大地提升了交通系统的响应能力和效率。

随着智能交通系统在城市交通治理中的不断应用和发展，城市公交管理、电视监视与监测、交通信号控制与指挥等方面也实现了质的飞跃。这些系统的有效运作不仅缓解了城市交通拥堵，提升了市民出行效率，还为城市交通安全保驾护航。智能交通系统的发展，不仅是技术进步的体现，更是城市交通管理向更高效、更安全、更环保方向迈进的重要步伐。

一、智能交通系统的构成

智能交通系统起源于智能车辆道路系统，构建了一个集成多种尖端技术的实时、高效、精准的交通管理体系。智能交通系统作为交通运输综合治理的核心，有效整合了车辆、人员和道路的信息，优化了城市交通流动，显著提升了交通安全、环境保护和能源效率。智能交通系统是现代城市交通发展的重要方向，它通过融合多种高科技手段，实现了对交通流的智能化管理和控制，极大地提升了城市交通的安全性、效率和环境友好性。在实现智能交通系统的构建和运用过程中，核心技术包括先进的计算机技术、自动控制技术、信息技术和通信技术。这些技术的综合应用旨在提高交通系统的整体运行效率，增强汽车的性能表现，并在此基础上减少交通事故的发生和减轻交通对环境的影响。

智能交通系统通过实时监控和分析交通流，不仅能够提高道路利用率，还能优化交通信号控制和路线规划。同时，它还为应急响应提供关键支持，包括事故检测、快速反应和有效的事故管理。智能交通系统通过信息收集和分析，支持环境监测和污染控制，从而促进城市交通的可持续发展。相关部门通过城市智能交通系统可以对城市的道路进行智能化监控和处理，使人、车、路紧密结合，对传统交通运输状况实施良好改进，促使其经济效益、社会效益和环境效益等均得到一定提升。

（一）交通信息系统

交通信息系统在智能交通系统的框架中扮演着至关重要的角色。作为一个综合性的信息处理和传输系统，它基于先进的信息技术基础架构，致力于提升交通管理的效率和出行者的便利性。该系统的核心目的在于实现交通信息的实时采集、处理和分发，从而指导出行者做出更加合理和高效的出行决策。

交通信息系统的基本构成包括路侧传感器、数据传输网络和信息处理中心。路侧传感器的布置是信息系统运行的基础，它们分布在城市的主要交通节点和路段上，包括车流量监测传感器、速度检测仪、视频摄像头等。这些传感器负责收集关于车辆流量、速度、行驶方向，以及道路状况的各种交通数据。

数据传输网络则确保所收集的交通信息能够高效、准确地传送至信息处理中心。在这一环节中，先进的通信技术如无线通信、光纤网络等被广泛应用。通过这些技术，信息的实时传输和准确性得到了保障。信息处理中心是交通信息系统的核心，它利用复杂的数据处理和分析技术，如大数据分析和云计算，对采集到的原始数据进行加工和解析。中心的主要任务包括实时交通状态分析、预测未来交通趋势、生成交通警告和建议等。处理后的信息通过多种渠道反馈给出行者，如智能交通应用、电子信息板、广播系统等。交通信息系统还与其他交通管理系统如交通信号控制系统、紧急事故响应系统等相互协作，形成了一个综合性的智能交通管理网络。这种协作不仅提升了交通管理的效率，也增强了对突发事件的应急响应能力。

（二）交通管理系统

交通管理系统是智能交通系统的关键组成部分，其核心功能在于为交通管理部门提供实时的道路监控与动态交通管理服务。该系统通过整合道路、车辆和驾驶员信息，实现对城市交通流的有效管理和控制，从而优化交通流量分配，减轻交通拥堵，并为交通事故处理和紧急救援提供必要的支持。在交通管理系统中，车辆检测技术和计算机信息处理技术起到了核心作用。车辆检测技术包括地感线圈、红外传感器、视频检测系统等，这些技术被广泛应用于各种道路和交叉口，用以实时监测车辆流量、行驶速度、行驶方向等关键参数。计算机信息处理技术则依赖于先进的数据处理算法和软件平台，对收集到的大量交通数据进行深度分析和处理，从而预测未来一段时间内的路况变化。

交通管理系统的另一项重要功能是对交通信号灯的智能控制。通过分析实时交通数据，系统可以动态调整交通信号灯的时序，以适应不同时间段和路段的交通流变化。这种智能调整能够显著提高路口的通行效率，减少车辆排队等待时间，从而减轻交通压力。交通管理系统还提供诱导信息发布服务。基于实时交通数据和预测结果，管理系统可以生成针对特定道路或区域的交通诱导信息，如路线建议、交通限制提醒等，并通过电子信息板、移动应用等方式发布给驾驶员和出行者。这些诱导信息有助于引导交通流合理分布，避免或减轻特定路段的交通拥堵。在紧急情况下，如交通事故或极端天气，交通管理系统能够快速响应，协助交警和救援部门进行有效的交通管制和救援行动。系统可以实时监控事故现场的情况，迅速评估事故对交通的影响，并提供最佳的交通疏导和事故处理方案。

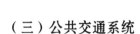

（三）公共交通系统

公共交通系统旨在通过技术手段优化城市公共交通的运行效率和服务质量，从而提升整体城市交通的运行效率，并为公众出行提供更加便捷、准确的信息服务。它通过提供实时的交通信息服务、优化公交车辆调度、提升乘车体验，以及推动绿色出行，大幅提升了城市公共交通的效率和服务质量，为城市的可持续发展贡献了重要力量。

公共交通系统的核心在于实现实时的公交信息服务。使公共车辆调度中心根据这些信息合理安排车辆班次来提高运输效率和服务质量。这包括公交车辆的实时定位、预计到站时间、路线信息等。通过在公交站点安装电子显示屏，乘客可以轻松获取即将到站的公交车辆信息，包括车辆的预计到达时间和当前位置。同时，借助智能手机应用程序，乘客还可以在出行前获取公交车的实时运行状态，包括车辆拥堵情况、预计行程时间等，从而合理规划自己的出行计划。

公共交通系统通过智能化管理提高了运行效率。利用高级公交系统管理技术，可以对公交车队进行实时监控和管理。这包括调度优化、车辆追踪、自动报站和乘客信息系统等。通过数据分析，交通管理部门能够根据实际乘客流量和交通情况，动态调整公交车辆的运行频率和路线，提高服务效率和覆盖范围。智能交通系统中的公共交通系统还注重提升乘客的乘车体验。例如，通过安装 Wi-Fi、USB 充电接口等设施，提供舒适的乘车环境。同时，通过实施电子票务系统，包括二维码扫描、移动支付等，简化乘客的支付流程，提高乘车效率。在绿色出行方面，公共交通系统也发挥着重要作用。通过优化公交车辆的能源使用和减少排放，智能交通系统促进了环保和可持续发展。电动公交车的推广使用，以及混合动力公交车的应用，都是公共交通系统向绿色转型的重要方面。

（四）车辆控制与货运系统

车辆控制与货运系统作为智能交通系统的重要组成部分，通过集成和应用先进技术，不仅提高了道路安全，还大幅提升了货物运输的效率和可靠性，对现代城市交通管理和物流运输产生了深远影响。智能车辆控制系统集成了一系列先进技术，包括自动驾驶辅助系统（ADAS），实时路况监测，以及车辆与车辆、车辆与基础设施之间的通信技术。这些技术的融合，能够大幅度减少由人为操作失误导致的交通事故。例如，通过 ADAS 系统，车辆能够自动监测周围环境，如车距、速度，以及潜在的碰撞风险，并能在必要时对驾驶员发出警告或采取紧急措施，如自动减速或避让，以避免交通事故的发生。

智能货运管理系统则是智能交通系统中的另一个关键组成部分，特别是在电子商务和快速物流时代背景下。该系统依托于先进的信息技术和通信技术，实现了对货运车辆的实时跟踪和管理。通过卫星定位系统（如 GPS）和移动通信技术，货运企业能够实时监控车辆的位置、行驶速度和路线，以及货物的状态。这样的系统不仅提高了货物运输的安全性和可靠性，而且优化了物流运输路径，降低了运输成本。

智能货运系统还包括了先进的路线规划和调度算法。通过分析实时交通数据和历史运输记录，这些算法能够提供最佳的运输路线，避免交通高峰和拥堵路段，从而减少运输时间和能耗。同时，这一系统还支持货运车辆之间的信息共享和协同作业，进一步提高整个物流网络的效率。智能交通系统还支持车队管理和电子货运匹配服务。通过集成的管理平台，运输公司能够有效地调配车辆和驾驶员资源，确保货物按时送达。同时，电子货运匹配服务通过匹配货物需求和运输能力，减少了货运车辆的空驶率，提高了整体运输效率。

（五）电子收费与紧急救援系统

电子收费系统通过高效的自动化收费，显著减少了收费站的交通拥堵，优化了道路网络的运行效率。而紧急救援系统则通过提高事故响应速度和救援效率，增强了交通安全管理的能力。这两个系统的共同作用，不仅提高了道路交通的整体效率，还增强了道路安全和应急处理能力，是现代智能交通系统中不可或缺的关键技术。电子收费系统是通过无线通信技术和自动识别技术实现的一种非现场收费方式。该系统主要由车载电子标签、道路侧天线、数据传输设备和中央处理系统组成。车辆通过收费站时，车载电子标签与道路侧天线之间的无线电波交互，使得交易信息自动传输到中央处理系统，完成收费过程，无需车辆停车或减速。ETC系统的实施不仅大幅提高了收费效率，降低了管理成本，而且减少了因停车收费所造成的交通拥堵，提高了道路的通行能力。

紧急救援系统则是智能交通系统中的另一个重要组成部分，它能够在交通事故发生时迅速有效地提供救援服务。该系统通常包括交通事故检测设备、通信设备、救援调度中心等。当交通事故发生时，检测设备能够及时捕捉事故信息，并通过通信网络迅速传送到救援调度中心。紧急救援系统还可以与GPS定位系统、移动通信系统和其他信息平台相结合，实现对事故地点的精确定位，以及对救援车辆的实时调度和指挥。这样，可以大幅缩短紧急救援的响应时间，及时救助事故受害者，减少交通事故带来的人员伤亡和财产损失。

二、智能交通系统在我国城市交通治理中的应用发展

（一）智能化交通管理

智能交通系统在我国城市交通治理中的应用发展，特别是在智能化交通管理方面，已经展现出显著的成效和广阔的应用前景。智能化交通管理通过集成先进的信息技术、通信技术、数据处理技术和自动控制技术，实现对城市交通的有效监控和管理，从而提高交通系统的效率和安全性。

智能化交通管理的关键组成部分包括交通总量削减技术和智能交管平台。交通总量削减技术旨在通过科学的方法和技术手段实现对城市交通需求的有效控制和管理，以缓解交通拥堵。该技术主要利用交通网络模拟技术和

预测技术，对城市交通流进行模拟和分析，预测不同管理策略下的交通流变化，从而为制定停车规制、通行规制、车辆限行等管理措施提供决策支持。此外，通过智能化手段如大数据分析和人工智能算法，可以更准确地预测交通趋势，优化交通控制策略，降低交通拥堵程度。

智能交通管理平台则是构建在自适应交通信号控制系统基础上的综合交通管理系统。该平台集成了事件检测技术、路径交通诱导技术和路侧通信技术等多项技术，能够实时监控城市交通状态，对交通流进行动态调控。事件检测技术可以及时发现并响应交通事故和异常事件，缩短事故处理时间，减少交通拥堵。路径交通诱导技术则通过智能分析，为驾驶员提供最优出行路线建议，有效分散交通流量，减轻主要道路的交通压力。路侧通信技术的应用则使得车辆与路侧基础设施之间能够实现有效通信，提高交通系统的整体运行效率。

（二）城市公交管理

城市公交系统作为智能交通系统的关键组成部分，其高效运作对于缓解城市交通拥堵、提升市民出行效率具有重大意义。目前，中国许多城市正在积极利用先进的公共交通管理技术，以应对日益增长的城市交通压力。智能交通系统在城市公交管理中的应用，主要体现在公交优先系统和实时调度系统的建立和完善上，这些系统利用先进的信息技术和通信技术，有效提升了公交服务的效率和质量。

公交优先系统包括公共需求管理系统、公交专用道系统、公交票制，以及电子车票系统等多个方面。这些系统的共同目标是优化公交服务，提高其吸引力，鼓励市民选择公共交通作为主要出行方式。公共需求管理系统，通过分析乘客流量数据，合理规划公交线路和班次，确保公交服务与市民需求相匹配。该系统能够实时监测乘客流量变化，动态调整运力配置，优化公交服务。公交专用道系统，在城市主要道路上设置公交专用道，保障公交车辆的顺畅行驶，减少因交通拥堵带来的延误。公交专用道的设置不仅提升了公交运行效率，还在一定程度上缓解了道路交通压力。公交票制和电子车票系统，通过实施电子票务系统，简化乘客的购票、验票流程，提高公交车辆的上下车效率。电子车票系统还能够提供乘客乘车数据，为公交运营管理提供参考。

公交实时调度系统是城市公交管理中的关键技术，包括信息系统、智能调度和定位技术等。这一系统能够根据交通状况、乘客需求和车辆运行状态实时调整公交车辆的运行计划。信息系统，实时收集和处理城市交通数据，为公交车辆提供最优的运行路线和时间表。智能调度系统，结合实时交通信息和公交运行数据，动态调整公交车辆的运行计划和路线。在交通高峰期或特殊事件发生时，能够快速响应，调整公交车辆分配，确保运力充足。定位技术，通过精准定位公交车辆，实现对公交网络的全面监控，及时发现并解决运行中的问题，提高公交服务的可靠性。

（三）电视监视与监测

电视监视与监测等高科技系统主要通过视频检测技术和交通电视监控技术来实施对城市道路状况和车辆行驶状态的全面监控与管理，从而大大提高了城市交通的效率和安全性。

电视监控系统的核心在于实时捕捉交通流量信息和车辆行驶速度，这些信息通过安装在城市主要道路和交通节点上的高清摄像头实时传输至交通管理中心。这样的实时监测使得交通管理部门能够快速响应各种交通状况，包括事故应急、交通拥堵处理和交通违法行为的监控。电视监控系统还具有智能视频分析能力，结合人工智能和大数据技术，不仅能够提供清晰的图像，还能对交通数据进行深入分析。这种分析能够识别交通流量的趋势，预测可能出现的拥堵点，并对交通行为进行规范和监督。电视监控系统的网络化是其另一重要特点。这些系统通过网络与城市交通管理中心连接，实现数据的实时传输和共享。这不仅为交通决策提供即时信息支持，还为交通指挥与控制提供了重要依据。

在城市交通治理中，电视监控系统的应用非常广泛。利用这些系统收集的实时数据，交通管理部门可以及时调整交通信号灯，发布交通指引，有效应对拥堵和事故情况。此外，长期积累的监控数据对城市交通规划和道路设计提供了重要参考，有助于优化城市的道路结构和交通流线。

（四）交通信号控制与指挥

交通信号控制与指挥系统的应用和发展，特别是在复杂和混合的交通环境中，对于提高交通管理的智能化水平、改善道路拥堵状况、减少交通事故具有至关重要的作用。交通信号控制系统主要负责管理和协调交通信号灯，以有效控制交通流量和提高道路通行效率。在中国，这一系统的应用已经形成了相当的规模。例如，引入国外的先进交通信号控制系统不仅有助于维护道路秩序，还有利于提升城市交通管理的整体智能化水平。此外，中国的研究机构和企业正积极研发适应国内混合交通特点的信号控制系统，这些系统具备自学习功能，能够根据实际交通流量和路况自动调整信号灯的时序，有效提升交通流的效率。

交通信号控制系统的另一个重要方面是交通指挥功能。通过集成先进的信息技术、通信技术和控制技术，交通指挥系统能够实时监控道路状况，快速响应交通事故和拥堵情况，合理指挥交通流动。在紧急情况下，如交通事故、道路施工或特殊事件，交通指挥系统可以迅速调整信号灯设置，合理引导车辆绕行，缓解可能的交通压力。

为了提高交通信号控制与指挥系统的效能，这些系统常与其他智能交通系统组件，如车辆检测系统、视频监控系统和数据分析平台相结合。这种集成方法不仅增强了系统对复杂交通状况的适应能力，而且通过数据共享和分析，提供了更加全面和精确的交通信息，为交通管理决策提供了强有力的支持。

第二节 大数据与交通管理

大数据技术，作为当今信息技术领域的一个重要分支，已逐渐成为城市交通管理和拥堵治理的关键工具。这项技术的核心特征之一是"人工神经网络模型"，该模型模仿人类神经系统的工作原理，具备强大的信息处理和学习能力。这种模型能够有效地处理和分析大量复杂的交通数据，从而识别出交通流的模式和趋势，提供决策支持。

大数据的运作速度远超人工操作，这项技术能够迅速处理和分析大量的交通数据，从而实现比人工更为高效和准确的信息处理。在城市交通管理中，大数据技术的应用不仅提高了处理信息的速度和准确性，而且能够有效替代部分传统的人工操作，从而使得交通治理工作更为高效和精确，因此具有广泛的应用价值。大数据技术在城市交通管理中的系统框架如图 4-1 所示。

图 4-1　大数据技术在城市交通管理中的系统框架

一、大数据在城市交通管理中的作用

（一）管理的实时动态性

大数据技术通过创新地解决了传统交通诱导系统在数据采集和实时传输方面的局限性，实现了对交通运行全面数据的动态监测和获取。例如，利用电子拍照技术可以全面捕捉交通运行数据，并通过云计算技术进行深入分析，从而准确评估道路交通状况和拥堵程度。大数据技术的应用极大地缩短了交通诱导信息的更新时间，使得信息的捕捉和更新更及时、更迅速。云计算技术的模拟功能使得路网运行状况的模拟评估更加高效，进而提高了交通诱导措施的执行效果。交通参与者得益于大数据技术的支持，能够动态地、全面地掌握交通具体拥堵情况，更好地理解车流量的变化。这不仅提升了交通诱导服务信息的价值，也使得服务内容与用户需求更高度匹配。值得一提的是，大数据技术还在降低交通拥堵概率方面发挥着关键作用。通过对城市交通数据的综合分析，大数据技术可以预测潜在的拥堵路段，并通过智能广播系统引导车辆更改路线，从而有效预防拥堵的发生。这不仅减轻了现有拥堵的压力，也在预防角度上为城市交通拥堵治理提供了新的解决方案。

大数据技术的应用显著提高了城市交通拥堵治理的即时响应能力。它充当着传统交通系统的高级处理平台，汇集并整合来自各监控装置的丰富交通数据。这些数据被综合处理后转化为动态的交通趋势图，为实时更新提供了可靠依据。这样的系统设计使得管理人员能够迅速把握当前的交通状况。

当出现交通拥堵时，大数据技术中的 GPS 地理信息定位功能发挥关键作用，利用定位数据精确识别并定位拥堵路段。此技术不仅能够锁定具体的拥堵区域，还能计算出该区域的车流量，从而为管理者提供详尽的数据支持，帮助他们做出明智的交通调度决策。这一过程充分体现了大数据技术在提升城市交通管理实时性方面的巨大优势。

（二）高效率及精准性

大数据技术通过对海量交通数据的快速处理和智能分析，在城市交通管理中的应用通过其高效率和精准性，极大地提升了交通治理的效果。它不仅能够快速响应交通变化，还能基于准确的数据分析提供有效的交通管理策略，从而有效缓解城市交通拥堵问题。大数据技术在处理城市交通数据方面的速度和效率远远超过传统方法和人工操作。这得益于其先进的数据处理能力和智能逻辑，可以实时分析和定义交通拥堵情况。例如，通过车流监测和预测，大数据系统能够迅速识别即将出现的拥堵点，并采取预防措施，从而避免或减轻拥堵现象。此外，大数据系统还能自动执行多种交通管理任务，如交通信号调整和路线规划，大幅提高了交通管理的效率。

大数据技术在准确性方面的表现也同样引人注目。通过利用先进的图像识别技术，大数据系统能够全面分析从道路监控摄像头等来源获取的图像信息。这些分析包括道路上车辆的数量、车型、运动方向、速度等关键参数，这些数据对于传统技术或人工处理来说难以快速获得。这种全面和精确的数据分析为交通管理提供了更可靠的决策依据，使得交通管理更加精确和有效。尤为重要的是，大数据技术能够实现对城市交通系统的全面洞察，它不仅涵盖了道路上的车辆，还包括公共交通、非机动车和行人流量等多个维度。这种全面性使得交通管理能够更好地适应城市交通的动态变化，及时调整交通策略，优化交通流量分配。

（三）智能逻辑支撑

大数据技术在城市交通管理中的应用之一是其智能逻辑支撑，它为城市交通拥堵治理提供了高效的预防和解决方案，不仅提升了交通治理的实效性，而且为城市交通规划和管理提供了更加科学、精准的决策依据。通过这种智能化的管理方式，可以有效提升城市交通系统的整体运行效率，减轻交通拥堵问题，实现更加顺畅和高效的城市交通。智能逻辑支撑的关键在于大数据系统能够利用先进的分析技术，从大量的交通数据中提取关键信息，进行深入的趋势分析。这包括对车流量、车辆类型、运动方向、速度等信息的实时监测和预测。大数据系统能够根据实时采集的数据，分析出可能的拥堵点，然后提前采取措施来避免或减轻拥堵现象。例如，系统可以根据交通流量和车辆移动趋势预测出特定路段可能出现的交通堵塞，并及时向驾驶员发出路线改变的建议，引导交通流向较为畅通的道路，从而提高整个城市交通网络的效率。

大数据技术的智能逻辑支撑还可以优化交通信号控制。基于交通流量和拥堵状况的实时分析，交通信号灯的配时可以动态调整，以适应不同时间段的交通需求。这种灵活的信号控制不仅减少了交通拥堵，还提高了道路的通行能力。大数据技术还能够提供城市交通规划的决策支持。通过分析城市交通的整体情况，大数据系统能够为城市规划者提供有关道路网络优化、新道路建设，以及交通设施改进的科学建议。这些建议基于大量数据的分析，能够更加精准地反映城市交通的实际需求和潜在问题，从而有助于城市规划者制定更有效的交通管理策略和规划。

（四）预测和预防能力

大数据技术在城市交通管理中的重要应用之一是其预测和预防拥堵的能力，不仅提高了交通管理的效率和效果，而且为城市交通规划和应急响应提供了强有力的支持。这种技术通过分析历史交通数据，结合多种变量因素，能够有效预测未来的交通状况，从而提前采取措施以预防潜在的交通拥堵。

大数据技术在交通预测方面的应用主要体现在对历史交通数据的深入分析。这包括交通流量、车辆类型、行驶速度、时间段和路段等多维度数据的分析。通过这些数据的综合分析，大数据系统能够识别出特定时间段或路段的交通拥堵模式。例如，通过分析过去几周或几个月的交通数据，系统可以预测出在特定节假日或工作日高峰期的交通流量和拥堵情况。除了基于历史数据的分析外，大数据技术还考虑了天气、节假日、特殊事件等多种外部因素对交通流的影响。例如，在恶劣天气条件或大型活动期间，大数据系统可以预测可能的交通变化，并提前通知驾驶员或交通管理部门。这种综合分析提高了预测的准确性，使交通管理部门能够根据预测结果提前部署资源和调整交通控制策略。

大数据技术的另一个重要应用是预防交通拥堵和事故。通过对交通流量、速度、行驶模式等的实时监控，系统可以识别出潜在的交通拥堵或事故风险区域。一旦识别出这些高风险区域，交通管理系统可以立即采取措施，如调整交通信号灯配时、发布交通警告或引导车辆改变行驶路线，从而预防拥堵的发生。

二、大数据在城市交通管理的应用重点

（一）交通拥堵数据采集

交通拥堵大数据主要包括三部分，分别为交通拥堵发生前、发生时及发生后三个时段对应的数据信息，这些数据涵盖了车流量、道路监控、行驶状况、驾驶员行为、交通信号和综合交通数据等方面。通过将这些数据进行集成和深度分析，可以有效地监控和预测交通状况，从而在交通拥堵发生前进行预警、在拥堵发生时提供有效的交通调度建议，并在拥堵解除后总结经验，为未来的交通管理提供参考。

交通拥堵发生前的数据采集。在城市交通拥堵治理的前期阶段，数据采集的重点是深入了解和分析车流量的变化、交通监控的细节，以及信号灯控制系统的效果。这一过程中，先进的监测设备和技术被用于追踪车流量的波动，尤其是在预期的高峰时段。这些数据有助于预测可能出现拥堵的时间点，从而提前采取应对措施。实时交通监控数据为识别拥堵的潜在因素提供了关键信息。例如，通过监控某个路段的车流动态，可以发现导致交通拥堵的特定原因，如交通事故、施工活动或临时道路封闭。信号灯控制系统的分析对于防止交通拥堵或评估其可能的影响同样至关重要。通过分析信号灯的配时

和调节模式，可以评估其对交通流量的影响，从而优化交通信号灯控制，以减少交通拥堵的发生。这些综合的数据分析和应用，构成了城市交通拥堵治理策略的基础，使得交通管理更加高效和预见性。

交通拥堵发生时的数据采集。在交通拥堵发生的当时，数据采集工作着重于获取关于驾驶人员行为、车辆变道模式，以及交通规则违反等方面的即时且精确信息。这些数据的收集对于及时识别驾驶过程中的潜在错误至关重要，能够为驾驶者提供实时警告，引导他们根据当前的交通状况和法规安全行驶。收集的驾驶人员行为数据揭示了车辆在特定时间点的行驶状况，帮助交通管理部门识别出可能导致或加剧拥堵的不当驾驶行为。同时，变道车辆的数量和频率数据提供了关于车流分布和运动趋势的重要信息，这对于评估拥堵情况的持续时间和严重程度至关重要。对违反交通法规行为的监控不仅有助于及时处置造成拥堵的违规行为，还能够为未来的交通管理策略提供宝贵的参考。这些实时收集的数据是通过智能监控设备和高效数据处理系统获得的，它们为交通管理人员提供了必要的信息，以便他们能够采取有效的措施，快速解决拥堵问题，保障交通流畅。这种方法不仅提高了交通拥堵时的应对效率，也为未来的预防措施和策略提供了数据支持。

交通拥堵后的数据采集。在交通拥堵结束后，数据采集的重心转移到收集有关拥堵持续时间、车流总量，以及电子监控所拍摄车辆的信息。此外，还需关注交通拥堵对周边环境（如空气质量）的潜在影响。这些数据的深入分析对于理解特定交通拥堵事件的动态和后果至关重要，有助于为未来的城市交通管理策略提供实证基础。拥堵路段的持续时间和整个过程中的车流总量数据可以显著反映出特定区域的交通需求和现有交通基础设施的匹配程度。如果这些数据显示频繁且严重的交通拥堵，这可能表明当前的交通基础设施无法满足该区域的需求，需要进行改善或扩建。对电子监控拍摄的车辆图片的分析不仅有助于理解交通流的组成和特征，还能为调查拥堵原因提供证据。同时，对拥堵对环境造成影响的评估则有助于理解交通拥堵对城市生态系统的整体影响，为制定更为环保的交通策略提供依据。

（二）交通拥堵大数据管理

数据采集之后就进入到数据管理阶段，大数据在城市交通管理中的应用，特别是在交通拥堵数据管理方面，主要涉及三个关键环节：高效整合信息资源、建立信息库和数据信息的互反馈。高效整合信息资源指的是对收集到的各类交通相关数据进行统一的整理与分析。这一过程不仅涉及数据的清洗和处理，还包括将处理过的数据在不同的交通系统中共享，以实现交通数据的最大价值利用。通过这种整合，可以更好地理解和响应城市交通状况，提升决策的效率和准确性。

储存数据并建立信息库是管理大数据的另一重要方面。考虑交通领域所涉及的数据量巨大且多样，合理的分类和储存变得尤为重要。将这些数据存入专门的信息库，不仅便于未来的数据调用和分析，还为交通管理提供了一个强有力的数据支持系统。这些信息库可以在关键时刻提供必要的数据支持，帮助交通管理人员做出更为科学和合理的决策。

数据信息的互反馈环节着重于对大数据的筛选、加工和反馈。经过处理和加工的数据不仅要及时更新到相关的交通管理系统中，还要能够实现数据之间的有效沟通和反馈，确保信息的及时性和准确性。这样的互反馈机制有助于将数据转化为实际的价值，为城市交通管理提供实时的指导和支持。

虽然大数据技术在处理各类交通数据方面表现出高效能力，但它的主动性并不能完全超越人工。这意味着，如果技术系统的知识库没有得到事先的充分设置和定义，即便采集到了丰富的数据，系统也无法有效地识别和利用这些信息。在应用大数据技术之前，关键的一步是对各类交通数据进行详细的定义和设置，确保构建一个有逻辑的大数据运作框架。这样，大数据技术在城市交通拥堵治理中的作用才能得到最大化的发挥。同时，由于城市交通拥堵所产生的庞大数据量，数据存储成为了一个不容忽视的问题。如果数据存储不足，大数据技术就无法有效获取和处理信息。为此，建议在数据管理中采用云技术来搭建一个能够满足海量数据存储需求的数据库。通过将大数据技术与这个数据存储库相连接，可以构建一个完善且高效的系统框架，支持大数据技术的运作。这不仅能够保证数据的安全存储和高效处理，还为城市交通管理提供了更为强大的数据支持，从而更好地应对和解决交通拥堵问题。

三、大数据治理针对城市交通拥堵问题的有效策略

以预防拥堵、解决拥堵为目的，在城市交通拥堵治理工作中，大数据技术的应用策略可以分为三个步骤，分别为开放数据资源共享渠道、大数据监测系统建设及构建大数据基础平台、构建多渠道交通诱导体系，提升交通信息服务能力。

（一）开放共享数据资源，提升城市交通治理效率

随着城市化的加速发展，交通拥堵问题日益凸显，而数据资源的有效利用对于缓解和解决这一问题至关重要。在此背景下，倡导开放共享数据资源的策略，旨在通过多领域系统功能资源、结构资源、业务资源的共享整合，实现数据资源的优化组合和高效利用。通过整合和共享数据资源，以大数据技术为支撑，可以大幅提升城市交通治理的效率和有效性，同时也为城市交通管理提供了更多的创新可能。

加快数据资源的开放共享是实现城市交通治理现代化的必然要求。在多数城市，交通拥堵所涉及的区域广泛，要求各交通管理部门和相关组织（如城建施工组织等）进行有效的协作与协调。然而，传统的城市交通管理体系往往存在数据资源孤岛现象，即不同部门和组织之间的数据交流与共享不畅，导致在协同治理时出现信息不对称和治理效率低下的问题。因此，打破信息孤岛，实现数据资源的开放共享，对于优化城市交通治理体系至关重要。

大数据技术的应用为实现数据资源的开放共享提供了可能。通过大数据技术的运用，可以实现各交通管理部门及相关组织间的数据连通，将所有相关数据纳入分析范围。这种整合和分析能够从宏观上把握城市交通的全貌，

精准识别拥堵原因，预测交通发展趋势，并为所有参与方提供明确的治理目标和路径。这种方法能够确保拥堵治理工作的及时性和有效性，同时也为城市交通管理提供了更为科学和系统的决策支持。

开放共享数据资源的策略还能促进交通治理的创新。在数据资源共享的基础上，不同部门和组织可以共同开发和利用新的交通管理工具和方法，如智能交通信号系统、实时交通监控和分析平台等。这些工具和方法能够更加精准地应对城市交通的实际需求，提升城市交通治理的整体效能。

（二）以大数据基础平台优化建设，提升交通监测时效

通过优化大数据基础平台的建设，可以显著提升城市交通的监测时效。这不仅有助于提高交通管理的效率和效果，还能够为政府提供更加科学和合理的交通规划和建设决策支持。在大数据时代背景下，这种策略对于缓解和解决城市交通拥堵问题具有重要的现实意义和应用价值。

大数据基础平台的建设对城市交通预警和监测时效至关重要。通过建立一个综合的数据处理和分析平台，可以实现交通拥堵监测数据资源的有效整合和利用。该平台能够利用内存计算和大数据分析技术，对来自不同源头的数据进行融合性分析，从而获得全面的交通拥堵参数信息。这种深入的分析不仅有助于揭示路况规律，还能指导交通管理部门进行更为有效的路况预测、交通预警和监测指导，从而提高整体交通管理的效率和效果。

大数据基础平台的优化建设可以提升政府在交通规划和建设评价方面的决策能力。通过对交通数据的全面分析，政府部门可以获得关于城市交通布局的重要见解，从而使得城市交通布局更加合理和高效。此外，大数据交通引导信息发布平台在这个体系中扮演着至关重要的角色。该平台能够智能识别当前交通状况，并根据预测模型计算出避免拥堵的策略。通过车载信息系统、移动应用等方式，这些策略可以及时传达给驾驶员，引导他们采取适当的行驶方式，从而在一定程度上预防交通拥堵的发生。

大数据监测系统的建设是提升交通监测时效的关键。传统的交通监控方

法往往依赖于监控设备和人工管理，这导致监控效果不尽如人意。而大数据监测系统可以对道路上的所有数据进行深入分析，实时获取交通拥堵参数和路况动态，使得交通管理者能够全面了解实时交通状况。这种系统的应用不仅提高了数据展示的直观性，而且通过与大数据交通引导信息发布平台的结合，能够有效地预防交通拥堵的发生，从而显著提高监控水平。

（三）构建多渠道交通诱导体系，提升交通信息服务能力

通过构建多渠道交通诱导体系和提升交通信息服务能力，可以有效地优化城市交通管理，减轻交通拥堵，并提升市民的出行体验。这种策略的成功实施依赖于大数据技术的深入应用，包括实时数据监测、信息的多渠道发布，以及公共交通服务的改进。这不仅有助于缓解城市交通拥堵的压力，还能够提高市民对交通系统的满意度，推动城市交通向更加智能化和用户友好化的方向发展。

大数据技术的应用可以实现对城市交通状况的实时监测，包括道路拥堵情况和交通流量。这种监测不仅限于传统的道路监控系统，还包括社交媒体、移动应用和其他数字渠道的数据分析，这些渠道提供了关于交通状况的补充信息，增加了监测的全面性和准确性。通过综合这些信息，交通管理部门可以及时了解道路状况，预测潜在的拥堵点，并采取相应的措施来缓解。

大数据技术的应用还涉及交通信息的多渠道发布。这不仅包括传统的电视和广播媒体，还包括在线平台、社交媒体和移动应用。通过这些渠道，可以实时发布关于道路拥堵、交通事故、天气情况等的更新信息，以及交通诱导建议。例如，可以通过手机应用实时更新公交车辆的位置和预计到达时间，为市民提供更准确的出行建议。

大数据技术还促进了公共交通服务的改进。通过分析乘客的出行模式和需求，可以优化公交线路和调整运行时刻表，提高公交系统的效率和吸引力。例如，可以根据大数据分析确定哪些路线在特定时间段内需求最大，并相应地增加班次或车辆，以减少等待时间和拥挤度。电子公交站牌和线上查询系

统的建立也为乘客提供了方便，使他们能够更有效地规划自己的出行。

第三节　人工智能的应用

人工智能是研究、开发用于模拟、延伸和扩展人的智能的理论、方法、技术及应用系统的一门新的技术科学。人工智能，作为计算机科学的重要分支，旨在揭示智能的本质并创造出能模拟人类智能行为的机器。这一领域涵盖了广泛的研究方向，包括但不限于自然语言处理、计算机视觉、语音识别、专家系统等，并在多个交叉学科领域中展开研究。作为一门多学科交叉的边缘科学，人工智能不仅包含计算机科学，还涉及哲学、认知科学、数学、神经生理学、心理学、信息论、控制论等多个领域，其研究范围远超过传统的计算机科学。自人工智能诞生以来，随着其理论和技术的不断进步，应用领域也在持续扩大。目前，人工智能的应用已经渗透到智能控制、语言和图像理解、专家系统、遗传编程、机器人学、机器视觉、生物特征识别（如人脸、虹膜、指纹、视网膜、掌纹识别）、自动化规划、智能搜索、定理证明、博弈理论、自动程序设计等多个领域。这些应用不仅推动了人工智能技术的发展，也为相关领域带来了革命性的变革。

人工智能技术的引入正逐步改变着传统的交通管理模式，为城市交通系统带来革命性的变化。人工智能技术不仅在车辆控制和智能信号灯的优化中显示出其强大的潜力，而且在公共交通领域、交通安全和事故预测，以及增强现实实景指挥等方面也表现出巨大的应用前景。人工智能技术的核心如深度学习、计算机视觉和机器学习，正在被广泛运用于城市交通的多个环节。这些技术的应用不仅使交通管理更为智能化、高效化，还为解决城市交通拥堵、提高道路安全性和优化公共交通服务提供了新的解决方案。人工智能技术在交通监控领域的应用正在推动城市交通管理向更高的水平迈进。通过实时监控道路状况并快速处理交通信息，人工智能技术为确保交通顺畅和降低事故发生率提供了强有力的技术支持。同时，警用机器人等创新应用的出现，也为交通管理注入了新的活力，提高了管理效率和应急处理能力。

一、人工智能在城市交通管理中的核心技术

（一）深度学习

深度学习技术的核心在于结合先进的视频感知技术和神经网络算法，能够对大量的网络交通视频数据进行深入的分析和学习，从而实现对交通场景中的细微元素的精准识别和理解。在城市交通管理的应用中，深度学习技术能有效识别视频中的车辆、行人及其行为模式。通过这种方式，系统不仅能够提供实时的交通状态信息，还能够预测潜在的交通风险和拥堵情况。例如，深度学习技术能够识别并分析车辆行驶的速度、方向和密度，以及行人的活动模式，这些信息对于城市交通流量的控制和优化具有重要价值。

深度学习技术在自动驾驶汽车领域的应用更是显著。通过结合车辆内部传感器所采集的数据，深度学习算法可以对车辆周围环境进行综合分析，实现对周围行车和行人行为的准确预测。这种高度的数据处理和分析能力，使得自动驾驶汽车在复杂的城市交通环境中能够安全高效地行驶。在实际应用中，深度学习技术还可以与城市交通监控系统紧密结合。通过实时分析监控视频，深度学习技术可以及时发现并警告潜在的交通隐患，如违章行为、交通事故。同时，该技术在处理交通相关数据时具有高效性和精确性，可为交通管理部门提供更为科学的决策支持。

（二）计算机视觉

作为人工智能的关键组成部分，计算机视觉技术有效地模拟人类视觉系统，通过高级的图像处理和模式识别能力，实现对复杂交通环境的准确解读和分析。这一技术能够实时监控城市的交通流量和运营状况，为城市交通管理提供了更为准确和全面的视角。在现代交通系统中，计算机视觉技术主要

通过安装在关键交通节点的摄像头来监控交通状况。这些摄像头不仅捕捉车辆和行人的动态图像，还能够识别各种交通标志、信号灯状态和道路状况。借助先进的图像识别和数据分析技术，计算机视觉系统能够对这些图像进行实时分析，从而实现对车流量、车速、行人流量和交通事故的精准监测。

计算机视觉技术还在城市交通的指挥和控制中发挥着重要作用。例如，在交通高峰时段，计算机视觉系统可以分析道路拥堵情况，实时调整交通信号灯，以优化交通流量分配。同时，该技术也能及时发现交通违法行为，如违章停车、逆行，为交通执法提供依据。

在应对紧急情况方面，计算机视觉系统的作用尤为突出。在交通事故发生时，系统可以迅速识别事故现场，及时将相关信息传送给交通管理中心和紧急救援部门。这不仅缩短了响应时间，还提高了救援效率和准确性。

计算机视觉技术还极大地促进了城市交通数据的集成与分析。通过收集和分析大量的交通图像和视频数据，计算机视觉系统能为城市交通规划和管理提供科学的决策支持。数据分析结果可以帮助交通规划师识别交通瓶颈，优化道路设计和交通信号系统。

（三）电子软件技术

电子软件技术通过对大量交通数据的采集、传输、存储和处理，提供了对交通系统运行状态的深入洞察，从而帮助管理者优化交通流、预测未来状况，并有效解决交通系统中的问题和缺陷。电子软件技术在智能交通系统中的应用主要体现在三个方面：相关分析、回归分析和聚类分析。相关分析主要负责对交通系统中的人流和车流数据进行统计和分类，评估各种交通因素与交通状况之间的关联程度。这一过程中，软件通过分析不同因素对交通流量和运输状况的影响程度，为管理者提供有力的数据支撑，从而使他们能够更加科学地控制交通状况。

回归分析和聚类分析则在相关分析的基础上进行扩展。回归分析侧重于探索和建立不同交通因素与交通状况之间的数学关系模型，通过这些模型，管理者可以预测在特定条件下交通状况的变化趋势。聚类分析则是通过对不同时间段的车流和人流数据进行深入分析，帮助管理者准确把握交通流的分布情况，从而更有效地规划和运营城市交通系统。

电子软件技术的应用不仅限于数据分析。它还包括实时监控交通状况的功能，如智能交通信号系统的控制、交通违规监测、事故检测和应急响应等。这些系统通过实时收集和处理交通数据，可以快速响应各种交通情况，确保交通安全和流畅。电子软件技术还在提高交通信息服务水平方面发挥着重要作用。通过智能交通导航系统、移动应用程序和其他信息发布平台，司机和乘客可以获取实时交通信息，包括交通拥堵、路线规划、公交到站时间等，大幅提升了城市交通的便捷性和效率。

（四）机器学习

随着大数据时代的到来，城市交通系统中产生的数据量巨大，如何有效地利用这些数据成为了提升城市交通效率和安全性的关键。机器学习作为人工智能技术在城市交通管理中的核心应用之一，其不仅能够提高城市交通的运行效率和安全性，还能够有效地预测和规划未来的交通状况。机器学习技术正是在这样的背景下，为城市交通管理提供了新的解决方案。

机器学习的主要任务是从大量数据中学习出有用的模式和知识，以此来支持决策制定和预测。在城市交通管理中，机器学习技术可以应用于多个方面，包括交通流量预测、交通事故风险分析、交通信号控制优化等。这些应用不仅可以提高城市交通的运行效率，还能有效减少交通事故，保障道路安全。例如，通过规模性机器学习，可以处理和分析大量的交通数据，如车辆位置、速度、道路状况，以预测未来的交通流量和拥堵情况。强化学习则可以在交通信号控制系统中发挥作用，通过不断学习和调整，使交通信号更加有效地适应不断变化的交通流量。深度学习技术则能够处理更加复杂的任务，如通过分析道路摄像头捕获的图像来识别交通事故或非法停车行为。

在城市交通的实时信息处理方面，机器学习中的最大似然概率技术、自回归模型，以及聚类分析算法可以用来统计分类城市智能交通的数据。这些技术可以帮助城市交通管理者更准确地理解当前的交通状况，并根据这些信息做出更合理的规划和调度决策。机器学习技术还可以用于分析公共交通系统的运行情况。通过对公交车、地铁等公共交通工具的使用数据进行分析，可以优化公交路线，调整班次频率，从而提高公共交通系统的效率和吸引力。

二、人工智能技术在城市交通管理中的应用

（一）车辆控制

人工智能技术在城市交通系统中的应用，特别是在车辆控制领域，已经成为推动现代交通发展的重要动力。这种技术的应用，不仅对提高车辆的运行效率和安全性具有显著影响，也为汽车行业的发展开辟了新的可能。在车辆控制方面，人工智能技术主要表现在两个方面：自动控制和智能管理。自动控制技术使得车辆能够在没有人为干预的情况下进行自主驾驶，包括路径规划、障碍物检测、车速控制等，这些功能在无人驾驶汽车的发展中尤为重要。而智能管理则涉及对车辆的维护、状态监测和能耗优化等方面，通过持续的数据收集和分析，实现对车辆性能的全面监控和管理。人工智能技术在车辆控制方面的另一个重要应用是利用遗传算法进行车辆运行的优化。遗传算法模仿自然选择和遗传机制，通过模拟进化过程来解决优化问题。在车辆控制中，这种方法能够优化车辆的行驶路径、节能减排，以及提高运行稳定性，从而减少运行成本并提升车辆的整体性能。

随着无人驾驶技术的发展，人工智能在车辆控制中的应用也变得更加广泛和深入。其中，人工神经网络和模糊逻辑技术是两种关键技术。人工神经网络能够模拟人类大脑的处理方式，处理复杂的模式识别和决策问题，而模糊逻辑技术则能够处理不确定或模糊的信息，提高车辆对复杂环境的适应能力。

（二）智能信号灯

与传统信号灯相比，智能信号灯通过集成先进的感知技术和数据处理能力，能够更加灵活和有效地应对复杂的交通状况。智能信号灯作为人工智能技术在城市交通管理中的应用，其优势在于能够根据实时交通状况进行灵活调整，提高交通流的通行效率，减少拥堵现象，并提升道路安全性。

智能信号灯系统的核心在于其内置的感知元件，这些元件能够对路口的交通流量进行实时监测。通过感知各类车辆的流量和动态，智能信号灯能够精确掌握路口的交通状况。这种实时数据的收集和分析，为智能信号灯提供了决策依据，使其能够根据实际交通流量及时调整信号灯的变换周期和颜色。智能信号灯在数据传输和处理方面具有高度的智能化。当交通数据通过感知元件收集后，这些数据会被传输到中央处理系统。在这里，借助先进的计算算法，系统能够基于实时数据，智能调整信号灯的运行模式。这种动态调整不仅提高了车流量的通行效率，还减少了交通拥堵，从而优化了整个城市的交通网络。

智能信号灯的控制方式具有高度的灵活性。不同于传统信号灯的单一控制系统，智能信号灯采用分散控制的方式，每个信号灯都有独立的控制单元。这种设计使得每个路口的信号灯能够根据自身的交通状况独立作出响应，从而在更大范围内实现交通流的优化。智能信号灯系统还具备一定的图像处理能力，如在一些商业区域中心，智能信号灯配备了高分辨率的摄像头，能够捕捉行人和车辆的闯红灯行为，并及时处理这些信息。这不仅增强了交通法规的执行力度，也提高了行人和车辆的安全性。

（三）在公共交通领域的应用

随着城市化进程的加快，公共交通系统的高效运营对于缓解交通压力、提供便利出行，以及降低环境影响尤为关键。人工智能技术的应用，不仅优化了公共交通的调度管理，也提高了整个系统的运行效率和服务质量。

人工智能技术能够通过全球定位系统和客流 IC 卡数据收集，实现对公共交通工具使用情况的动态监控。这些数据包括乘客的上下车点、使用频率、乘车时间等，为分析乘客的出行习惯和优化公共交通线路提供了实时数据支持。通过对这些大数据的分析，交通管理者可以更好地了解乘客需求，进而调整公交线路和班次，提高公共交通的吸引力和使用率。

应用人工智能技术可以对公交车辆的行驶路线、发车时间、行车速度及路段状况进行实时监控和分析。利用这些数据，人工智能系统能够实时调整公交车辆的运行计划，如在客流量较大的时段增加车次，或者在交通拥堵时调整行驶路线。这不仅提高了公共交通的响应速度和灵活性，还提升了整体的运行效率。

人工智能技术可以预测未来的客流趋势和运行状况。通过历史数据的分析结合当下的实时数据，人工智能系统能预测在不同时间段和路线上的客流变化，为公交系统的长期规划和优化提供科学依据。例如，通过预测节假日或特殊事件期间的客流增加，公共交通管理者可以提前做好准备，调整车辆安排和服务措施。人工智能在公共交通领域的应用还包括智能客服系统、自动售票机等，这些应用不仅提高了乘客的服务体验，还降低了运营成本。

（四）警用机器人

在当代城市交通管理中，人工智能技术的应用正逐步拓展至警用机器人的研发和应用，为缓解交通管理工作的重压和提高效率开辟了新的途径。警用机器人的应用，特别是在实现 24 小时不间断的交通监管和巡逻方面，显示出了显著的优势和潜力。警用机器人的运用能够有效减轻人工交通监管的工作量。由于道路交通管理工作通常需要全天候进行，且工作强度较大，容易导致人工疏忽。而警用机器人通过应用人工智能的计算、感知和反馈功能，能够持续不断地对道路交通情况进行动态监控和分析，从而显著提升交通监管的工作效率和准确性。警用机器人在特定情况下，如夜间酒驾检测，能够展现其独特的优势。机器人可以对驾驶人员进行酒精含量检测，及时发现酒驾行为，并进行相应的法律处置。这种智能化的监管方式，不仅提高了执法的精准度，还增强了交通安全管理的及时性。

在交通高峰期，警用机器人的应用更是其价值的重要体现。在高峰时段，交通流量增大，交通状况复杂，机器人能够准确识别和分析交通情况，有效地指挥交通，以确保交通流畅。通过内置的视频识别单元，机器人还能对违法车辆进行实时监控和记录，及时上传违法信息，加大了法律的执行力度。

警用机器人在提升交通管理效率的同时，也能降低交通管理的人力成本。机器人的应用不仅提高了道路交通管理的自动化和智能化水平，也为交通管理人员提供了更为科学有效的辅助工具，使他们能够更加专注于交通管理的战略规划和决策制定。

（五）交通安全与事故预测

随着城市汽车数量的显著增长，交通安全事故的风险也相应增加。因此，构建一个有效的智能交通安全与事故预测系统成为提高道路安全性的关键。

在人工智能技术的支持下，交通安全与事故预测系统能够对各种交通事故发生的可能性进行实时分析和预测。这一系统的核心在于利用模糊逻辑技术、遗传算法和人工神经网络等先进技术，综合分析道路实际情况、环境因素，以及驾驶员的行为模式。通过这些技术，系统可以有效地识别和预测可能导致交通事故的风险因素，并及时提供预警，以减少或避免事故的发生。

模糊逻辑技术在处理复杂的交通环境和不确定性方面显示出其独特的优势。它能够处理含糊不清的信息，并从中提取有用的数据，以预测可能出现的交通风险。此外，遗传算法作为一种高效的搜索和优化技术，可以模拟自然选择和遗传机制来解决复杂的优化问题，进而在交通安全管理中找出最佳的解决方案。同时，人工神经网络以其强大的数据处理能力，在模拟和分析驾驶员行为、交通流量等方面展现了极高的效率。

尽管不同的研究者在交通安全事故预测系统的研究方向上存在差异，但他们普遍认为，人工智能技术能够显著提高交通系统的安全性。通过对潜在的安全隐患进行预测，并提前采取有效措施，这些系统能够显著降低交通事故的发生概率，从而保证城市居民的日常出行安全。

（六）增强现实实景指挥

随着城市交通运输量的持续增长，有效地指挥和管理日益复杂的交通系统成为一个挑战。在这种情况下，人工智能技术的应用，特别是增强现实实景指挥技术，为城市交通管理提供了新的维度和可能性，不仅增强了交通系统的实时监控和管理能力，还提高了对紧急情况的应对效率。

增强现实技术的核心在于通过叠加虚拟信息到现实世界中，为用户提供更加丰富和直观的信息体验。在城市交通管理领域，增强现实技术的应用可以将复杂的城市交通网络可视化，形成一张交互式的实景地图。这样的实景地图不仅提供了城市交通的全面视图，还能实时更新交通情况，如交通流量、道路状况、交通事故信息，从而为交通管理部门提供了一个高效且直观的管理工具。

通过增强现实实景指挥系统，交通管理部门能够更加精确地监控和指挥城市交通。这一系统的优势在于其能够实时地呈现交通流动的动态变化，使得决策者可以根据实时数据迅速做出反应。例如，在交通高峰期或突发事件发生时，交通管理者可以利用增强现实系统快速了解情况，并采取相应的调度措施，如改变信号灯配时、调整交通路线或发布交通指引，以减少拥堵和提高道路通行效率。

增强现实实景指挥系统在应急响应和事故处理方面同样显示出其价值。在发生交通事故或紧急情况时，系统可以提供事故现场的详细视图，帮助管理者迅速理解现场状况，并有效协调救援力量，从而减少事故处理时间，确保道路尽快恢复通畅。

人工智能交通监控系统通过提供实时、准确的交通数据，加强了城市交通管理的效率和效果。

人工智能交通监控系统能够实时捕捉并分析城市道路的交通状况。通过在城市主要路段和交通枢纽安装配备了图像识别技术的智能摄像头，系统能够监控车流量、检测交通拥堵情况，并识别潜在的交通违规行为。这些摄像头收集的图像和视频数据经过实时分析，可以快速识别交通状况的变化，为交通管理部门提供决策支持。

人工智能交通监控系统在改善信号灯控制方面发挥重要作用。系统通过分析道路交通流量和车辆饱和度等数据，智能调整交通信号灯的时序，从而优化交通流量分配，减少拥堵和等待时间。这种动态信号灯控制不仅提高了道路通行效率，还降低了车辆排放，对环境保护也有积极影响。

人工智能交通监控系统在停车管理方面同样显示出巨大潜力。在停车场安装智能监控系统可以实时监控停车位的使用情况，为司机提供实时的停车信息，减少寻找停车位的时间和交通拥堵。系统还能检测并报告非法停车行为，进一步维护道路交通秩序。

第五章　数字技术赋能城市交通拥堵治理机制

通过探索数字技术在缓解城市交通拥堵中的治理机制，将深入剖析交通拥堵的核心要素，探讨如何通过数字技术赋能，实现道路、车辆和行人之间的最优协调关系；详细讨论社会对城市交通治理的现实需求，并明确城市道路拥堵治理的目标。在这个过程中，将重点关注数字技术在城市交通治理中的角色，以及如何有效地利用这些技术来实现更高效、更安全、更环保的城市交通系统。为了实现这一目标，将深入研究创新治理手段，包括融合创新的交通管理手段、智能化交通控制系统、交通需求管理的数字化实践、多模态交通解决方案，以及数据驱动的城市交通规划和交通流量管理。同时，公共交通系统的智能化改革和应急交通管理与响应机制也是我们关注的重点。

第一节　剖析治理要素，协调路、车、人最优关系

一、城市交通拥堵治理的核心要素

（一）交通结构要素

城市交通拥堵治理的核心要素之一便是交通结构要素，尤其是交通设施

和路网的分布状态及特征。这些要素直接影响着城市交通的流动性、效率和安全性，因此，对其进行细致的剖析和理解对于制定有效的交通管理策略至关重要。交通设施的种类和分布状况是城市交通管理的基础。交通设施主要包括道路、桥梁、隧道、交通信号灯、路标、停车场等。这些设施的设计和布局直接决定了交通流的顺畅度和道路的承载能力。例如，高效的信号灯系统和清晰的路标能够显著减少交通延误和事故，而合理设置的停车场可以有效缓解道路拥堵。公共交通设施，如公交车站、地铁站也是城市交通结构的重要组成部分，它们的合理布局对于鼓励公共交通的使用、减轻私家车依赖、降低交通拥堵具有显著影响。需要注意的是，市交通规划建设呈现出浓厚的"车本位"思想，强调主干道、快速路、高架路或者立交桥等满足机动车运行设施的建设，而适合步行、自行车使用的支路网建设则被挤压。

路网结构和特征对交通流动性有着决定性影响。路网的设计应考虑城市的地理条件、人口分布和交通需求。理想的路网应具备良好的连通性、多样的路线选择，以及高效的交通流动能力。道路的宽度、曲直、坡度等因素都会影响车辆的行驶速度和安全性。同时，城市路网应具备一定的弹性和适应性，能够在交通高峰时段或紧急情况下快速调整交通流。交通设施和路网的维护和升级也是城市交通管理中不可忽视的方面。随着城市的发展和技术的进步，更新交通标志、改善路面条件、增加智能交通系统等措施都能显著提高交通效率和安全性。

（二）交通流量要素

城市交通拥堵治理的另一个核心要素是交通流量，其中包括车流量、人流量及流速。这些要素对于理解交通拥堵的性质和制定有效的缓解措施至关重要。车流量，即某一时间段内经过特定点或区域的车辆数量，是衡量道路拥堵程度的关键指标。车流量的增加直接导致道路容量的饱和，进而引发拥堵。城市中的主干道、交通枢纽点往往是车流量集中的区域。对车流量的监测和分析能够帮助交通管理部门了解交通拥堵的高峰时段和区域，据此优化信号灯调控、道路使用策略和交通引导。人流量，即步行者或非机动车使用者的数量，同样对城市交通系统产生影响。在商业区、居民区和学校周边等地区，人流量尤为显著，其变化对交通流动性和安全性产生直接影响。例如，高人流量的地区可能需要更多的人行横道、更长的行人等待时间，以及更加频繁的公共交通服务。

流速，或称交通流的速度，是衡量交通流动性的另一重要指标。流速的降低往往是交通拥堵的直接表现。在交通高峰期，车辆和行人的密度增加导致流速下降，交通运行效率降低。流速的监测可以帮助交通管理部门了解交通流动性的实时状况，及时采取措施调整交通流，缓解拥堵。

综合考虑车流量、人流量和流速，可以更全面地理解城市交通的运行状态和拥堵问题。通过对这些数据的持续收集和分析，可以预测交通流的变化趋势，制定有效的交通管理策略，如调整交通信号灯的配时、优化公共交通路线和频率、实施交通需求管理措施等，从而有效减轻城市交通拥堵，提升交通系统的整体效率和安全性。

（三）交通时间要素

交通时间要素，尤其是早晚高峰和出行时刻的考量，对于城市交通拥堵治理具有重大意义。通过科学的时间管理和策略调整，可以有效改善城市交通状况，提升道路网络的运行效率和整体交通体验。

早晚高峰时间，是指一天中交通流量最高的时段，通常与人们的工作和学校日程同步。在大多数城市，早高峰一般发生在早晨的工作日开始前，而晚高峰则发生在下午或傍晚的下班时段。这些时段的特点是道路上车辆数量剧增，交通流速降低，路网容量达到或超过极限，从而导致显著的交通拥堵。高峰时段的交通流分析对于城市交通规划和管理具有重要意义，如通过调整工作和学校的开始及结束时间，可以有效地分散交通高峰，减轻拥堵。

出行时刻，是指个体或群体开始其交通活动的具体时间。人们的出行时刻选择直接影响交通流的分布和强度。例如，上下班通勤、学校放学、节假日前夕等时段，由于大量人群在相似的时间出行，导致某些路段或方向的交通需求急剧增加。了解和预测这些出行时刻的分布，对于平衡交通负荷、优化交通流动和减轻拥堵至关重要。为了有效管理城市交通拥堵，需要综合考虑早晚高峰和出行时刻的影响。这可以通过实施弹性工作制、鼓励非高峰时段出行、优化公共交通服务时间等措施来实现。同时，通过实时交通监控和数据分析，可以精确预测和应对高峰时段的交通流变化，指导交通信号优化和路网管理。此外，公共宣传和教育也是关键，通过提升市民对交通高峰影响的认识，可以鼓励更多人选择非高峰时段出行或采取替代交通方式，从而减少道路拥堵。

（四）交通社会要素

交通社会要素，特别是交通管理部门和各种交通参与者之间的关系与互动，这个要素着眼于如何通过社会层面的合作与协调，来改善和优化城市交通环境。交通社会要素涉及与交通相关的所有社会群体和机构。通过有效的沟通、协作和社会动员，可以极大地提高城市交通系统的效率和安全性，从而有效地缓解交通拥堵。这不仅需要交通管理部门的专业知识和技术支持，也需要来自公众的积极参与和支持。

交通管理部门，即负责城市交通规划、管理和监督的政府机构。这些部门的主要职责包括制定交通政策，规划和维护道路基础设施，监督交通法规的实施，以及应对交通拥堵和事故等问题。有效的交通管理需要这些部门不仅具备先进的技术支持和资源，还需要有能力进行跨部门协作，与其他相关部门（如城市规划、环保、公共安全）共同工作，以实现综合性的交通解决方案。交通参与者则包括所有使用道路网络的人员，如驾驶员、行人、骑车人。这些参与者的行为和选择对交通流动和拥堵状况有直接影响。管理部门需要通过各种手段（如教育、宣传、激励措施）影响和指导他们的行为，以促进更加高效和安全的交通环境。例如，鼓励使用公共交通、非机动车或步行，可以有效减轻城市中心的交通压力。

交通社会要素的有效管理还需要考虑社会经济因素和文化背景。例如，在收入水平较高的城市，私家车拥有率可能更高，这对交通管理策略的制定有着重要影响。同样，不同地区的文化和社会习惯也会影响人们的出行方式和交通行为。交通社会要素的管理还需要加强与公众的沟通和参与。这包括对公众进行交通安全教育，征求他们对交通规划和政策的意见，以及在必要时提供交通信息和警告。通过这种方式，可以提高公众对交通规则的遵守率，增强他们对交通系统的信任和满意度。

（五）交通情景要素

城市交通拥堵治理的核心要素之一是交通情景要素，包括通勤者所处的位置、职住分离状况，以及天气因素。这些要素对城市交通流量和拥堵状况有显著影响，需要在交通规划和管理中予以重视。这需要交通管理部门不仅关注交通技术和政策，还要充分考虑城市的地理位置、职住分布、天气条件等因素，从而采取更为精准和有效的交通管理措施。

通勤者的位置和职住分离状况对城市交通流量产生重大影响。城市中大多数通勤者每天需要从居住地到工作地点来回移动，这一日常活动模式在很大程度上决定了城市的交通需求。在职住分离程度较高的城市，通勤者需要跨越较长距离，这往往导致高峰期的交通流量激增和严重的交通拥堵。对于这一点，城市规划者需考虑通过优化居住和工作地点的空间布局，减少职住分离，从而减轻交通拥堵。

天气因素也对城市交通产生重要影响。恶劣天气条件，如大雨、雪、雾，会显著影响道路交通状况，增加交通事故的风险，减缓交通流速，从而导致交通拥堵。管理部门在面对恶劣天气时需要采取相应的措施，如发布交通预警、调整交通信号灯时序、增加公共交通服务，以保障交通流畅和安全。

交通情景要素的管理还需要考虑城市特定的地理和社会经济背景。不同的城市因其地理位置、经济发展水平、文化背景等因素，其交通需求和拥堵模式存在差异。例如，沿海城市可能需要考虑潮汐对交通的影响，而山区城市则需要关注山地道路的交通安全问题。

二、数字技术赋能下，协调路、车、人最优关系

（一）数字化交通基础设施优化

在数字技术赋能下，城市交通基础设施的优化旨在通过利用先进的技术手段改造和升级现有的道路网络和交通信号系统，以提高车辆流动和人流管理的效率。这不仅包括道路的物理结构改进，也涉及智能交通管理系统的引入和完善。通过对道路网络和交通信号系统的智能化升级，结合先进的数据分析技术，可以有效地提高城市交通的运行效率，减少交通拥堵，为城市居民提供更加便捷、高效的出行体验。

道路网络的数字化改造包括对现有路网结构的优化和智能化升级。通过分析大量交通数据，可以识别出城市中的交通热点区域和瓶颈路段，据此进行道路扩建或改造，以提高整个网络的通行能力。此外，通过引入智能路网设计，如自适应交通信号系统、电子导航和实时交通信息服务，可大大提高道路利用效率，减少交通拥堵。

交通信号系统的数字化升级是优化交通基础设施的另一重要方面。通过将交通信号灯与实时交通数据分析系统相结合，可以实现信号灯的动态调整，优化交通流的分配。例如，智能信号系统可以根据实时交通流量数据自动调整红绿灯时长，从而减少等待时间，提高交叉口的通行效率。

数字化交通基础设施的优化还包括对公共交通系统的改进。通过引入智

能调度系统，可以优化公交车、地铁等公共交通工具的运行时间表和路线，提高公共交通的吸引力和效率，鼓励居民减少私家车使用，从而降低城市交通拥堵。

在数字化交通基础设施优化的过程中，应用物联网、大数据分析、云计算等先进技术是不可或缺的。这些技术不仅可以提高数据收集和处理的效率，还可以实现交通信息的实时共享和智能分析，帮助交通管理者做出更加精准有效的决策。

（二）智能交通流量管理

智能交通流量管理是数字技术赋能下实现路、车、人最优协调关系的重要手段。智能交通流量管理通过实时监控、数据分析预测，以及信号控制的优化，有效地实现了城市交通的动态调节和管理。借助于数字技术，尤其是大数据分析和人工智能技术，可以更好地理解和应对复杂的城市交通状况，为城市居民提供更加高效、安全和便捷的出行体验。

实时交通流量监控是智能交通流量管理的基础。通过在关键交通节点安装传感器和摄像头，结合全球定位系统和移动互联网，可以实时收集道路上的交通流量数据。这些数据包括车辆数量、速度、行驶方向等关键参数。通过将这些实时数据传输到交通管理中心，可以对城市交通状况进行实时监控，及时发现并处理拥堵点。

大数据分析和人工智能技术可以用于预测交通趋势。通过分析历史交通数据和实时流量信息，结合天气、节假日等外部因素，可以预测未来的交通状况，如可能出现的拥堵路段和时段。这种预测能力对于交通管理部门制定相应策略，提前采取措施以避免或缓解交通拥堵至关重要。

优化交通信号控制是智能交通流量管理中的另一个关键策略。借助先进的数据分析技术，可以实现交通信号灯的智能调控。例如，基于实时交通流量数据，信号系统可以动态调整红绿灯的时长，使交通流更加顺畅。此外，人工智能技术还可以辅助实现车辆和行人的优先通行，如在学校和医院周边区域优化行人过街时间，确保安全和效率。

在智能交通流量管理中，需要强调的是，所有技术和策略的应用都应以提升交通安全、减少拥堵、提高运输效率为目标。同时，智能交通流量管理还应考虑到不同交通参与者的需求，如不同时间段的通勤者、行人和非机动车辆，确保他们的合理分布和流动。

（三）智慧出行规划和指导

智慧出行规划和指导是数字技术赋能下实现路、车、人最优关系的关键策略之一。在这个过程中，数字技术如智能导航系统、实时公共交通信息更新和个性化出行建议等，对于协助城市居民规划和指导高效、便捷的出行具有至关重要的作用，还对整个城市交通系统的优化和可持续发展做出了贡献。

智能导航系统通过集成高级的地理信息系统、全球定位系统，以及实时交通数据，提供了精确的路线规划和导航服务。这些系统能够根据当前交通状况，例如，道路拥堵、交通事故或道路维修等，动态调整路线建议，帮助驾驶者避开拥堵区域，减少行程时间。此外，智能导航系统还能提供多种出行方式的比较，如驾车、公交、骑行或步行，让用户根据自身需求和实时交通情况做出最优选择。

实时公共交通信息的更新对于提升公交系统的便捷性和吸引力至关重要。通过实时更新公共交通运行状态，例如，公交车和地铁的到站时间、当前位置和预计行程时间等，乘客可以更有效地规划出行，减少等候时间。此外，这种实时信息还可以在紧急情况下迅速调整，如在特殊天气或突发事件导致的路线更改时，为乘客提供及时的出行建议和替代路线。个性化出行建议是数字技术赋能下的另一项创新。通过分析用户的出行习惯、偏好，以及实时交通情况，智能系统可以提供定制化的出行建议。例如，为了避免高峰时段的拥堵，系统可能建议用户提前或延后出行；或者根据用户的健康状况和环境意识，推荐更加环保健康的出行方式，如骑行或步行。

在智慧出行规划和指导中，数字技术的应用不仅提升了个体出行的效率和舒适性，而且对于缓解整体城市交通拥堵、减少环境污染和提高公共交通利用率具有重大意义。通过智能化和个性化的出行建议，能够有效引导交通流动，优化城市交通结构，从而达到路、车、人之间的最优协调。

（四）交通管理决策支持系统

数字技术赋能下的交通管理决策支持系统通过提供交通模拟、实时数据分析和长期规划支持，为城市交通管理提供了强大的数据支撑和科学决策工具。该系统的核心目标是利用数字技术提供准确、及时的数据分析和预测，从而帮助交通管理者做出更加科学和高效的管理决策。数字技术赋能下的交通管理决策支持系统主要依赖于交通模拟软件。这种软件能够模拟不同的交通管理策略及其潜在的影响，如改变信号灯配时、调整道路使用规则、实施拥堵收费。通过模拟，管理者可以预见各种管理策略可能带来的交通流变化，评估其在减少拥堵、提高道路安全性和效率方面的效果。此外，交通模拟软件还可以用于模拟特殊事件（如道路维修、大型活动）对交通的影响，帮助管理者提前规划应对措施。

实时数据分析在交通管理决策支持系统中扮演着至关重要的角色。通过实时收集和分析来自各种源头的交通数据（如车流量、速度、事故报告、天气状况），系统能够实时监测城市交通状况，迅速识别出交通拥堵点或潜在的安全风险。这些信息对于快速做出应急响应决策至关重要，比如在发生重大交通事故或极端天气条件下，系统可以帮助管理者迅速采取措施，如改变交通信号灯配时、发布交通管制信息、引导交通绕行等。

长期交通规划也是交通管理决策支持系统的一个重要方面。利用历史数据和模式识别技术，系统可以帮助预测城市交通发展趋势，为城市交通基础设施的长期规划提供依据。例如，通过分析长期数据，可以识别出城市中的高需求交通区域，指导未来的道路建设或公共交通系统升级。

第二节　明确治理目标，找准数字技术定位

一、当前社会对城市交通治理的现实诉求

（一）公共安全与事故预防

公共安全与事故预防是城市交通治理中的重要组成部分。安全是城市交通系统的基石，其直接关系到每位道路使用者的生命安全和财产安全。通过提高道路安全标准、加强事故数据分析和制定有效的预防策略，可以显著降低交通事故的发生率，保障城市交通的安全和顺畅。

提升道路安全标准的关键在于建立和执行一套全面的交通安全规范。这包括但不限于道路设计标准、交通标志和信号的规范，以及驾驶员的安全培训和认证制度。道路设计必须考虑各种交通模式，包括机动车、非机动车和行人的安全需求。安全的道路设计可以有效减少交通事故的发生，比如通过设置专用自行车道、行人过街设施和减速措施来保护弱势交通参与者。

交通事故数据的分析与预防策略的制定，是交通安全管理中不可或缺的一环。通过收集和分析交通事故数据，管理部门可以识别高风险地区和事故的常见原因，从而针对性地制定预防措施。例如，通过事故数据分析，可以发现某个路口频繁发生事故，可能是由于视线不佳或交通信号设置不当。针对这些问题，可以通过改善路口设计、增设信号灯或提高照明来减少事故的发生。

公共交通安全的提升还包括增强交通参与者的安全意识和遵守交通规则的习惯。这需要通过教育和宣传来实现，比如开展交通安全教育课程、举办安全驾驶培训，以及通过媒体和社交平台普及交通安全知识。

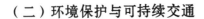

（二）环境保护与可持续交通

在当前社会对城市交通治理的现实诉求中，环境保护和可持续交通的重要性日益凸显。随着城市化进程的加速，交通引起的环境污染问题已成为不容忽视的挑战。为了实现环境的可持续发展，必须采取措施减少交通引起的污染，同时推广绿色和可持续的出行方式。通过减少交通污染、推广绿色出行方式，以及科学评估交通系统的环境影响，可以有效促进城市交通的可持续发展，同时为居民提供更加健康、舒适的生活环境。

减少交通引起的环境污染不仅涉及减少尾气排放，还包括噪声污染、热岛效应，以及对生态系统的干扰等方面。为此，必须对现有的机动车辆实施更严格的排放标准，并推动新能源车辆的发展。此外，优化交通信号系统、减少交通拥堵也是减少尾气排放的有效手段。推广绿色交通和可持续出行方式是解决城市交通环境问题的关键。这包括鼓励市民采用公共交通、骑行或步行等低碳出行方式。为了实现这一目标，城市需要投资建设更多的自行车道和步行路径，并提高公共交通的覆盖范围和服务质量。同时，倡导绿色出行的文化和意识也同样重要。

对交通系统对环境的影响进行评估与管理是实现可持续交通的基础。这要求交通规划和政策制定必须考虑环境影响，并通过科学的方法进行评估。例如，建设新的道路或扩建现有道路之前，需要对其可能产生的环境影响进行全面评估，并探索减少负面影响的方法。同时，对现有交通系统的环境影响进行定期评估，可以帮助政策制定者了解政策实施的效果，以便调整和优化策略。

（三）经济效益与资源优化

在当前社会对城市交通治理的现实诉求中，经济效益与资源优化是至关重要的方面。城市交通拥堵不仅影响居民的日常生活，还对城市经济产生显著的负面影响。通过分析交通拥堵对经济的影响、提高交通系统的成本效益，以及优化交通资源的分配和利用，可以有效缓解交通拥堵问题，提升城市交通系统的整体经济效益，实现城市的可持续发展。

交通拥堵对经济的影响主要体现在时间成本的增加、能源消耗的提高，以及环境污染的加剧。这不仅增加了居民和企业的出行成本，还可能导致劳动力市场效率的下降、商业活动的减少和投资的流失。研究表明，交通拥堵导致的经济损失在许多城市占据了可观的比例，这要求政府和相关部门采取有效措施减少这种损失。提高交通系统的成本效益是缓解交通拥堵、提升经济效益的重要途径。这包括提升公共交通的服务质量和效率、优化道路网络和交通信号系统、推广共享交通模式等。有效利用有限的交通资源，提高交通系统的运行效率，可以减少不必要的能源消耗和时间浪费，从而提高经济效益。

优化交通资源的分配和利用是实现交通系统可持续发展的重要环节。这要求交通规划要充分考虑城市发展的需求和特点，合理规划交通基础设施，优化交通模式结构，有效分配交通资源。例如，优先发展公共交通和非机动车交通，合理规划道路和停车设施，可以有效减少私家车的使用，减轻交通拥堵。

二、优化城市道路拥堵治理目标

（一）提升道路使用效率

提升道路使用效率需要从道路设计和规划的优化、交通流量的有效管理与控制，以及交通信号的优化与协调等多个方面着手。通过这些措施的综合应用，可以有效减少城市交通拥堵，提高道路网络的运行效率，为城市居民提供更顺畅、高效的出行体验。

道路设计和规划的优化是提升道路使用效率的基础。这要求城市规划者在道路设计时充分考虑交通流动性和安全性。合理的道路设计应考虑未来城市发展的需求，包括足够的车道数量、有效的交通枢纽设计和适当的道路网络布局。此外，道路规划还应考虑非机动车和行人的需求，确保所有交通参与者的顺畅和安全出行。

交通流量管理和控制是提升道路使用效率的关键。通过实时监控交通流量，可以有效调节交通信号、设置合理的车速限制和车道指引。例如，智能交通系统可以根据实时交通流量数据调整交通信号灯的时序，减少交通拥堵并提高道路通行能力。此外，高峰时段的交通管制措施，如车道反向使用或交通限行，也可以有效缓解交通压力。

交通信号的优化与协调对于提升道路使用效率至关重要。交通信号系统需要根据交通流量的实际变化灵活调整，以减少停车和等待时间，提高交通流的连续性。例如，通过设置智能交通信号系统，可以实现信号灯之间的动态协调，根据实时交通情况优化绿灯时长和相位差，从而提高交叉口的通行效率。

（二）增强交通系统的弹性和可适应性

增强交通系统的弹性和可适应性需要综合考虑交通系统的持续改进、强韧交通网络的构建，以及有效的应急管理策略。这不仅能提高城市交通系统面对日常挑战的应对能力，也能确保在极端或紧急情况下交通系统的稳定运行，从而提升整体的交通效率和安全性。交通系统的持续改进和创新是确保其适应性和弹性的基石。这意味着不断地更新和优化交通技术，包括智能交通管理系统、数据分析工具，以及各种交通控制设备。通过引入最新的技术，比如物联网、大数据分析和人工智能，可以提高交通系统对不同交通模式和变化的响应速度和准确性。

构建具有强韧性的交通网络是提升交通系统弹性的关键。这包括设计能够承受自然灾害影响并快速恢复的基础设施，比如抗震桥梁、排水良好的道路和多功能的交通枢纽。此外，强韧的交通网络还需要多样化的交通方式和路线，确保在某一部分网络受损时，其他部分能够有效地分担交通压力。

应对极端天气和紧急情况下的交通管理对于提高交通系统的可适应性和弹性同样至关重要。这要求交通管理部门建立高效的应急响应机制，比如极端天气下的交通管制、紧急疏散路线的规划，以及事故响应程序。通过对可能的极端情况进行预先规划和模拟演练，可以确保在紧急情况下快速、有效地应对，减轻交通拥堵，保障公众安全。

（三）减少拥堵时间与成本

在城市交通拥堵治理的目标中，减少拥堵时间与成本是一个核心考量。这涉及实现快速通行、拥堵缓解，对交通拥堵成本进行有效评估，并采取降低策略，以及提升道路维护和管理效率。通过这些措施，可以有效提升城市交通流动性，降低交通拥堵带来的经济和社会成本，促进城市交通的可持续发展。

实现快速通行和拥堵缓解的关键在于优化交通流动和改善交通信号系统。运用先进的交通管理技术，如智能交通信号灯、自适应交通控制系统，可以有效调节车流和人流，减少交通拥堵和等待时间。此外，通过实施高效的交通规划，如建立专用车道、优化公共交通路线和鼓励共享出行，也能显著降低城市交通的拥堵程度。

对交通拥堵成本进行评估与降低策略的制定同样重要。通过分析交通拥堵对城市经济、环境和社会福祉的影响，可以更准确地量化拥堵成本。这包括对因交通拥堵导致的时间浪费、能源消耗、环境污染和健康影响等方面的评估。基于这些评估，制定有效的策略来降低拥堵成本，如改善公共交通系统、推广低碳出行方式、实施拥堵收费。

提升道路维护和管理效率是缓解城市交通拥堵的另一重要方面。这包括采用新型材料和技术进行道路建设和维护，以提高道路耐用性和减少维修时间。同时，应用智能监测技术对道路状况进行实时监控，及时发现并解决道路损坏、交通事故等问题，从而保障交通流畅。

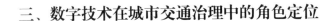

三、数字技术在城市交通治理中的角色定位

（一）技术选择与集成

数字技术在城市交通治理中的有效运用，不仅需要对单一技术进行选择和应用，更需要综合多种技术，创造出协同效应。通过这种方式，可以更全面地解决城市交通的各种问题，实现交通系统的持续优化和高效管理。选择恰当的技术并实现它们的有效集成，是优化城市交通系统、缓解交通拥堵问题的基础。

评估不同数字技术的适用性对于城市交通系统至关重要。这一过程应涵盖对各种技术的性能、效率、成本效益，以及适用性的全面评估。例如，大数据和人工智能技术在交通流量分析和预测方面可能表现出色，而物联网和云计算技术则在实时数据收集和处理方面具有优势。因此，城市交通管理者需要根据具体的交通问题和目标，选择最合适的技术组合。

集成多种技术以创造协同效应对于实现交通系统的整体优化至关重要。例如，通过将大数据分析与物联网技术结合，可以更有效地监测和管理城市交通流量。另外，结合人工智能技术和移动通信技术，可以为市民提供更加智能化和个性化的出行建议，从而减少道路拥堵。促进技术创新与发展也是数字技术在城市交通治理中的重要角色。随着技术的不断进步，新的解决方案和工具不断涌现，它们为解决传统交通问题提供了新的可能性。无人驾驶汽车的发展可能对城市交通模式产生根本性的变革，无人驾驶时代，城市道路内每一路段的每条机动车道都可双向控制；而智能交通信号系统的创新则可以显著提高道路交通流动性。

（二）应用方式与实施策略

数字技术在城市交通治理中的应用方式与实施策略应当综合考虑技术解决方案的设计、实施效果的评估，以及用户体验的优化。通过这样的全面考量，可以确保数字技术在改善城市交通状况方面发挥最大的效能。设计高效的技术应用方案是确保数字技术在城市交通治理中成功应用的关键。这意味着技术应用需与城市特定的交通挑战和目标紧密对接。例如，对于交通拥堵问题，应用方案可能涉及利用实时交通数据分析来优化信号灯控制，或者使用人工智能算法预测和缓解交通堵点。每一个应用方案都需要基于对城市交通格局的深入理解，确保技术解决方案与城市交通的实际需求相匹配。

考量技术应用的实际效果与反馈对于调整和优化方案至关重要。实施后的评估不仅关注技术应用本身的性能，更重要的是要考察其在实际交通环境中的作用效果。比如，通过收集和分析交通流量、事故发生率，以及出行时间等数据，可以判断所采用的技术是否有效改善了交通状况。此外，用户反馈，包括司机和乘客的体验，也是评估技术应用成功与否的重要指标。

确保技术应用的用户友好性和易用性是提升城市交通治理效率的重要因素。用户友好的设计不仅提升了技术接受度，还促进了技术的普及和有效使用。例如，公共交通的实时信息系统需提供简洁明了的用户界面，以便乘客能够轻松获取出行信息。同样，交通管理人员使用的监控和分析系统也应该直观易懂，以便于他们高效处理交通状况。

（三）预期效果与性能评估

数字技术在城市交通治理中的预期效果与性能评估需要综合考量技术投入与改善效果的关系、长期效益，以及持续的效果监测。这样的全面评估不仅有助于验证技术应用的成效，还能为未来的技术改进和策略调整提供有力的数据支持。分析技术投入与交通改善的关系是确定数字技术投资价值的基础。这需要通过详细的成本-效益分析来衡量。例如，智能交通信号系统的投入成本包括设备购置、安装和维护费用，而其效益则可以通过减少交通延误、降低事故率和提高能源效率等方面来体现。这种分析不仅涵盖直接经济效益，还应考虑社会和环境效益，如减少排放和提升公众交通体验。

评估数字技术的长期效益对于支持可持续的城市交通策略至关重要。长

期效益分析应考虑技术应用对未来交通模式、城市发展和环境影响的潜在改变。例如，通过长期跟踪分析数据，可以观察到智能交通管理系统如何对城市交通流量、空气质量和能源消耗产生持续影响。

持续监测和评估技术应用的成效是确保城市交通治理策略适应性和有效性的关键。这包括定期收集和分析交通数据，如车流量、速度、事故率，以及用户满意度调查等软性数据。这些信息有助于城市交通管理者及时调整策略，识别并解决新出现的问题，确保技术应用持续适应城市发展的需求。

第三节　创新治理手段，疏导城市道路交通拥堵

一、融合创新的交通管理手段

（一）传统交通管理方法与现代数字技术的融合

融合传统交通管理方法与现代数字技术已成为一种疏导城市道路交通拥堵的创新且有效手段。这种融合体现在多个层面，旨在通过综合应用传统经验和现代技术创新，实现交通系统的高效运行和优化管理。传统交通管理的核心在于对交通流的监控和控制，包括交通信号控制、路面巡逻和事故管理等方面。这些方法依赖于人力资源和基础的机械设备，虽然在历史上有效，但在应对当前城市快速增长的交通需求时显得力不从心。尤其是在高峰时段和特殊事件期间，传统方法往往无法迅速响应复杂多变的交通状况。

而现代数字技术，特别是大数据分析、人工智能、物联网和云计算等技术，为交通管理提供了新的解决方案。这些技术可以实时收集和分析大量交通数据，包括车辆流量、行车速度、事故发生率等，从而为交通管理决策提供更加精确和全面的信息支持。例如，通过分析交通流数据，可以优化交通信号灯的时序，减少交通拥堵和延迟；利用视频分析技术，可以更快速地检

测和响应交通事故和紧急情况。

融合传统方法和数字技术的关键在于找到二者的互补点。一方面，传统交通管理的经验和方法可以为数字技术的应用提供实践基础和应用场景。例如，在设计智能交通信号系统时，可以结合传统交通流模型和实际道路状况，以实现更加贴近实际的交通控制策略。另一方面，数字技术可以弥补传统方法在数据处理和实时反应方面的不足。例如，利用物联网技术部署的交通监测设备可以提供实时数据，帮助交通管理人员快速了解当前的路况，有效调配交通资源。

（二）面向未来的交通治理模式

面向未来的交通治理模式是一个多维度、高效率、可持续发展的综合体系。这种模式不仅涵盖了传统交通管理的策略，而且充分融入了现代数字技术，形成一个更为全面和前瞻性的交通管理体系。

面向未来的交通治理模式强调对交通系统的整体性理解和管理。这不仅涉及对现有交通流量和路网的监控，还包括对城市规划、交通政策、环境影响及其他相关因素的综合考虑。例如，城市规划部门和交通管理部门可以通过数据共享和协作，实现对城市发展和交通需求预测的精准分析，从而进行更有效的交通规划和基础设施建设。

面向未来的交通治理模式充分利用了大数据、人工智能、物联网等数字技术的优势。通过这些技术，可以实时收集、处理和分析来自各种传感器、摄像头、车载系统等的海量交通数据。这些数据不仅提供了对当前交通状况的实时洞察，还能够预测未来的交通趋势，为交通管理决策提供科学依据。例如，通过分析历史交通数据和现实时间数据，可以有效预测交通高峰时段和潜在的拥堵点，从而提前进行交通调控和引导。

面向未来的交通治理模式还注重提升市民的出行体验和满意度。这包括但不限于提供实时的交通信息、智能出行建议、便捷的公共交通服务等。例如，通过智能手机应用和其他数字平台，居民可以获取实时的交通状况信息、公交车到站时间、最优出行路线等，使得出行更为便捷和高效。

面向未来的交通治理模式也强调可持续发展和环境保护。这意味着在制定和实施交通管理策略时，需要考虑交通活动对环境的影响，推广绿色出行方式，如公共交通、自行车和步行等，减少汽车尾气排放和能源消耗。

（三）创新策略在实践中的应用

创新策略的实践应用通常涵盖了一系列技术创新、政策调整和公众参与的方法，旨在通过多维度的解决方案来优化城市交通状况。通过这些综合性措施，可以有效缓解城市道路的交通拥堵，提升整体交通系统的效率和安全性，同时为可持续城市交通发展奠定坚实基础。

技术创新是创新策略实践的核心。随着信息技术的快速发展，城市交通管理逐渐向智能化、数据化转变。例如，通过部署高级传感器和摄像头，可以实时监测交通流量和道路状况，而基于大数据和人工智能的交通预测模型能够准确预测交通趋势和拥堵点。此外，智能交通信号系统能够根据实时交通状况动态调整信号灯的时序，有效减少交通延误和拥堵。

政策调整在实施创新策略中也起着重要作用。这包括对交通规则的优化、交通基础设施的改善、公共交通系统的发展等方面。例如，实施交通需求管理措施，如交通拥堵收费、高峰期限行，可以有效减少道路交通的压力。同时，通过增加公共交通的便利性和吸引力，提高公交服务的频率和舒适度，可以鼓励市民减少私家车的使用。

公众参与对于创新策略的成功实施至关重要。通过教育和宣传活动，提高公众对交通问题的认识和参与意识，是实现交通治理目标的关键。例如，通过社交媒体、移动应用和城市交通网站，可以有效地传播交通信息，提醒公众避开拥堵区域，同时收集公众对交通状况的反馈和建议。

实践中的创新策略还需要灵活调整和持续优化。城市交通状况是动态变化的，因此需要不断评估策略的效果，根据实际情况进行调整。例如，对交通数据进行持续分析，以便及时发现新的交通趋势和问题，并据此调整管理策略。

二、智能化交通控制系统

（一）自适应信号系统的设计与实现

自适应信号系统通过智能化的控制，为城市交通拥堵治理提供了有效的工具，能够根据实时交通流量和路况，动态调整信号灯的时序，不仅提高了道路通行效率，减少了交通拥堵，也为构建更智慧、更高效的城市交通体系奠定了基础。自适应信号系统的核心在于其能够实时收集和分析路口的交通数据，包括车辆数量、行驶速度、等候时间等。这些数据通过高级传感器、摄像头和其他监控设备进行实时收集，并传送到中央控制系统。中央控制系统利用先进的算法，如机器学习和数据分析技术，对收集到的数据进行深入分析，从而识别交通流量的模式和趋势。在自适应信号系统中，信号控制策略根据实时交通数据进行调整。例如，如果某个路口的交通流量增加，系统会自动延长绿灯时间，以减少车辆排队和等待时间。相反，如果交通流量减少，系统则缩短绿灯时间，以避免道路资源的浪费。此外，该系统还能够识别特殊情况，如紧急车辆的接近，及时调整信号灯，确保其快速通过。

自适应信号系统的设计还需考虑多路口之间的协调。在城市交通网络中，相邻路口的信号灯应协同工作，以形成顺畅的交通流。通过网络化的控制系统，相邻路口的信号灯可以共享数据，相互调整时序，减少整个路网的交通拥堵。为了确保自适应信号系统的有效运作，还需要进行持续的维护和优化。这包括定期更新软件和硬件，确保数据的准确性和系统的可靠性。同时，还需对系统的性能进行定期评估，根据交通状况的变化不断调整控制策略。

（二）交通流量动态调整技术

交通流量动态调整技术通过实时数据的精准收集和智能分析，能够有效地监测、预测并调节城市交通流量，为城市交通管理提供了一种高效的解决方案。它不仅能够快速响应各种交通情况，有效减轻交通拥堵，也为构建更

加智能、高效的城市交通体系奠定了坚实基础。交通流量动态调整技术的核心在于实时数据收集和智能分析。通过在关键交通节点部署传感器、摄像头等监控设备，这一技术能够实时收集路面车辆数量、速度、流向等关键数据。收集到的数据随即被传送到中央处理系统，其中运用先进的数据分析和机器学习算法，对交通流量进行模式分析和趋势预测。

基于这些分析结果，交通流量动态调整技术可以实施多种应对措施。例如，在检测到某个路段即将发生或已经发生拥堵时，系统可以通过调整相邻路口信号灯的配时，或者通过信息发布系统提供绕行建议，引导车辆合理分流，从而缓解拥堵情况。此外，该技术还可以根据实时数据动态调整道路的使用模式，如临时改变某些车道的行驶方向或开放紧急车道，以适应不断变化的交通需求。在特殊情况下，如公共活动或重大事故，交通流量动态调整技术能够快速响应，及时调整交通管理策略，确保交通流的顺畅和安全。这不仅依赖于技术本身的灵活性和准确性，还需要与城市交通管理部门的紧密合作，以确保信息的及时传递和措施的有效执行。为了保证该技术的长期有效性，需要持续地对其进行监测和优化。这包括对算法的不断调整以适应城市交通流量的变化，以及对硬件设施的定期维护和升级。同时，还需要对交通流量动态调整技术的效果进行评估，以确保其对城市交通拥堵治理的贡献。

（三）智能系统在不同城市环境中的应用

智能系统在不同城市环境中的应用需要综合考虑各种因素，包括城市的规模、交通需求、历史和文化背景等。通过对这些因素的深入理解和分析，智能交通系统能够更加精准地满足不同城市的特定需求，有效地改善城市交通状况，提升居民的出行体验。

在大型都市，例如，智能交通系统通常面临着更为复杂和多样化的交通场景。这些城市通常拥有庞大的人口和车辆数量，以及复杂的路网结构。在这些环境中，智能系统需要能够处理大量数据，同时具备高度的灵活性和可扩展性。例如，通过实时数据分析和机器学习算法，智能系统可以优化交通信号控制，预测和缓解交通拥堵。此外，这些系统还可以与公共交通网络紧密集成，提供实时出行信息，改善公共交通的吸引力和效率。对于中小型城市，智能交通系统则可能更加注重提高道路使用效率和安全性。由于这些城市的交通压力相对较小，智能系统可以通过优化交通信号、改善交叉口设计等方式，提高交通流动性，减少事故发生率。同时，智能系统还可以用于监测和管理停车资源，解决城市中心区域的停车难问题。在具有丰富历史文化资源的城市中，智能交通系统的应用还需要考虑城市的历史遗产保护和城市美学。在这些城市，智能系统不仅要解决交通效率问题，还要考虑交通设施对城市景观的影响。例如，智能系统可以用于指导游客流向，减少对历史区域的交通压力，同时通过数据分析优化公共交通路线和时间表，减少对历史建筑的冲击。

三、交通需求管理的数字化实践

（一）动态定价策略的设计与效果

动态定价策略作为城市交通需求管理的重要手段，其设计和实施需要综合考虑交通数据分析、费用制定、社会公平性，以及与其他交通管理措施的协同效应。通过精细化和智能化的管理，动态定价策略可以显著提高城市交通系统的效率，有助于实现交通拥堵的有效疏导。动态定价策略的设计，需要基于大量实时交通数据的分析。这包括车流量、速度、路段拥堵情况等信息，通常通过各类传感器、摄像头和 GPS 数据进行收集。利用大数据分析技术，可以对这些数据进行实时处理和分析，从而确定哪些路段需要实施定价调整，以及调整的幅度和时间。具体实施时，动态定价策略可以通过电子收费系统实现。例如，在高峰时段，对交通流量较大的路段或区域收取较高费用，而在非高峰时段或交通流量较小的路段，则降低收费或免费。这种策略旨在激励驾驶者改变出行方式，如选择公共交通、非高峰时段出行或绕行其他路线。

动态定价策略的效果需要通过持续的数据监测和分析来评估。理论上，通过提高交通高峰期的行驶成本，可以有效减少车辆数量，从而减轻某些关键路段的交通压力。然而，这种策略的实施也需要考虑社会公平性问题，避免对低收入群体造成不利影响。除了直接减少车流量，动态定价策略还可间接促进公共交通系统的使用，进而减少私家车的依赖。通过对收费数据的分析，城市交通管理者可以更好地理解交通流量模式，进而优化交通网络和公共交通服务。

（二）鼓励非高峰出行的数字策略

鼓励非高峰时段出行的数字策略目的在于通过数字技术的应用，有效分散高峰时段的交通压力，进而改善整体交通流动性和道路拥堵情况。这种策略的成功实施需要综合运用交通数据分析、智能交通系统、经济激励，以及公共政策，从而在确保社会公平和效率的基础上，实现城市交通的流畅和可持续发展。鼓励非高峰出行的数字策略依赖于对交通流量和出行模式的细致分析。这涉及收集和处理关于城市交通的大量数据，包括车辆流量、出行时间、路线选择等。通过这些数据的分析，可以辨识出高峰时段和交通繁忙的路段，为制定相应策略提供依据。此策略可通过智能交通系统实施，例如，使用移动应用和交通导航系统向司机提供实时交通信息，并建议在非高峰时段或通过替代路线出行。这些系统可以集成动态地图、实时交通状况更新和预测拥堵模式的功能，为出行者提供个性化的出行建议。

鼓励非高峰出行的策略还可以通过经济激励来实施。例如，通过为在非高峰时段使用某些道路或停车设施的司机提供折扣或奖励，以此激励他们改变出行时间。这种策略可以与电子收费系统结合，通过变化的收费标准来调节交通流量。企业和政府机构也可以通过调整工作时间、实施弹性工作制或远程工作政策，来减少员工在高峰时段的出行需求。同时，通过公共交通优惠政策，为在非高峰时段使用公共交通的乘客提供票价优惠，也能有效鼓励非高峰出行。实施这些策略时需要考虑它们对不同群体的影响。例如，对于那些无法灵活调整工作时间的人来说，非高峰出行的激励可能效果有限。因此，策略的设计需考虑公平性和可接受性，确保不同人群都能从中获益。

四、集成多模态交通解决方案

（一）多模态交通系统的整合方法

通过综合考虑不同交通模式的优化，应用数字技术，以及跨部门的协作和长期规划，可以有效地缓解城市道路的交通拥堵，为居民提供更加便捷、安全和可持续的出行选择。多模态交通系统的整合要求全面考虑城市交通网络中各种交通模式的特点和需求。这包括对公共交通的路线、时间表和运行效率的优化，确保公共交通能成为有效和吸引人的出行选择。同时，需要对私家车使用提供合理的引导和限制，比如通过拥堵收费或限行区域来减少市中心的车辆流量。多模态交通系统整合的一个重要方面是提高非机动车和步行的安全性和便利性。这包括增加自行车道、改善人行道，以及设置更多的人行横道和过街设施。这样不仅能促进健康和环保的出行方式，也有助于减少对汽车的依赖。

数字技术在多模态交通系统整合中扮演着至关重要的角色。例如，通过智能交通系统和移动应用集成多模态出行信息，提供实时交通状况、最佳路线选择和联合票务系统等服务。这样可以使出行者更容易规划和调整他们的行程，从而更高效地使用不同的交通模式。还应考虑多模态交通系统的整合需要跨部门协作和政策支持。这意味着政府、交通部门和其他相关机构需要共同制定和实施政策，以促进各种交通模式之间的协调和互补。例如，通过补贴公共交通、提供自行车共享服务或优化交通信号系统，可以有效地促进多模态交通系统的整合。多模态交通系统的整合也应包括对长远规划和持续改进的承诺。这意味着城市交通规划需要考虑到未来的发展趋势，如人口增长、城市扩张和新技术的发展，以确保交通系统能够持续满足城市的需求。

（二）数字化在多模态交通中的作用

数字化在多模态交通系统中的应用能够显著提高城市交通管理的效率和效果。通过整合各种数字工具和技术，可以实现更加智能和灵活的交通流量控制，同时也为出行者提供更加便捷和个性化的服务。数字化技术可以优化交通网络的运行效率。利用先进的数据分析和人工智能技术，交通管理者可以实时监控和分析城市的交通流量，包括车辆、公共交通和非机动车辆。这些信息可以用于动态调整交通信号灯的时序，以减少拥堵和改善交通流动性。此外，通过预测交通流量和模式，管理者可以提前规划和调整交通网络，以应对预期的高峰期或特殊事件。数字化技术还能提升公共交通系统的效率和吸引力。通过集成实时交通信息，如公交车位置、预计到达时间和拥堵情况，公共交通系统可以更加精准地调整运营计划和优化路线。此外，利用移动应用程序和智能卡技术，乘客可以更方便地获取交通信息、规划行程和支付交通费用。

数字化技术还能促进不同交通模式之间的无缝连接。例如，通过集成共享单车和电动滑板车等微移动服务，可以方便市民从公共交通站点到达最终目的地，从而减少对私家车的依赖。同样，数字化停车解决方案也可以提高停车效率，减少寻找停车位的时间，进而减轻交通拥堵。数字化技术还能提高交通系统的安全性和可靠性。例如，通过安装智能摄像头和传感器，可以实时监控道路状况和交通违规行为，从而及时预警和响应潜在的安全风险。同时，通过收集和分析交通事故数据，可以更好地了解事故原因，制定有效的预防措施。数字化技术还有助于提升交通系统的可持续性。通过优化交通流量和减少拥堵，可以降低车辆排放和能源消耗，从而有助于减少环境污染。同时，通过鼓励使用公共交通和非机动车辆，可以减少碳排放，促进城市的绿色发展。

五、数据驱动的城市交通规划

（一）大数据在城市交通规划中的应用

大数据在城市交通规划中的应用具有重要意义，它利用庞大和复杂的数据集来优化城市交通网络，不仅能够提高城市交通系统的效率和安全性，还能够帮助城市规划者更好地理解和应对交通问题，从而制定更有效的交通策略和规划。这一领域的核心在于收集、处理、分析和应用交通相关的大量数据，以形成有效的交通规划和管理策略。

大数据技术可以实现对城市交通流量的实时监测和分析。通过在关键交通节点安装传感器、摄像头等设备，收集车辆和行人流量数据，以及交通状态信息，如速度、密度和流向。这些数据通过高级分析软件进行处理，可用于了解交通流的模式、识别拥堵热点和预测未来的交通趋势。大数据应用可以帮助城市规划者进行更精准的交通需求预测和道路规划。基于历史和实时数据，规划者可以评估现有交通网络的性能，识别瓶颈区域，预测未来交通增长，并据此规划新的道路网络或改进现有道路。这种基于数据驱动的规划方法可以提高资源的利用效率，减少不必要的道路扩建。大数据还可以用于改善公共交通系统的效率。通过分析乘客流量和出行模式，公共交通运营商可以优化路线规划、调整班次安排和提高服务质量。例如，基于大数据分析，可以在需求较高的时间和地区增加公交车次，或者在需求较低的时候减少运营，以此平衡运力和需求，提高整体的运营效率。大数据也可以用于交通安全分析。通过收集和分析交通事故数据，交通规划者可以识别高风险区域和事故原因，制定有效的交通安全策略和干预措施，如改善道路设计、增强交通标志和信号灯的可见性。大数据还能支持智能交通系统的发展。结合物联网、云计算和人工智能技术，可以实现更加智能化的交通管理和服务，如智能交通信号控制、智能停车管理和个性化出行建议。

（二）人工智能技术在交通预测和规划中的角色

随着城市交通系统的复杂性不断增加，传统的交通管理和规划方法逐渐显得力不从心。在这种背景下，人工智能技术以其强大的数据处理能力和预测精度，成为改善城市交通状况的关键工具之一。人工智能技术在交通预测和规划方面的应用不仅提高了交通管理的效率和精确度，而且为城市交通系统的长远发展提供了强有力的技术支持。人工智能技术在交通预测方面的应用主要体现在对交通流量、交通趋势和可能的拥堵点的预测上。通过利用历史交通数据、实时交通状况、天气信息、大型活动等多种因素，人工智能算法能够对交通流量进行准确的预测。例如，利用机器学习和深度学习模型，人工智能可以预测特定时间和地点的交通流量，并据此预测交通拥堵情况。在交通规划方面，人工智能技术能够帮助城市规划者制定更加科学、合理的交通规划方案。人工智能算法可以分析城市交通网络的效率，识别交通瓶颈和潜在的问题区域，提供改善建议。此外，人工智能还能够模拟不同交通规划方案的可能结果，帮助决策者评估各种方案的效果，从而作出更加明智的决策。人工智能技术还在提升公共交通系统的效率方面发挥着重要作用。通过分析大量的公共交通数据，人工智能可以帮助公交系统优化路线规划、调整班次安排，并预测未来的客流变化，从而提高公共交通的吸引力和效率。人工智能技术在交通安全领域也显示出巨大的潜力。通过对交通事故数据的深入分析，人工智能能够识别事故发生的模式和原因，帮助相关部门采取预防措施，减少事故发生。

（三）长期和可持续交通规划的数据驱动策略

长期和可持续交通规划的数据驱动策略关注于通过高效分析大量数据来支持科学决策。这种方法有助于城市交通系统的优化，提高交通效率，减少环境影响，并适应未来城市发展的需求。长期交通规划需考虑城市发展的整体趋势，包括人口增长、城市扩张、经济发展等因素。数据驱动策略通过分析这些宏观变量与交通需求之间的关系，帮助规划者预测未来的交通需求。例如，通过分析历史人口迁移和经济活动数据，可以预测未来特定区域的交通需求增长，从而提前规划必要的交通基础设施扩建。

可持续交通规划强调环境保护和资源高效利用。数据驱动策略在这方面的应用包括评估不同交通模式对环境的影响，如排放量、能源消耗。此外，通过分析交通流量和出行模式数据，规划者可以优化公共交通系统，减少对私家车的依赖，从而降低交通引起的环境污染。在实施长期和可持续交通规划时，数据驱动策略还包括实时监测和评估交通系统的运行状况。利用传感器、摄像头和其他智能设备收集的数据，可以对交通流量、出行模式、事故发生率等进行实时监测。这些信息不仅有助于及时发现和解决交通问题，还能为规划调整提供依据。数据驱动策略还包括利用模拟软件和预测模型评估不同交通规划方案的效果。这些工具可以模拟特定规划实施后的交通流量变化、出行时间和环境影响，帮助决策者选择最有效的方案。

可持续性交通规划还强调公众参与和多方利益相关者的协调。数据驱动策略在这方面的应用包括收集和分析公众意见、建议，以及其他利益相关者的反馈。通过社交媒体、在线调查等手段收集的数据，可以帮助理解公众对特定交通规划的接受度和期望，确保规划更加符合市民需求。

六、数据驱动的交通流量管理

（一）实时交通流量监控与分析

实时交通流量监控与分析在现代城市交通拥堵治理中扮演着至关重要的角色。通过先进的监控技术和数据分析模型，交通管理者不仅能够有效应对当前的交通状况，还能为长期交通规划和政策制定提供支持，从而实现更加高效、可持续的城市交通管理。实现实时交通流量监控的核心在于部署高级的监控技术。这包括使用高分辨率摄像头、传感器网络、GPS 跟踪设备等，这些技术可以在广泛的地理范围内捕获车辆和行人流量的详细数据。例如，摄像头可以捕获特定路口或道路段的实时图像，传感器可以检测特定地点的车流量和速度，而 GPS 数据则提供了车辆移动的全面视图。实时交通数据的分析与预测模型的应用是缓解交通拥堵的关键。通过分析实时数据，可以即时了解城市的交通流量状况，识别拥堵点和交通流量的变化趋势。这些数据不仅可以用于当前交通管理决策，比如交通信号的调整、交通管制的实施，还可以应用于长期交通规划和政策制定。例如，通过分析交通流量数据，可以确定哪些路段经常发生拥堵，进而规划道路改造或扩建。

预测模型在实时交通流量监控中扮演着重要角色。利用历史数据和实时输入，这些模型可以预测未来一段时间内的交通流量变化。这些预测有助于提前预见并应对可能的交通问题，如在预测到的高峰时段提前调整交通信号模式，或者向公众发布交通拥堵预警。实时交通流量监控与分析可以提供更多维度的交通数据，如路段的平均旅行时间、车辆种类分布、行人流量等，这些数据有助于更全面地理解城市交通系统的运行状况。例如，监测数据可以揭示特定时间或条件下的交通流量模式，帮助交通管理者识别出引发交通拥堵的根本原因，如特定时间段的车流量过高或道路设计不当。

（二）利用机器学习进行交通模式预测

在城市道路交通拥堵的疏导和治理中，机器学习技术的应用为交通模式预测提供了一个革新性的途径。机器学习，作为人工智能的一项重要技术，通过分析历史交通数据和实时流量信息，可以预测交通流量的变化趋势，从而在交通管理中实现更高效的决策支持。

机器学习在处理和分析大量复杂数据方面具有独特优势。城市交通系统中产生的数据包括但不限于车辆数量、车速、旅行时间、交通事故、天气状况等。通过机器学习算法，这些数据可以被转化为有价值的洞察，用于理解和预测交通流量的模式。机器学习能够识别和预测交通流量中的潜在模式和趋势。通过训练数据，机器学习模型可以学习到特定时间、特定路段的交通流量特点，以及交通流量与各种因素（如天气、节假日、大型事件）之间的关系。这些模型能够基于历史数据预测未来的交通状况，如预测高峰时段的交通流量，或者在特定事件下的交通变化。

在实时交通管理中机器学习的应用极为重要。例如，机器学习模型可以实时分析交通流量数据，快速响应交通状况的变化，并为交通信号控制系统提供决策支持。这些模型还可以实时调整交通信号的时序，优化交通流量，减少拥堵。自我学习和适应的能力是机器学习模型的另一个关键优势。随着时间的推移，这些模型可以不断调整和优化其预测策略，以适应交通模式的变化。这种持续学习的能力使得机器学习模型在预测交通模式方面变得更加准确和可靠。

（三）交通信号系统与流量数据的集成

交通信号系统与流量数据的集成为城市交通拥堵治理提供了一个高效、动态和智能化的解决方案。这一集成策略结合了先进的交通信号控制技术和丰富的交通流量数据，以提高整个城市交通网络的运行效率和流动性。交通信号系统作为城市交通网络的重要组成部分，对于调节交通流、减少拥堵具有核心作用。现代化的交通信号系统不仅是简单的红绿灯切换，而是一个包含了多层次数据处理和响应机制的复杂系统。这些系统可以根据实时或历史交通流量数据，自动调整信号灯的时长和序列，从而优化交通流动。

流量数据的集成是提高交通信号系统智能化程度的关键。通过部署传感器、摄像头，以及其他检测设备，可以实时收集道路上的车辆流量、速度、队列长度等数据。这些数据经过分析和处理后，可以用来调整交通信号灯的工作模式，如同步多个路口的信号灯，以减少整个路网的延误和停车次数。

交通信号系统与流量数据集成的另一个重要方面是其适应性。交通流量并非是静态不变的，它会受到多种因素的影响，如天气、节假日、特殊事件。集成系统能够根据这些变化动态调整信号计划，以应对不同的交通需求和状况。这种集成还支持更广泛的交通管理决策制定。通过分析汇集的流量数据，交通管理者可以识别出高拥堵风险路段，提前采取措施预防交通堵塞。同时，长期的数据积累也有助于城市规划者更准确地理解城市交通流动的模式，以指导未来的交通基础设施投资和改进。

七、公共交通系统的智能化改革

（一）公共交通智能调度系统

公共交通智能调度系统通过精准的数据分析和高效的运营管理，为城市交通拥堵的治理提供了一个切实可行的解决方案。它不仅提升了公共交通的服务质量和效率，也为实现更加绿色、高效的城市交通体系做出了贡献。这种系统的核心在于利用高级数据分析技术优化公交车的调度和运营，从而提高整体的交通效率和乘客满意度。

公共交通智能调度系统的基础是高效的数据收集和处理能力。通过在公交车辆和站点安装传感器、GPS 和其他监控设备，系统能够实时收集关于车辆位置、速度、乘客流量和运行状态的数据。这些数据不仅提供了实时的运营信息，还可以用于长期的运营分析和优化。这些收集到的数据通过高级的分析算法进行处理，以优化公交车的路线和时刻表。例如，数据分析可以揭示特定路线上的高峰时段乘客流量、平均等待时间，以及乘客需求的季节性变化。基于这些分析，公交管理者可以调整公交车的运行频率、路线和停靠站点，以更好地满足乘客需求，减少等待时间，提高系统的整体效率。

智能调度系统能够在应对突发事件和非常规交通需求方面发挥作用。在遭遇特殊事件（如道路封闭、大型活动）导致的交通变化时，系统能够快速做出响应，重新调整公交车的路线和时刻表，以减少交通拥堵和乘客不便。智能调度系统还可通过集成移动应用和在线信息平台，向乘客提供实时的公交信息。这不仅提高了乘客的出行便利性，还鼓励了更多人选择公共交通作为出行方式，从而减少私家车使用，进一步缓解道路拥堵。

（二）实时信息共享平台的构建

实时信息共享平台通过整合多模式交通数据，为城市交通管理和乘客出行提供了一个强大的支持工具。此平台的核心目的在于整合多模式交通网络信息，提供实时、全面、准确的公共交通信息，以优化交通流动和提升乘客体验。实时信息共享平台的构建基于全面整合多种交通模式的数据。这包括公交、地铁、出租车、共享单车及其他公共交通方式的实时运行数据。平台通过高级数据处理技术，集成来自不同来源的数据，提供统一的信息服务。例如，乘客可以在一个应用程序中同时获得公交车和地铁的实时到站时间、拥堵情况和预计旅行时间。实时信息共享平台不仅有利于乘客规划行程，还对交通管理者提供支持。通过实时数据分析，交通管理部门能够及时洞察交通流动情况和潜在的拥堵点，据此调整交通信号、规划车辆运行等，从而有效减少拥堵和提高交通效率。实时信息共享平台还能够支持智能出行建议的提供。基于用户的出行习惯和需求，平台能够提供个性化的出行建议，如最快的路线选择、最佳换乘点，这不仅提升了乘客出行的便利性，也鼓励了公共交通的使用，进而降低了私家车使用带来的交通压力。

为了提升平台的实用性和用户体验，重要的是保证数据的实时性和准确性。这需要在交通网络各节点部署高效的数据采集设备，并确保数据传输的稳定性和速度。同时，用户界面设计应简洁易用，能够快速响应用户的查询需求。

（三）乘客体验的数字化提升

乘客体验的数字化提升是一个多方面、持续的过程。它不仅涉及技术的应用，更关乎对乘客需求的理解和响应。通过开发用户友好的应用和信息平台，积极收集和分析乘客反馈，以及基于数据驱动的服务改进，可以大幅提升乘客的出行体验，促进公共交通系统的整体效率和吸引力。

移动应用和信息平台的开发需要围绕乘客需求设计。这意味着应用和平台不仅要提供基础的出行信息，如时间表、路线规划、票价查询，还应包括实时交通更新、拥堵预警、延误通知等更加详细的信息。这些功能可以帮助乘客更好地规划出行，减少等待时间，提高出行效率。乘客体验的数字化提升不仅限于信息的提供，还包括对乘客反馈的积极响应。移动应用和信息平台可以集成反馈功能，允许乘客就服务质量、设施状况、应用体验等方面提出意见和建议。这些反馈是服务改进的宝贵资源，可以帮助运营方识别问题所在，优化服务流程，提高服务质量。

数据分析在乘客体验的提升中扮演着重要角色。通过分析收集到的乘客使用数据，运营方可以洞悉乘客的使用习惯和出行模式，据此调整服务。例如，数据分析可能揭示特定时段的高需求，运营方可以据此增加班次，减少拥堵。同时，通过对乘客满意度调查的数据分析，可以发现哪些方面的服务需要改进，以及哪些创新做法受到乘客欢迎。

八、应急交通管理与响应机制

（一）突发事件的交通影响评估

在城市交通管理中，应对突发事件和极端情况是一个极具挑战性的任务。突发事件的交通影响评估更是一个复杂的过程，涉及大量的数据收集、处理和分析。借助数字技术，特别是实时交通数据分析，可以有效构建应急情况下的交通流预测模型，从而提高应急响应的效率和准确性。

突发事件的交通影响评估依赖于精确的交通流预测模型。这种模型通过分析历史交通数据，结合当前交通情况，预测突发事件对交通流的影响。例如，在发生重大事故或自然灾害时，预测模型可以估计事故对周围道路的拥堵程度，预测交通流量的变化，从而为交通管制和救援行动提供数据支持。

实时交通数据的分析在应急响应中至关重要。通过部署传感器、摄像头和其他监控设备，可以实时捕捉道路交通状态，如车速、车流量和拥堵程度。这些实时数据，结合交通预测模型，能够帮助管理者迅速理解突发事件对交通的影响，从而做出及时的响应决策。数字技术还可以帮助评估不同应急响应策略的效果。例如，交通管理部门可以利用预测模型来评估不同疏散路线、交通管制措施的效果，选择最优方案。同时，实时交通数据分析还可以在应急情况下不断更新交通情况，为持续的应急响应提供支持。

（二）极端天气下的交通管理策略

极端天气条件对交通流的影响是一个重要且复杂的问题。利用数字技术在极端天气条件下制定和实施有效的交通管理策略，不仅可以提高道路的安全性和通行效率，还可以减少天气对交通流的负面影响，确保城市交通系统的顺畅运行。面对极端天气（如暴雨、暴雪、大雾），必须开发专门的交通管理解决方案。这些方案应基于对不同天气条件下交通流变化的深入理解。例如，通过分析历史天气数据和交通流量数据，可以预测不同天气条件下的交通状况，如路面滑、能见度低等因素如何影响交通流量和速度。极端天气下的交通导航和调整是关键。数字技术可以用于实时更新交通信息，如道路封闭、交通限制等，并通过智能导航系统提供给驾驶员。这不仅可以帮助驾驶员选择最佳路线，还可以减少交通拥堵和事故风险。此外，交通管理部门可以利用这些数据调整交通信号灯，优化交通流量分配，以适应极端天气下变化的道路条件。

极端天气下的交通管理还需要强调主动预警和公众教育。通过数字平台（如社交媒体、移动应用）发布天气预警和交通建议，可以增强公众的安全意识和应急准备。例如，提前告知驾驶员可能的道路结冰情况，建议减速行驶或避免非必要的出行。数字技术还可以帮助评估不同应对措施的效果，以持续改进交通管理策略。例如，通过分析极端天气期间的交通流量、事故发生率等数据，可以了解哪些措施最有效，从而为未来的策略提供参考。

（三）数字技术支持的应急响应体系

数字技术，特别是智能技术的应用，可以显著提升城市应急响应体系的效率和效果。建立一个高效的数字化应急响应指挥中心是关键。这样的中心应集成先进的通信技术、实时数据分析和可视化工具，以便在紧急情况下迅速做出决策。例如，使用大数据分析可以在短时间内评估突发事件对城市交通网络的影响，识别关键问题区域，并快速部署资源。

采用智能技术能够提升应急响应的速度和效率。例如，利用人工智能算法，可以预测和模拟交通流在不同应急情况下的变化，从而有效地规划和指挥交通。这包括对交通信号的快速调整，为紧急车辆提供优先通行，以及引导公共出行减少交通拥堵。

数字化应急响应体系也应强调与公众的沟通和协作。通过社交媒体、移动应用程序和其他数字平台，可以实时向公众传达重要信息，如紧急疏散路线、交通限制和安全提示。这种双向通信不仅帮助公众更好地应对紧急情况，也使得交通管理部门能够根据公众反馈及时调整应急措施。

数字技术还可以帮助应急响应团队进行事后分析和学习。通过收集和分析应急响应期间的数据，可以评估应急措施的效果，识别存在的问题和潜在改进点。这为未来更有效的应急响应提供了宝贵的经验和数据支持。

第六章　数字技术赋能城市交通
拥堵治理实现路径

　　在聚焦于数字技术在城市交通拥堵治理中的实际应用路径的基础上，本书将探索这些技术如何有效地整合入现有的交通系统中，以及它们在解决交通问题上的潜在作用。并深入分析数字技术在公共交通调度、车辆特征识别、交通流量预测，以及交叉路口疏导方面的应用，展示这些技术如何在现实场景中发挥重要作用。在公交车辆调度方面，本章将介绍调度模型的基本原理与架构，以及元启发式算法在公交调度中的应用。同时，还将探讨数据驱动方法如何改善调度效率，并通过实例研究展示这些理论在实际操作中的应用。在车辆特征识别方面，将深入研究多尺度对抗神经网络和其他技术在恶劣天气条件下识别车辆特征的能力。通过数据处理与分析，以及技术的效果评估与优化，本章将提供一种全面的视角来理解这些技术在实际交通系统中的应用。对于交通流量预测，本章将探讨图卷积神经网络和长短记忆神经网络在时间序列分析中的应用，以及这些技术在交通流量预测模型中的整合和仿真实验。在交叉路口疏导方面，将讨论强化学习神经网络的应用，以及如何构建智能疏导模型和进行仿真实验。章节最后还将关注车路协同研究，包括系统的设计与实施，区块链和边缘计算技术在智能交通系统中的作用。

第一节 数字技术赋能公交车辆调度

一、调度模型的基本原理与架构

（一）调度模型的组成元素

在数字技术赋能下，公交车辆调度模型的构成是一个复杂且多元化的过程，涉及各种不同的要素。核心目的是在满足公共交通需求的同时，提高效率和降低成本。这一模型是一个综合了车辆管理、路线规划、时间表优化、乘客需求分析，以及强大数据支持的系统。通过这种综合方法，可以大幅提升公共交通系统的效率，优化资源分配，并增强乘客的出行体验。

车辆管理是调度模型的基础。在这一阶段，每辆车的特性，如容量、速度和燃油效率，都被仔细考虑。为了提高运行效率和降低维护成本，车辆的分配和维护需要精心规划。同时，车辆的状态监测和维修安排也是确保公交系统可靠运行的关键因素。路线规划需要考虑城市的交通流量、道路条件，以及乘客的出行需求。这一阶段的挑战在于如何在繁忙的城市环境中设计出既高效又能满足乘客需求的路线。借助先进的算法和实时数据，路线规划能够灵活适应交通状况的变化，从而减少延误并提升服务质量。时间表的优化也是调度模型的重要组成部分。这不仅是一个简单的时间安排问题，而是需要根据实际交通流量和乘客需求来灵活调整。利用大数据分析，可以预测乘客流量的变化，从而使时间表既实用又高效。乘客需求的分析对于提供优质服务至关重要。理解乘客的出行模式和偏好，意味着调度模型能够更准确地预测并满足乘客的需求，实现资源的最优分配。

调度模型的成功实施依赖于强大的数据支持和用户友好的接口。通过实时监测和分析交通数据，模型可以迅速做出反应，以应对突发事件或交通拥堵。同时，提供给乘客的接口应简洁直观，使他们能够轻松获取信息，并通过反馈帮助进一步改进服务。

（二）调度模型设计

1. 模型假设

（1）交通环境正常，没有突发交通状况，并且天气状况良好。

（2）在对比的时段内，公交车辆发车间隔时间保持一致。

（3）公交车辆在启动和停止时的加速和减速过程所损失的时间忽略不计。

（4）所有乘客在到站后都可以顺利上车，无需等待下一辆公交车。

2. 符号说明

此处使用的符号如表 6-1 所示。

表 6-1　符号说明

符号	含义
m	班次（$m=1, 2, \cdots$）
k	站点（$k=1, 2, \cdots, n$）
i	时段（$i=1, 2, \cdots, 10$）
γ_k^i	第 i 时段已知线路上乘客从 k 站上车的上车率（人/min）
a_k^m	第 m 班次到达线路上 k 站点的时间
d_k^m	第 m 班次离开确定线路上 k 站点的时间；
P_k^m	第 m 车在区间 k 上的载客量
q_k^i	第 i 时段在固定线路上车辆 k 站的下车率（人/min）
$\overline{a}$	单位乘客的平均上车时间（min/人）
$\overline{b}$	单位乘客的平均下车时间（min/人）
v_1	将乘客站内等待时间成本转化为乘客出行费用的转换系数（元/（人·min））
v_2	将车辆行驶时间成本转化为乘客出行费用的转换系数（元/（人·min））
v_3	将公交车辆的时间成本转化为运营费用的转换系数（元/（人·min））
α	乘客成本的权重
β	运营公司成本的权重

3. 调度方法优化模型

（1）乘客等待时间总成本

$$C_{等} = v_1 \sum_{i=1}^{10} \sum_k \sum_m \gamma_k^i (a_k^m - a_k^{m-1} + \frac{\overline{a}}{2})$$

（2）乘客车内费用总成本

乘客的车内费用总和等于乘客车内时间和单位车内费用的乘积。分析可知，乘客的车内时间由乘客从第 $k-1$ 站到第 k 站（即区间 $k-1$）的车内时间 T、和车辆到达第 k 站时不下车的乘客必须在车上等待的车内时间 T_2 两部分组成，而 T_2 可取车辆第 k 站时乘客上、下车所耗时间的平均值。

$$T_1 = (a_k^m - d_{k-1}^m) P_{k-1}^m$$

$$T_2 = \frac{1}{2} \overline{a} \gamma_k^i (a_k^m - a_k^{m-1}) + \frac{1}{2} \overline{b} P_{k-1}^m q_k^i$$

$$C_{车内} = v_2 \sum_{i=1}^{10} \sum_k \sum_m [T_1 + T_2]$$

（3）公交费用的运营成本

$$C_{运营} = v_3 \sum_k \sum_m (a_k^m - a_{k-1}^m)$$

因此，结合上述模型，将得出研究的调度模型，如下所示

$$C_{总} = \alpha \times (C_{等} + C_{车内}) + \beta \times C_{运营}$$

因此需要求解 $\min C_{总}$ 模型，从而获得最优的方案。从上述公式可以发现，求解该模型是一个典型 NP 问题，因此采用元启发算法求解是一种良好的解决思路，元启发算法步骤如下。

步骤 A：根据公共车辆成本调度模型的要求，对相关的参数进行初始化。设定最大迭代次数，对算法等相关参数进行初始化，根据公共车辆成本调度模型的要求，将目标车辆函数作为具体算法中个体的适应度函数。

步骤 B：将 WOA 算法按照三种策略进行优化。

步骤 C：当前的迭代次数达到算法设定的最大迭代次数的时候，鲸鱼优化算法停止迭代，因此最优的个体就是最佳的车辆成本方案。

（三）调度策略与优化目标

数字技术赋能的公交车辆调度模型强调以乘客为中心的服务，通过科学的调度策略和精确的优化目标，实现了公共交通系统的高效运营和持续改进。调度策略的主要目的是确保交通资源的合理分配，同时提高服务质量，满足乘客需求。优化目标通常包括最小化等待时间、最大化车辆利用率、减少运营成本，以及提高乘客满意度等。

最小化等待时间是公交系统中最直观的优化目标之一。通过减少乘客在站点的等待时间，可以显著提升乘客体验。为此，需要通过高级的预测模型和实时数据分析来优化车辆的发车间隔。例如，使用长短期记忆网络等机器学习算法对乘客流量进行预测，根据预测结果调整车辆发车频率。最大化车辆利用率也是调度优化的重要目标。通过提高每辆公交车的载客量，可以减少运营成本并提高系统效率。这通常通过精确的路线规划和调度来实现。借助大数据分析，可以确定最繁忙的路线和时间段，然后调整车辆分配，以确保在高需求区域有足够的车辆运营。

减少运营成本是另一个关键目标。这不仅包括直接的运营成本，如燃料和维修费用，还包括间接成本，如交通拥堵所引起的时间延误。通过优化车辆调度和路线规划，可以有效减少车辆的空驶率和绕行，从而节省成本。提高乘客满意度也是公交车辆调度的主要目标之一。这包括提供准时的服务、确保舒适安全的乘车环境，以及提供准确的实时信息。为了达到这一目标，需要收集和分析乘客反馈，并结合交通数据来不断优化服务。

为了实现这些优化目标，调度策略需要依托于先进的技术，如大数据分析、人工智能、物联网和云计算等。这些技术不仅提供了必要的数据支持，还为动态调度和即时响应提供了可能。例如，利用物联网技术实时监测车辆和交通状况，再通过云计算平台进行数据处理和分析，从而做出更快速、更准确的调度决策。

（四）实时数据的集成与处理

实时数据的集成与处理是数字技术赋能公交车辆调度的核心组成部分这包括从各种来源收集数据、集成这些数据到一个统一的平台，并利用先进的算法和技术对数据进行处理和分析。这一过程旨在实现更优化的车辆分配、路线规划，以及响应时间的缩短，更好地满足乘客需求，实现智慧城市交通的愿景。

实时数据的集成涉及从多个数据源收集信息。这些数据源可能包括车辆的 GPS 追踪系统、乘客流量监测、交通状况监控，以及社交媒体和天气预报等。这些数据在集成过程中，需要经过清洗和标准化，以确保数据的准确性和一致性。数据集成的目的是形成一个全面的实时视图，反映当前的交通状况、车辆运行状态和乘客需求。实时数据的处理是一项复杂的任务，需要应用多种技术和算法。例如，机器学习和人工智能技术可以用来分析乘客流量模式和预测未来需求。这些技术通过历史数据学习并持续优化模型，以预测特定时间和路线上的乘客需求。此外，数据分析工具可以用来识别交通热点、分析延误原因，并提供路线优化建议。实时数据的处理还需要强大的计算能力和高级的分析平台。通过云计算和边缘计算技术，可以实现数据的高速处理和分析，从而快速响应交通变化和乘客需求。这些计算平台能够支持复杂的数据分析任务，并提供可视化工具，帮助决策者更好地理解数据并做出明智的决策。实时数据的有效处理还包括将分析结果反馈到调度系统中。这意味着基于实时数据分析的结果，系统能够动态调整车辆分配、发车频率和路线规划。例如，如果数据显示某条路线的乘客需求增加，调度系统可以快速增加该路线的车辆投放，减少乘客的等待时间。

二、元启发算法在公交调度中的应用

（一）算法选择与适用性分析

为了解决公共交通车辆调度的复杂性和动态性问题，元启发算法提供了一种有效的解决策略。元启发算法是一类基于启发式的优化算法，其目标是在可能的最优解空间中进行搜索，以找到满足特定条件或接近最优的解决方案。元启发算法的基本构成包括解空间的表示、初始解的生成、目标函数的定义、搜索空间的探索和开发策略，以及收敛条件。这些算法通常通过迭代过程对候选解进行改进，以达到预定的优化目标。

评估不同元启发式算法时，通常关注其搜索能力、计算效率、易于实现和调整，以及在面对不同规模和复杂性问题时的灵活性和鲁棒性。在公交车辆调度问题中，这些特性显得尤为重要，因为调度问题往往要求算法能够快速响应实时变化，并提供可行的调度策略。

遗传算法、模拟退火、禁忌搜索、粒子群优化和鲸鱼优化算法是几种常用的元启发算法。遗传算法模拟生物进化过程中的选择、交叉和变异机制，适用于解决复杂的组合优化问题。其优势在于良好的全局搜索能力和并行处理能力，但其缺点是可能需要较长的计算时间，并且参数调整较为复杂。模拟退火算法模仿物理退火过程，通过逐步降低"温度"来避免解的早熟收敛。它在单解空间的搜索中表现出色，但在面对大规模问题时，可能会陷入局部最优。禁忌搜索通过维护一个禁忌表来避免重复搜索，它在局部搜索中表现出强大的开发能力，适合解决那些需要精细搜索的调度问题。不过，禁忌表的管理可能会增加算法的复杂性。粒子群优化算法模拟鸟群的集体行为，通过粒子间的信息共享来引导搜索过程。这种算法在处理连续优化问题时表现良好，但可能需要调整以适应离散的调度问题。鲸鱼优化算法是近年来备受关注的一种元启发式算法。它的灵感来源于鲸鱼在海洋中的捕食行为。鲸鱼优化算法通过模拟鲸鱼的捕食过程，包括包围捕食、气泡攻击和寻觅食物三个阶段，来实现高效的优化搜索。通过这些阶段的操作，鲸鱼优化算法能够有效地找到问题的最优解。

在公交车辆调度中，这些元启发式算法可以应用于车辆的路线规划、发车间隔的确定、车辆分配，以及应对突发事件的调整等。算法的选择通常基于问题的具体需求、解空间的结构和可用的计算资源。因此，在应用这些算法之前，必须对调度问题进行详细的分析，以确保所选算法能够满足调度问题的实时性、准确性和可操作性的需求。

（二）算法实现与性能评估

元启发算法在公交车辆调度中的实现和性能评估是一个全面而复杂的过程，它要求算法不仅要在理论上具有优越性，而且还要在实际应用中表现出高效性和可行性。因此，算法的设计者和研究者需要与公交系统的运营者紧密合作，以确保算法能够解决实际问题，并为公共交通系统的运营和管理带来实际的改进和优化。在实现元启发算法时，必须考虑算法的编码方式、初始化方法、搜索策略和停止准则等方面。这些算法的实现旨在发现最优或近似最优的调度方案，以应对实时变化的交通状况和提高公交系统的整体性能。

算法的性能评估通常涉及多个维度，包括解的质量、计算时间、算法稳定性和收敛速度等。解的质量是指找到的调度方案在减少等待时间、提高车辆使用效率和降低运营成本等方面的表现。计算时间反映了算法从启动到找到解决方案所需的时间长度。算法稳定性描述了算法在多次运行中解质量的一致性，而收敛速度则表明算法达到稳定解所需迭代次数的快慢。评估元启发算法的性能，不仅需要对算法进行定量分析，还要在实际的公交系统环境中进行实证测试。例如，在实际的公交系统中，可以通过模拟不同的交通状况、乘客需求和车辆条件来测试算法的适应性和鲁棒性。同时，通过与其他算法或传统的调度方法进行比较，可以更全面地评价新算法的优势和局限性。算法性能的评估还应当考虑实际应用中的可操作性。例如，算法在求解过程中对硬件资源的需求、算法参数的调整难易程度，以及算法输出的解决方案是否易于理解和执行。在公共交通车辆调度的背景下，这些因素尤其重要，因为它们直接影响到算法是否能被实际采纳以及其在实际操作中的有效性。

下面以鲸鱼优化算法为例，设计一个完整的程序实现。鲸鱼优化算法通常用于解决连续函数优化问题，但也可以通过适当的改编用于离散优化问题，如公共交通车辆的调度。

以下是鲸鱼优化算法解决公交车辆调度问题的伪代码示例。

```plaintext
1. 初始化鲸鱼群体(解决方案)
2. 计算每个解决方案的适应度
3. 确定最佳解决方案
4. while (未达到最大迭代次数):
        for 每个鲸鱼 in 鲸鱼群体:
            if (p < 0.5):
                if (|A| < 1):
                        更新位置靠近当前最佳解决方案
                else:
                        选择随机鲸鱼并更新位置
            else:
                    更新位置模拟捕食行为
            计算每个解决方案的适应度
            更新最佳解决方案
            if (找到更好的解决方案):
                更新最佳解决方案
            减少 A, L, C 参数使算法逐渐收敛
5. 输出最佳解决方案
```

设计一个完整的鲸鱼优化算法程序实现来处理特定问题，例如公交车辆调度，需要确定问题的目标函数、约束条件、参数设置和算法步骤。下面是使用 Python 语言实现公交车辆调度的简化案例。

起初需要定义公交车辆调度问题的目标函数，假设目标是最小化所有乘客的总等待时间。约束条件可能包括车辆的数量、每个车辆的最大承载量、路线和车站等。

以下是基于 Python 的简化鲸鱼优化算法示例。

```python
import numpy as np

# Objective function: Total waiting time of all passengers
def objective_function(bus_schedule):
    # This is a placeholder for the actual objective function.
    # It should calculate the total waiting time of passengers based on the bus schedule.
```

```
    total_waiting_time = np.sum(bus_schedule)   # Simplified example
    return total_waiting_time


# Whale Optimization Algorithm parameters
num_whales = 30   # Number of search agents
num_iterations = 100   # Number of iterations
dim = 10   # Dimension of the problem (number of buses or bus trips to schedule)
a_decreasing = np.linspace(2, 0, num_iterations)   # 'a' parameter decreases linearly from 2 to
0


# Initialize the positions of search agents
whale_positions = np.random.uniform(low=0, high=1, size=(num_whales, dim))


# Initialize the leader (the best solution)
leader_position = np.zeros(dim)
leader_score = float('inf')   # Initialize with a very high value


# Optimization loop
for iteration in range(num_iterations):
    for i in range(num_whales):
        # Calculate the fitness of the current agent
        fitness = objective_function(whale_positions[i, :])

        # Update the leader if the current solution is better
        if fitness < leader_score:
            leader_score = fitness
            leader_position = np.copy(whale_positions[i, :])

        # Update the position of the current search agent
        a = a_decreasing[iteration]
        r = np.random.rand()   # Random number in [0, 1]
        A = 2 * a * r - a   # Equation (2.3) in the WOA paper
        C = 2 * r   # Equation (2.4) in the WOA paper
        b = 1   # Defines the shape of the spiral
        l = np.random.uniform(-1, 1)   # Random number in [-1, 1]
        p = np.random.rand()   # Random number in [0, 1]

        for d in range(dim):
            if p < 0.5:
```

```
            if np.abs(A) < 1:
                    # Shrinking encircling mechanism
                    D = np.abs(C * leader_position[d] - whale_positions[i, d])
                    whale_positions[i, d] = leader_position[d] - A * D
            else:
                    # Spiral-shaped path towards the leader
                    D = np.abs(leader_position[d] - whale_positions[i, d])
                    whale_positions[i, d] = D * np.exp(b * l) * np.cos(2 * np.pi * l) +
leader_position[d]
        else:
                    # Search for prey (exploration)
                    random_whale = np.random.randint(0, num_whales)
                    D = np.abs(C * whale_positions[random_whale, d] - whale_positions[i, d])
                    whale_positions[i, d] = whale_positions[random_whale, d] - A * D

# Output the final solution
print("Best solution found by WOA:", leader_position)
    print("Total waiting time of passengers:", leader_score)
```

请注意，上面的代码是一个简化例子，仅为了说明鲸鱼优化算法的基本结构。实际的公交车辆调度问题需要一个详细的目标函数，考虑各种实际的约束和参数。上述代码中的 objective_function 需要替换为具体计算公交车辆调度总等待时间的函数。此外，实际实现中还需加入各种运输和运营约束，如车辆容量、发车间隔、乘客到达率。

（三）算法的实际应用

元启发算法在公交车辆调度中的应用是近年来智能交通系统领域的一项重要研究。这些算法因其在处理复杂、多变量和多目标优化问题上的有效性而受到青睐。在城市公共交通系统中，调度问题涉及如何优化车辆在路线上的分配以满足旅客需求、减少等待时间、提高车辆使用率并降低运营成本。元启发式算法通过模拟自然界的现象或生物行为来探索解决方案的搜索空间，从而找到近似全局最优的解。

在实际的公交车辆调度问题中，诸如遗传算法（GA）、粒子群优化（PSO）、

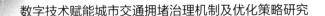

蚁群优化（ACO）和鲸鱼优化算法（WOA）等元启发算法已被成功应用。例如，GA 可以通过模拟自然选择和遗传原理来调整车辆发车间隔，ACO 则通过模拟蚂蚁寻找食物的路径选择行为来优化公交线路网络。PSO 和 WOA 则通过模拟鸟群和鲸鱼群体的社会行为来寻找最优解。一个具体的案例研究是在一个大型城市公交网络中使用 WOA 来最小化车辆的总空驶里程和乘客的平均等待时间。在该研究中，公交车辆调度被转化为一个多目标优化问题，每个解决方案代表了一种可能的车辆分配和发车时间表。WOA 被用来寻找这个问题的最优解，考虑车辆的实际运行时间、乘客的上下车时间，以及公交车站的运营时间等多种因素。研究表明，通过 WOA 的应用，与传统的调度方法相比，公交车辆的总空驶里程减少了约 10%，乘客的平均等待时间也显著降低。此外，WOA 提供的调度方案还能够适应突发的交通需求变化，如节假日人流量增多或紧急情况导致的路线调整。

WOA 在公交车辆调度中的成功应用展示了元启发式算法在实际问题中的有效性和灵活性。这类算法的实施通常需要大量的实时交通数据，例如，乘客流量、车辆位置和交通状态信息，这些数据通过各种传感器和跟踪设备收集，并通过先进的数据处理系统进行分析。

三、调度模型的数据驱动方法

（一）数据获取与预处理

在公交车辆调度的数字化转型中，数据获取与预处理是构建高效调度模型的基础。为了实现数据驱动的调度策略，必须准确地捕获和清洗各种交通数据。这一过程涉及多个步骤，包括数据的收集、验证、清洗和转换，以确保数据质量并使其适用于后续的分析和模型构建。数据获取通常涉及多个来源，如公交车上的 GPS 设备、票务系统、视频监控、乘客流量统计，以及社交媒体和移动应用。这些来源提供了关于公交车辆位置、速度、乘客上下车数量、运行时间、交通状况和乘客行为等关键信息。有效的数据获取策略必须能够兼容各种数据格式，并能实时或定期从这些源头获取数据。

数据预处理的首要任务是验证数据的准确性和完整性，排除任何错误或异常值。例如，GPS 数据可能因为信号问题而不准确，票务数据可能因为设备故障而有遗漏。这些问题需要通过算法和人工检查相结合的方式来解决。数据清洗则涉及填补缺失值、平滑噪音数据，以及统一不同来源和格式的数据。此外，预处理还需要进行数据转换，如将时间戳转换为统一的格式，或将非结构化的文本数据转换为可用于分析的结构化数据。

为了进一步提升数据的质量和可用性，还需要进行特征工程，识别和构建那些对于调度决策最有影响力的特征。这可能包括从原始数据中提取新的信息，例如，通过分析车辆运行轨迹来计算平均速度和延误时间。

在数据预处理完成之后，可以利用统计分析和可视化工具来探索数据，以识别潜在的模式和趋势，这对于构建和验证调度模型至关重要。例如，通过分析不同时间段的乘客流量数据，可以预测高峰时段的乘客需求，并据此调整车辆发车频率。这些经过预处理的数据将成为建立和训练机器学习模型的基础，以实现更精细和自动化的公交车辆调度。在实践中，这意味着公交系统可以更灵活地响应实时交通状况变化，提高运营效率，改善乘客体验。通过这种方式，数据获取与预处理为智能化公交车辆调度奠定了坚实的数据基础。

（二）数据分析与模式识别

在数字技术赋能的公交车辆调度体系中，数据分析与模式识别技术的运用对于揭示交通流动性的内在规律、优化调度策略，以及预测未来的交通状况至关重要。这些技术能够通过分析历史和实时交通数据，识别出交通流量的变化模式、乘客的出行偏好，以及不同时间和天气条件下的交通特性。

数据分析涉及对收集的大量数据进行系统性的统计分析，以识别出关键的交通指标，如平均行驶速度、乘客等待时间、车辆间隔时间和满载率等。这些指标为理解当前的交通状况提供了量化的基础，并能够为调度决策提供

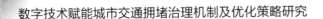

支持。此外，通过趋势分析，可以揭示不同时间段内公交车辆和乘客流量的周期性变化规律，从而更好地进行车辆调度规划。模式识别则是利用算法从数据中自动地识别出有意义的模式或关系。在公交车辆调度中，模式识别可以帮助识别出典型的出行模式、交通瓶颈和拥堵点。例如，聚类分析可以将乘客根据出行行为分为不同的群体，而关联规则分析可以发现不同站点间的乘客流动规律。这些模式一旦被识别，就能够为公交调度提供更加个性化和精准的服务。机器学习技术如决策树、支持向量机和神经网络等可以用于构建更复杂的模式识别模型。这些模型能够处理更高维度的数据，并且能够学习数据中的非线性关系和隐含的复杂结构。例如，利用神经网络可以预测在特定条件下，特定路线的乘客流量变化，从而指导车辆的动态调度。在实际应用中，数据分析与模式识别不仅能够提升调度效率，还能够增加公交系统对于突发事件的响应能力。如在大型活动或突发公共事件发生时，模式识别可以快速识别出可能导致交通拥堵的模式，并且及时调整车辆运行策略，避免或缓解交通压力。

（三）数据驱动决策的挑战与机遇

随着数字技术的发展，公共交通的数据驱动决策模式正在替代传统的经验主义管理，这一转变无疑为城市交通管理带来了前所未有的效率提升和成本节约。然而，这种模式的实施面临一定的挑战，同时也蕴含着巨大的发展潜力。从挑战的角度来看，高质量和完整性的数据是确保精确决策的基础。在公共交通系统中，数据通常来源于广泛且复杂的网络，包括车辆传感器、GPS 追踪、乘客反馈，以及实时监控系统。任何一个环节的失误都可能导致决策失误。数据的安全性和隐私保护问题也同样重要。随着个人数据量的激增，如何在提升服务的同时确保用户信息安全，成为了城市交通管理者必须面对的难题。同时，技术和专业人才的短缺也限制了数据驱动决策模式的普及。专业的数据科学家和先进的分析工具是进行有效数据处理的必要条件，而这些资源在很多地区仍然匮乏。而从机遇的视角来看，数据驱动的决策模式对于优化城市交通流、缓解交通拥堵和提升乘客体验都有巨大的贡献。通过对交通数据的深入分析，管理者不仅能够实时响应交通状况，而且能够预测未来的交通模式，从而提前规划和调整交通策略。更进一步，通过数据驱动的决策支持，可以实现更加个性化的乘客服务，比如根据乘客的习惯和需求提供定制化的旅行计划，从而提升公共交通系统的吸引力和竞争力。

四、实例研究

（一）案例描述与背景

此案例发生在一个中等规模的城市，该城市拥有相对成熟的公共交通系统，但随着城市人口和交通需求的增长，公交系统面临着越来越多的挑战，主要体现在车辆拥堵、班次不足和乘客满意度下降。

案例的主要背景：在城市快速发展和居民对于公交服务需求日益增长的情况下，传统的公交车辆调度方法已无法满足效率和效果的双重需求。原有的公交车辆调度主要基于历史数据和经验，缺乏灵活性和预见性，导致在高峰时段车辆过于集中，而在非高峰时段又显得相对空闲，这种不均衡的调度方式不仅降低了运输效率，也增加了运营成本。此外，城市道路的交通压力和不断变化的交通模式要求公交系统能够更加智能和敏捷地响应实时交通状况。面对这些挑战，该城市的交通管理部门决定引入数字技术，通过建立一个基于数据驱动的智能公交车辆调度系统来优化公交服务。该系统的核心是集成实时数据收集（如车辆 GPS 信号、乘客流量监测、实时交通状况）和先进的数据分析技术（如机器学习、预测建模）。通过这种方式，系统能够实时监控公交车辆的运行状况，预测乘客需求和交通流量变化，从而做出更加精准和高效的调度决策。

此案例的研究意义在于它不仅能够为公交系统带来更高的运营效率和更好的乘客体验，而且还能够提供有价值的数据和见解，以支持城市交通规划和政策制定。通过实施这一系统，城市交通管理者能够更好地理解和应对城市交通的复杂性，同时也为公共交通的可持续发展提供了新的思路和方案。

（二）解决方案与实施过程

在考虑城市公交车辆调度优化的案例中，采用一种综合性的解决方案，这一方案是在对当前交通状况和公交系统性能的深入分析基础上制定的。这个方案的实施过程涉及了从数据集成到系统部署的多个环节，并在全过程中注重实时数据的应用和持续的系统优化。

在数据集成阶段，重点关注从公交车辆的 GPS 信号到乘客流量监测系统的多源数据集成。这一步骤是为了确保在进行调度决策时拥有全面和准确的信息。通过集成和分析这些数据，能够更好地理解城市交通流动的模式和公交车辆的运行状况。利用先进的数据分析技术和机器学习模型来开发预测模型。这些模型能够有效预测公交车辆需求的变化和交通流量的趋势。这种预测能力对于制定有效的调度计划至关重要。

在智能调度系统的构建中，采用自动化和智能化的方法，根据实时数据和预测结果优化公交车辆的运行时间表和路线安排。这一系统的设计旨在提高公交服务的效率，同时降低城市交通拥堵。在实施过程中，在城市的特定区域实施了试点项目，以测试系统的效果和可行性。通过这一试点实施，能够收集宝贵的实际运行数据和用户反馈，为后续的全市推广提供了重要的依据。在系统全面部署后，继续对其性能进行监控，并根据收集到的数据不断优化调度算法和流程。此外，还建立了有效的反馈机制，以收集乘客和公交司机的意见和建议，确保系统能够持续改进和优化。

（三）效果评估与教训总结

在本次数字技术赋能公交车辆调度的实例研究中，对于所实施的智能调度系统进行了全面的效果评估，以确保从中提炼出有价值的经验和教训。这一评估过程不仅涵盖了系统性能的量化分析，还包括了用户满意度的考量和系统稳定性的检验。从量化性能角度来看，智能调度系统在减少公交车辆的等待时间和提高整体运行效率方面取得了显著成效。具体而言，数据显示公交车辆的平均运行间隔时间缩短，同时乘客等待时间也得到了显著降低。通过优化路线和调度计划，公交车辆的覆盖范围和服务质量也得到了提升，这直接反映在乘客使用率的增加上。用户满意度调查结果显示，大多数乘客对智能调度系统的实施表示满意。乘客特别赞赏减少的等待时间和更加准时的公交服务。同时，公交司机对于新系统的反馈也普遍积极，他们认为新系统有助于减轻工作压力，并提高了工作效率。

在实施过程中也遇到了一些挑战。例如，初期的技术适应问题和系统稳定性的问题在一定程度上影响了服务的连续性。另外，由于依赖于大量实时数据，系统在数据传输和处理方面的要求较高，这在网络不稳定的情况下可能导致服务中断。从这些经验和教训中，得到了几个关键的启示。一是系统的持续优化和维护是保证长期性能稳定的关键。二是用户的接受度和适应性是成功实施智能调度系统的重要因素，因此在设计和部署过程中需要考虑用户的需求和反馈。同时，确保数据的准确性和传输的稳定性对于智能调度系统的有效运行至关重要。

第二节　数字技术赋能的车辆特征识别

一、多尺度对抗神经网络在车辆识别中的应用

（一）工作原理

多尺度对抗神经网络（GAN）的核心工作原理是基于两个相互竞争的网络：生成器和判别器。在车辆识别的场景中，这种结构特别有效，因为它能够生成高度逼真的车辆图像，并通过判别器的训练提高识别的准确性。生成

器的目标是创建尽可能真实的车辆图像，以至于判别器无法区分真实图像和生成图像。生成器通过学习车辆的各种特征（如车型、颜色、形状）和环境条件（如天气、光照、背景）来提高生成图像的真实性。在多尺度 GAN 中，生成器通常会在不同的分辨率层次上工作，以捕捉从细节到全局的各种车辆特征。判别器的角色是区分输入的图像是否为真实图像。它通过分析图像的特征和细节，试图找出生成图像的不足之处。在训练过程中，判别器不断学习如何更好地识别生成器产生的图像，从而迫使生成器生成更加逼真的图像。

多尺度 GAN 的一个关键特点是其能够在不同的尺度上处理和生成图像。这意味着系统能够同时关注图像的全局结构和局部细节，从而提高识别的准确性。例如，在车辆识别的应用中，多尺度 GAN 不仅能识别车辆的整体形状，还能注意到车轮、车窗等局部特征。

在恶劣天气条件下，多尺度 GAN 显示出了特别的优势。它能够通过学习大量在不同天气条件下的车辆图像，理解如何在雨、雾、雪等环境下识别车辆。这种能力对于提升车辆特征识别系统在实际应用中的可靠性和鲁棒性至关重要。

通过对抗过程中不断的迭代和优化，GAN 能够生成高度真实的图像，同时提高系统在复杂和挑战性环境下的识别能力，为车辆识别技术的进步提供了新的可能性。

（二）技术实施

多尺度特征在车辆识别中的应用涉及一系列复杂而精细的技术实施步骤，这些步骤共同构成了一个全面而有效的车辆识别系统。在使用多尺度对抗神经网络进行车辆识别的过程中，技术实施的关键在于如何有效地提取和利用车辆的多尺度特征。

1. 数据的采集和预处理是技术实施的基础。在这一阶段，需要收集大量的车辆图像数据，这些数据应涵盖各种不同的车辆类型、颜色、形状，以及不同的环境条件（如不同的天气、光照和背景）。数据预处理包括图像的清洗、标准化和增强，以确保输入到网络的数据质量和一致性。

2. 多尺度特征的提取。在多尺度 GAN 中，生成器会在不同的分辨率层次上产生车辆图像，这允许系统同时关注车辆的全局特征和局部细节。这种多尺度特征提取方法能够有效捕捉车辆的整体轮廓、车窗、车轮等重要特征，从而提高识别的准确性和可靠性。

3. 对抗训练的过程。在这一过程中，生成器和判别器将进行多轮的训练。生成器试图产生尽可能逼真的车辆图像，而判别器则努力区分真实图像和生成图像。这个对抗过程促使生成器不断改进，以生成更高质量的车辆图像。

4. 模型的调优和验证。模型的参数需要根据特定的车辆识别任务进行调整和优化。同时，需要在不同的数据集上对模型进行验证，以确保其在各种实际应用场景中的鲁棒性和准确性。

5. 技术的实际应用。将训练好的模型部署到车辆识别系统中，它可以用于实时车辆监控、自动车牌识别、交通流量分析等多种应用。在实际应用中，系统的性能需要进行持续监测和评估，以便及时发现并解决可能出现的问题。

（三）多尺度轻量级对抗网络架构与仿真实验

1. 多尺度轻量级对抗网络架构

此处提出一种基于多尺度轻量级对抗网络的车辆特别识别模型，其整体构架如图 6-1 所示。

基于多尺度轻量级残差网络的（The population statistical model based on the multi scale lightweight Residual network，MS-LResNet）。从图 6-1 可知，MS-LAN 从结构上包括多尺度卷积神经网络（CNN）层，Mobilenet V3 层，backbone 层，池化层等构成的编码网络结构，其对应的解码网络结构，以及由 ResNet-50 构成的残差网络组成，整个网络的参数则通过郊狼优化参数搜索法进行调参。

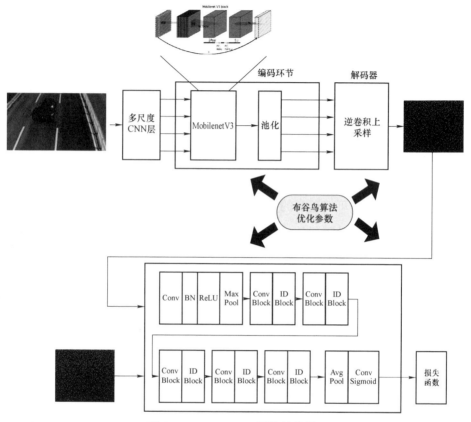

图 6-1　MS-LResNet 网络结构图

（1）多尺度 CNN 层与 Mobilenet V3 层的结合

由于场景复杂、视角远近，图像中的车辆大小会不一样。传统的 CNN 特征提取过程对较远处的车辆统计将产生较大的误差。因此，需要通过不同大小的缩放比例对图像的不同区域进行处理。但是多个不同大小的 CNN 网络将增加网络处理的复杂度，在本课题中使用 Mobilenet V3 轻量级网络来替代传统的 CNN 网络，从而实现一种轻量级的多尺度网络模型，其结构如图 6-2 所示。

在 Mobilenet V3 模型中，区别于传统的 swish 激活函数，其采用了 h-swish 激活函数代替 swish 函数，减少运算量，提高性能。h-swish 激活函数的表达式如下所示：

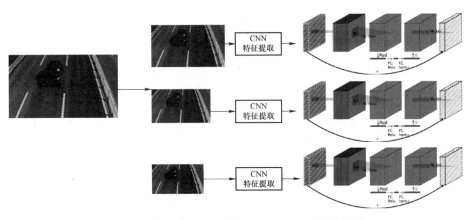

图 6-2　多尺度 CNN 层与 Mobilenet V3 层结构图

$$h-\text{swish}\,[x]=x\frac{\text{Re}LU6\,(x+3)}{6} \tag{1}$$

在 Mobilenet V3 模型中，具有线性瓶颈的逆残差结构，可以处理不同尺度下的 CNN 特征信息。

（2）基于 ResNet-50 残差网络的分块判别器模型设计

在 MS-LResNet 中，将真实的车辆图像数据与通过深度学习网络解码器的输出车辆图像进行对比判决，通过判决器输出 1 或者 –1。在判决过程中，采用 ResNet-50 网络，可以有效解决深度学习过程中网络退化问题。但由于车辆特征可能不够明显的时候，直接通过整体的判决不利于高精度的判决。因此，这里采用一种分块判决的方式进行判决，其判决流程如图 6-3 所示。

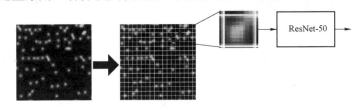

图 6-3　基于 ResNet-50 残差网络的分块判别器结构图

从图 6-3 中可知，通过分块局部判决的方式，可以有效对每一个网格中的图像区域进行判决，如果是人员，则输出 1，如果不是人员则输出 –1。假设输入图像大小为 R*C，分块大小为 N*N，那么在训练过程中，定义损失函数如下：

$$LOSS = \frac{N^2}{R \times C} \sum_{i=1}^{R/N} \sum_{j=1}^{C/N} \left\| G(x_{ij}, \theta) - Y_{ij} \right\| \qquad (2)$$

公式（2）表示为在当前训练参数 θ 条件下，由网络解码器输出的人群密度估计图 x_{ij} 与实际真实的人群密度图 Y_{ij} 各个块之间的平均误差值作为网络训练损失函数，显然，当损失函数 LOSS 越接近零，则说明车辆特征检测的精度越高。

（3）通过布谷鸟算法优化参数搜索法进行网络调参

复杂的深度学习网络其训练性能受到多个参数的影响，如学习率、卷积核大小、卷积深度，以及网络的局部结构。通过鸟群优化搜索算法获得最优的网络训练参数。将参与优化的网络参数构成待优化向量 X，X 作为网络模型 MSLResNet 的输入变量，将网络模型 MSLResNet 的训练误差作为输出，通过图 4 的郊狼优化过程的迭代获得最优的网络参数向量 X，使得网络模型 MSLResNet 训练误差达到最小值。

2. 改进的鸟群算法

（1）基本鸟群算法

鸟群算法是一种启发式优化算法，它受到鸟群觅食行为的启发。这个算法通常被称为粒子群优化（PSO）算法。PSO 算法是由 James Kennedy 和 Russell Eberhart 于 1995 年提出的。PSO 算法的核心思想是通过模拟鸟群或鱼群的社会行为来解决优化问题。在这个算法中，每个"粒子"（可以想象成鸟）代表解空间中的一个可能解。这些粒子在解空间中移动，根据自己的经验和其他粒子的经验来调整自己的位置，即每个粒子都具有一个速度来决定其移动的方向和距离。

Xian-Bing Meng 根据鸟群的行为特点，在鸟群算法中分为觅食行为、警戒行为和飞行行为三个方面组成。因此，在此处设定鸟群算法的种群规模为 N，搜索空间为 D 维，因此第 i 只鸟（$i \in [1, 2, \cdots, N]$）个体在第 D 维空间中的位置表示为 $X_i = (X_i^1, X_i^2, \cdots, X_i^D)$。

① 觅食行为

每只鸟在觅食的时候借助自身和整个种群的经验进行觅食，个体位置更新如下

$$x_{i,j}^{t+1} = x_{i,j}^t + (p_{i,j} - x_{i,j}^t) \times C \times rand + (g_j - x_{i,j}^t) \times S \times rand \qquad （3）$$

式中，$x_{i,j}^{t+1}$ 和 $x_{i,j}^t$ 分别表示第 i 只鸟在第 j 维中的 $t+1$ 次和 t 次迭代中个体所在的位置，$rand$ 表示（0，1）之间的随机数，C 和 S 分别为感知系数和社会驾驶系数，$p_{i,j}$ 表示第 i 只鸟在第 j 维中的最佳位置，g_j 表示整个群体在第 j 维中最佳位置。

② 警戒行为

在飞行过程中，每一个鸟个体都在试图向整个种群的中心进行移动，在移动的过程中就会不可避免地产生个体之间的竞争关系和阻碍关系，因此对于这种行为，设定为警戒行为，在该行为下的个体位置更新公式如下：

$$x_{i,j}^{t+1} = x_{i,j}^t + A_1 \times (mean_j - x_{i,j}^t) \times rand + A_2 \times (p_{k,j} - x_{i,j}^t) \times rand \qquad （4）$$

$$A_1 = a_1 \times \exp\left(-\frac{pFit_i}{sumFit + \varepsilon} \times N\right) \qquad （5）$$

$$A_2 = a_2 \times \exp\left[\left(\frac{pFit_i - pFit_k}{|pFit_k - pFit_i| + \varepsilon}\right)\frac{N \times pFit_k}{sumFit + \varepsilon}\right] \qquad （6）$$

式中，$mean_j$ 表示在第 j 维中的平均位置，$p_{k,j}$ 表示第 k 只鸟在第 j 维中的位置，k 为 $[1, N]$ 之间的随机正整数且 $k \neq i$. a_1 和 a_2 为 $[0, 2]$ 之间的常数，$pFit_i$ 和 $pFit_k$ 分别表示第 i 只鸟和第 k 只鸟的最佳适应度值，$sumFit$ 表示整个种群的最佳适应值总和，ε 为分母避免为 0 的一个很小的常量。A_1 表示鸟个体涌向群体中心移动的时候由周围环境引起的间接影响，A_2 表示鸟个体向种群中心移动的时候受到来自特定的干扰引起的直接影响。当个体 k 适应度优于第 i 个个体的适应度值，这说明第 i 个个体遭受了比第 k 个体更大的干扰，因此个体 k 也可能向着种群中心移动。

③ 飞行行为

鸟群在飞行过程中，由于受到来自外界的掠食或者其他的干扰而会飞行

到其他地方，当再次寻找食物的时候，一些鸟个体扮演生产者的身份寻找食物，而另外一些鸟个体可能会扮演乞食者的身份跟随生产者。因此生成者和乞食者分别定义如下

$$x_{i,j}^{t+1} = x_{i,j}^{t} + randn(0,1) \times x_{i,j}^{t} \tag{7}$$

$$x_{i,j}^{t+1} = x_{i,j}^{t} + (x_{k,j}^{t} - x_{i,j}^{t}) \times FL \times rand \tag{8}$$

在式（7）中，根据鸟群飞行行为的特点，采用了高斯分布进行表达，即 $randn(0,1)$ 表示均值为 0，标准偏差为 1 的高斯分布，$k \in [1,N]$，且 $C k \neq i$，在式（8）中，FL 表示鸟个体扮演乞食者的身份的设定值，并且 $FL \in (0,2]$，同时设定鸟群飞到其他地方的频率为 $rand$。

使用鸟群算法（粒子群优化算法）进行车辆特征识别的程序设计可以分为几个主要步骤。创建一个简化的示例来说明如何使用 PSO 算法来优化车辆特征识别系统中的参数。假设目标是调整一组参数，以最大化车辆特征识别系统的准确性。

定义问题：在车辆特征识别中，可能需要优化的参数包括图像处理阈值、特征提取方法的参数等。假设有两个参数需要优化。

初始化粒子群：在 PSO 中，每个粒子代表问题空间中的一个潜在解决方案。在本例中，每个粒子将代表一组可能的参数值。

定义适应度函数：适应度函数用于评估每个粒子的表现。在车辆特征识别的案例中，这可以识别准确率。

更新粒子的位置和速度：根据个体和群体的经验，更新每个粒子的速度和位置。

评估和更新极值：计算每个粒子的适应度，更新个体和群体极值。

迭代：重复更新粒子位置和速度，直到达到最大迭代次数或满足其他停止条件。

下面是用 Python 实现的粒子群优化算法的一个简化示例，用于优化车辆特征识别系统中的两个参数。

```
import random
import numpy as np

# 定义粒子
class Particle:
    def __init__(self, bounds):
        self.position = np.array([random.uniform(bound[0], bound[1]) for bound in
bounds])
        self.velocity = np.array([0.0 for _ in bounds])
        self.best_position = np.copy(self.position)
        self.best_score = -float('inf')

# 适应度函数（假设为车辆识别准确率的函数）
def fitness_function(position):
    # 这里应该是车辆特征识别算法的实现，返回识别准确率
    # 为了示例，这里使用一个模拟的准确率函数
    return -sum((position - 0.5)**2)

# PSO 算法
def particle_swarm_optimization(num_particles, bounds, num_iterations):
    particles = [Particle(bounds) for _ in range(num_particles)]
    global_best_position = None
    global_best_score = -float('inf')

    for iteration in range(num_iterations):
        for particle in particles:
            score = fitness_function(particle.position)

            if score > particle.best_score:
                particle.best_score = score
                particle.best_position = np.copy(particle.position)

            if score > global_best_score:
                global_best_score = score
                global_best_position = np.copy(particle.position)

        for particle in particles:
            new_velocity = (0.5 * particle.velocity +
                            0.3 * (particle.best_position - particle.position) +
```

173

```
                              0.2 * (global_best_position - particle.position))
            particle.velocity = new_velocity
            particle.position += new_velocity

        print(f"Iteration {iteration+1}/{num_iterations}, Best Score: {global_best_score}")

    return global_best_position

# 定义问题
bounds = [(0, 1), (0, 1)]    # 假设有两个参数，每个参数的范围是 0 到 1
num_particles = 30
num_iterations = 100

# 运行 PSO
best_position = particle_swarm_optimization(num_particles, bounds, num_iterations)
print("Best Position:", best_position)
```

在实际应用中，"fitness_function"应该是基于车辆特征识别系统实际表现的函数。它可能会根据系统的输出计算准确率或其他性能指标。粒子的位置和速度的更新策略可能需要根据实际问题进行调整。这个示例提供了一个基础框架，可以根据具体应用场景进行进一步开发和优化。

（2）改进的鸟群算法

像大部分元启发式算法一样，鸟群算法也存在容易陷入局部最优，导致算法过早收敛的情况，如果直接将鸟群算法用于优化卷积神经网络参数，这样无法发挥卷积神经网络的性能，导致无法发挥更好的效果。因此，此处将鸟群算法进行两个方面的优化，提升算法的性能，对鸟群算法进行如下改进。

1）基于重心反向种群初始化

初始化对于每一个元启发算法来说都非常重要，它在一定程度上直接影响到解的质量。这是因为种群中的解的质量主要来自于搜索范围和起始位置两个方面的限定。当初始化的搜索范围设定的范围偏小，就会限制到整个算法的寻优能力，而当算法的初始位置位于全局最优解附近的时候，就能保证种群在更多优质的解空间中寻找更多的有效个体位置信息。鸟群算法采用普通的随机方法进行种群初始化，无法满足以上两个要求。为了解决这个问题，有的学者反向学习策略用于种群初始化取得了一定的效果，但是由于反向学习在面对包含"对称山峰"优化问题的时候会产生当前解的适应度值与其反向解的适应度值存在相同的缺点。因此，为了克服这个缺陷，使用基于离散均匀的重心反向学习策略进行种群初始化。表述如下：

$$C = \sum_{i=1}^{N} x_{ij} \bigg/ N \tag{9}$$

$$\bar{x}_i = C - x_i \tag{10}$$

式中，N 表示种群个体，C 表示基于离散均匀的种群重心，$\bar{x}_i$ 表示鸟群个体 x_i 的重心反向点。j 表示维度。

2）基于相似度和聚集度的觅食行为优化

鸟群算法在后期优化的过程中，群体中的鸟个体会逐渐聚集在一起，导致鸟群的位置具有一定的相似性，从而导致鸟群算法在后期容易陷入局部最优，为了能够有效地辨识鸟群个体的位置，构建了相似度和聚集度，将聚集度作为判断种群在寻优过程中多样性的指标，并根据多样性对鸟群处于觅食位置进行自动调整，这样可以使得鸟群个体在后期从局部最优成功逃离，避免陷入局部最优。将鸟群中的每只鸟所在的位置的距离作为指标来表示鸟群个体之间的相似度，相差距离越大则代表鸟群分散程度越高，导致多样性也越高，这样个体的相似度就会越低。相似度数学表达式如下：

$$S_{g,u} = 1 - (x_{g,d} - x_{u,d}) \big/ \max |ub - lb| \tag{11}$$

在式（11）中，$S_{g,u}$ 表示个体鸟 g 和 u 之间的距离，$x_{g,d}$ 和 $x_{u,d}$ 分别表示在 d 维空间下的第 g 个鸟个体和第 u 个鸟个体所在的位置，而 ub 和 lb 分别表示解所在的搜索空间的上界和下界，当 $S_{g,u}$ 数值结果趋近 1 的时候，表示鸟群个体之间的距离更加靠近，从而相似度也越高，而当 $S_{g,u}$ 的结果趋近 0 的时候，说明了个体之间的距离比较远，相似程度也越低，从而使得鸟个体在搜索空间中的位置分布比较宽泛。

在鸟群算法的优化过程中，鸟会逐渐的聚集，直到汇聚到最优的鸟个体旁边，定义了如式（12）所示的聚集度表达式

$$c_i(t) = \sum_{i=1}^{N} S_{i,pbest} \Big/ N \qquad (12)$$

式中，N 表示鸟群规模，t 为当前迭次次数，i 表示鸟群个体，$Pbest$ 表示最优个体，因此，当鸟群进行集体觅食的时候，每一只鸟的个体 i 会在局部最优和整个群体最优的引导下会逐步进行聚集，这样就容易使得算法所在的搜索区间会逐渐缩小，一旦当某个鸟个体寻觅到最优的食物时候，这样就会处于停滞的状态，因此，通过设置聚集度阈值对觅食位置进行优化。设定阈值为 γ，则觅食对应的位置如式（13）所示。

$$x_{i,j}^{t+1} = \begin{cases} x_{i,j}^{t} + (p_{i,j} - x_{i,j}^{t}) \times C \times rand + (g_j - x_{i,j}^{t}) \times S \times rand \ \ if(c_i(t)/c_i(1)) < \gamma \\ x_{i,j}^{t} + (p_{i,j} - x_{i,j}^{t}) \times C \times rand - (g_j - x_{i,j}^{t}) \times S \times rand \ \ if(c_i(t)/c_i(1)) \geqslant \gamma \end{cases} \qquad (13)$$

3. 仿真实验

（1）算法性能测试

良好的算法性能是保证 CNN 模型参数优化的重要组成部分，同时也是车辆特征识别的关键，选择 Ant Colony Algorithm（ACO）、Particle Swarm Optimization Algorithm（PSO）、BSA 算法作为对比算法进行测试，设定算法的迭代次数为 1 000，种群规模为 100。3 种算法的参数都来自各自的文献。表 6-2 显示了 6 种经典基准测试函数，表 6-3 显示了 4 种算法在经典测试函数中的不同维度下的对比，选择了最大值，最小值和方差作为指标进行对比。

表 6-2　测试函数

No	Function	Test Function
F1	Sphere	$f(x) = \sum_{i=1}^{n} x_i^2$
F2	Schwefel2.22	$f(x) = \sum_{i=1}^{n} \lvert x_i \rvert + \prod_{i=1}^{n} \lvert x_i \rvert$
F3	Schwefel1.2	$f(x) = \sum_{i=1}^{n} (\sum_{j=1}^{i} x_j)$
F4	Schewfel2.21	$f(x) = \max(abs(x_i))$
F5	Rosenbrock	$f(x) = \sum_{i=1}^{n-1} [100(x_{i+1} - x_i^2)^2 + (x_i - 1)^2]$
F6	Step	$f(x) = \sum_{i=1}^{n} ([x_i + 0.5])^2$

表 6-3　4 种算法在不同的基准函数中的测试结果

Function	Dimension	Algorithm	Minimum Value	Maximum value	Standard deviation
F1	2	ACO	0.129 8	16.187 2	1.532 8
		PSO	0.112 3	17.291 8	1.198 2
		BSA	$1.452\ 1 \times 10^{-8}$	$2.421\ 4 \times 10^{-7}$	$4.491\ 2 \times 10^{-9}$
		IBSA	$1.983\ 2 \times 10^{-13}$	$1.136\ 8 \times 10^{-10}$	$1.721\ 4 \times 10^{-16}$
	5	ACO	0.370 6	3.982 3	9.167 2
		PSO	0.287 3	2.191 2	7.325 1
		BSA	$1.253\ 1 \times 10^{-7}$	$5.136\ 1 \times 10^{-6}$	$1.283\ 1 \times 10^{-11}$
		IBSA	0	$4.231\ 6 \times 10^{-8}$	$1.313\ 8 \times 10^{-14}$
	30	ACO	7 124.262 4	34 125.416 3	5 173.812 4
		PSO	1 432.361 3	6 187.123 8	1 211.713 2
		BSA	$2.739\ 2 \times 10^{-3}$	12.412×10^{1}	2.341×10^{0}
		IBSA	$4.173\ 3 \times 10^{-38}$	$1.763\ 4 \times 10^{-33}$	$2.712\ 3 \times 10^{-28}$
F2	2	ACO	0.212 7	9.143 5	25.327 2
		PSO	$4.612\ 5 \times 10^{-2}$	0.001 3	0.000 9
		BSA	$1.924\ 1 \times 10^{-6}$	$6.101\ 7 \times 10^{-3}$	$9.317\ 1 \times 10^{-4}$
		IBSA	0	$5.187\ 2 \times 10^{-22}$	$1.512\ 1 \times 10^{-32}$
	5	ACO	0.847 4	9.120 8	8.381 6
		PSO	0.004 9	1.320 4	0.253 7
		BSA	$1.326\ 1 \times 10^{-4}$	$1.911\ 2 \times 10^{-1}$	$3.901\ 3 \times 10^{-2}$
		IBSA	$1.238\ 1 \times 10^{-30}$	$6.783\ 1 \times 10^{-22}$	$1.123\ 1 \times 10^{-26}$
	30	ACO	4 456.64	$1.709\ 7 \times 10^{20}$	$2.415\ 9 \times 10^{19}$
		PSO	14.017 6	67.977 0	10.034 3
		BSA	$1.248\ 1 \times 10^{-2}$	8.918 3	3.182 9
		IBSA	$3.149\ 1 \times 10^{-27}$	$2.522\ 1 \times 10^{-21}$	$5.719\ 1 \times 10^{-22}$
F3	2	ACO	0.032 2	70.422 1	88.349 1
		PSO	$4.087\ 0 \times 10^{-11}$	$3.001\ 7 \times 10^{-8}$	$3.102\ 3 \times 10^{-9}$
		BSA	$6.450\ 1 \times 10^{-13}$	$2.213\ 2 \times 10^{-4}$	$3.813\ 1 \times 10^{-5}$
		IBSA	0	$3.813\ 2 \times 10^{-10}$	$7.192\ 3 \times 10^{-11}$
	5	ACO	0.022 18	1 017.443 1	27.811 3
		PSO	$9.307\ 9 \times 10^{-2}$	0.001 4	0.000 3
		BSA	$8.413\ 3 \times 10^{-7}$	$3.381\ 3 \times 10^{-5}$	$5.143\ 3 \times 10^{-3}$
		IBSA	$1.221\ 7 \times 10^{-12}$	$5.131\ 5 \times 10^{-9}$	$1.225\ 5 \times 10^{-8}$

续表

Function	Dimension	Algorithm	Minimum Value	Maximum value	Standard deviation
F3	30	ACO	1.160 3	9.023 7	4.941 2
		PSO	$8.923\ 3 \times 10^{-11}$	$4.161\ 4 \times 10^{-9}$	$6.134\ 5 \times 10^{-11}$
		BSA	$3.717\ 2 \times 10^{-6}$	$9.513\ 1 \times 10^{-2}$	$1.913\ 2 \times 10^{-2}$
		IBSA	$4.679\ 1 \times 10^{-11}$	$2.821\ 3 \times 10^{-7}$	$5.070\ 4 \times 10^{-8}$
F4	2	ACO	0.157 82	8.893 4	4.432 1
		PSO	$2.411\ 9 \times 10^{-5}$	$1.167\ 4 \times 10^{-3}$	$1.815\ 4 \times 10^{-8}$
		BSA	$9.174\ 1 \times 10^{-7}$	$2.351\ 3 \times 10^{-3}$	$4.130\ 7 \times 10^{-2}$
		IBSA	$8.278\ 3 \times 10^{-19}$	$3.128\ 1 \times 10^{-15}$	$5.226\ 8 \times 10^{-16}$
	5	ACO	3.981 6	18.902 3	28.643 1
		PSO	0.051 7	4.486 5	2.813 8
		BSA	$2.932\ 1 \times 10^{-2}$	$7.445\ 1 \times 10^{-1}$	$1.412\ 7 \times 10^{-1}$
		IBSA	0	$3.068\ 4 \times 10^{-2}$	$4.891\ 5 \times 10^{-3}$
	30	ACO	83.213 3	91.724 6	2.421 3
		PSO	15.892 4	40.183 2	48.116 2
		BSA	$6.450\ 3 \times 10^{-1}$	1.707 3	$2.241\ 3 \times 10^{-1}$
		IBSA	$3.815\ 1 \times 10^{-2}$	$6.317\ 4 \times 10^{-1}$	$1.590\ 1 \times 10^{-2}$
F5	2	ACO	31.172 2	62.921 2	21.523 6
		PSO	4.513 71	7.801 36	3.191 6
		BSA	$7.313\ 6 \times 10^{-8}$	2.321 2	$3.416\ 9 \times 10^{-1}$
		IBSA	$6.267\ 3 \times 10^{-11}$	$4.591\ 6 \times 10^{-4}$	$6.813\ 0 \times 10^{-5}$
	5	ACO	18.848 2	13.952 2	9.271 2
		PSO	1.819 1	17.363 3	36.130 7
		BSA	$8.297\ 2 \times 10^{-1}$	3.138 1	1.509 1
		IBSA	$1.671\ 5 \times 10^{-3}$	3.162 1	$8.821\ 4 \times 10^{-1}$
	30	ACO	514.033 1	799.351 2	745.492 3
		PSO	138.400 1	290.250 1	634.300 1
		BSA	29.221	$9.806\ 1 \times 10^{2}$	$2.602\ 1 \times 10^{2}$
		IBSA	27.931	28.936	$4.061\ 6 \times 10^{-1}$
F6	2	ACO	1 213.016 9	1 648.371 2	4 451.135 4
		PSO	$2.251\ 6 \times 10^{-10}$	$4.581\ 2 \times 10^{-4}$	$8.932\ 8 \times 10^{-5}$
		BSA	$5.704\ 1 \times 10^{-10}$	$9.926\ 1 \times 10^{-4}$	$1.951\ 2 \times 10^{-4}$
		IBSA	$1.412\ 9 \times 10^{-14}$	$6.127\ 9 \times 10^{-8}$	$1.211\ 7 \times 10^{-8}$

续表

Function	Dimension	Algorithm	Minimum Value	Maximum value	Standard deviation
F6	5	ACO	0.883 2	0.916 8	0.793 2
		PSO	0.000 4	11.366 5	3.130 9
		BSA	$8.997\ 1 \times 10^{-4}$	$2.929\ 3 \times 10^{-1}$	$4.775\ 1 \times 10^{-2}$
		IBSA	$1.321\ 2 \times 10^{-7}$	$2.610\ 3 \times 10^{-2}$	$4.921\ 4 \times 10^{-2}$
	30	ACO	2.216 3	9.131 2	2.210 9
		PSO	1 414.993 6	7 125.041 3	1 313.323 7
		BSA	1.713 8	13.214	2.132
		IBSA	$3.192\ 6 \times 10^{-1}$	2.191 3	$6.281\ 2 \times 10^{-1}$

表 6-3 中显示了四种算法在 6 个经典基准测试函数下的 3 个指标下的对比结果。发现在不同的维度数目条件下，此处算法都获得了较好的结果。这也说明了对于算法的改进具有良好的效果。在这 6 个测试函数中，IBSA 相比其他 3 个算法在最小值，最大值和方差方面都具有较好的效果。尤其是在 F1-F4 中，当维度分别为 2、5 时，最小值居然为 0，说明了算法具有较好的解的质量。在 F5-F6 中，虽然没有获得 0，但也仍然在最小值，最大值和方差方面获得不错的结果。通过以上的测试结果，发现经过了重心反向策略进行种群初始化和基于相似度和聚集度的觅食行为的优化后，算法的性能得到了明显的改进，这样为后续开展多尺度对抗神经网络参数的优化，提高识别的精度奠定了基础。

（2）车辆特征识别

为了说明此处算法具有的效果，使用 BIT-Vehicle 数据集中的车辆图片作为图片库，该数据库一共包含了 sedan、suv、truck、bus、microbus 和 minivan 六种车辆。选择的对比算法为 CNN 和 R-CNN。图 6-4 显示了该数据中部分车辆图片。将该数据库中的 9 850 张图片分为两个部分，按照 6:4 进行训练数据集和测试训练数据集的分配。其中，5 910 张车辆样本图像作为训练数据集，主要用于训练三种神经网络的模型，剩余 3 490 张车辆图像作为测试数据集，用于测试网络训练完成的三种网络模型的效果的对比。

图 6-4　数据库中部分图片

将指标召回率 Recall Rate（R），准确率 Precision Rate（P），单个目标平均准确率 Average Precision（AP）值、均值平均准确率 mean Average Precison（mAP）等指标。选择性能指标 AP 和 mAP 进行分析依据。几个指标的表达式如下。

$$R = \frac{T_p}{T_p + F_n} \tag{14}$$

$$P = \frac{T_p}{T_p + F_p} \tag{15}$$

$$mAP = \frac{\sum_{i=1}^{6} AP_i}{6} \tag{16}$$

$$AP = \frac{\sum_{re(0,0.1,0.2,\dots,1)} P_{inter}(r)}{11} \tag{17}$$

$$P_{inter}(r) = \max P(r') \tag{18}$$

式（14）～式（15）中，T_p 表示正样本被正确识别的数目，F_p 表示负样本误判为正样本的数目，F_n 表示正样本被误判为负样本的数目，n 表示所有标注为正样本的个数。式（16）是 mAP 的值。式（17）中，$re(0,0.1,0.2,\dots,1)$ 表示设置的 11 个阈值点，因此当召回率 R 大于这 11 个阈值点的时候，每一个召回率都对应一个最大的准确率 P，即式（18），因此根据这 11 个点准确率 P 的平均值就是 AP 的值。

将使用制作好的车辆数据集对 R-CNN、CNN 和此处的 IBSA-CNN 进行训练，图 6-5 显示了三个模型对于车辆识别的 mAP 效果，从图中发现，随着迭代次数逐渐增多，三种模型的 mAP 的结果都在不同程度的增加，IBSA-MS-LResNet 的准确率相比于 CNN，R-CNN 有了明显的提高，这说明了 IBSA-MS-LResNet 在车辆识别方面具有较好的效果。图 6-6 显示了三种模

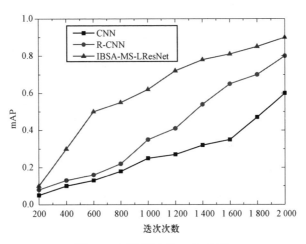

图 6-5　三种算法的 mAP 对比

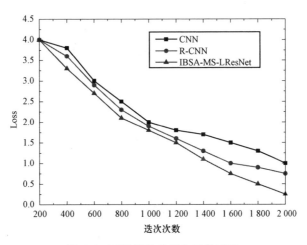

图 6-6　三种算法的损失函数对比

型对于车辆损失函数的结果，从中发现 IBSA-MS-LResNe 的损失最小，模型的学习能力较快，率先达到模型收敛，而 CNN 模型收敛速度较慢，损失较大。表 6-4 显示了不同的神经网络模型对六类车辆中的每一类车辆的识别结果，从数据中的识别效果中发现 IBSA-MS-LResNet 相比于 R-CNN 提高了4.9%，相比于 CNN 提高了 6.8%。图 6-7 显示了 6 种汽车特征识别的 Precison-Recall 曲线，从 6 种不同车型结果发现随着 Recall 数值逐渐增大，三种算法的 Precison 数值都呈现逐渐下降的趋势，但是 IBSA-CNN 相比于 CNN、R-CNN 具有较好的效果，说明了 IBSA-CNN 在识别方面具有较好的效果。

表 6-4　不同神经网络模型识别效果

网络结构	sedan	suv	truck	bus	microbus	minivan	mAP
CNN	0.811	0.829	0.831	0.832	0.812	0.808	0.821
R-CNN	0.83	0.841	0.843	0.861	0.833	0.81	0.836
IBSA-MS-LResNet	0.87	0.882	0.872	0.892	0.863	0.882	0.877

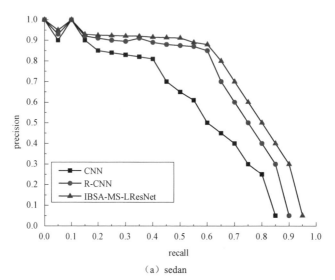

（a）sedan

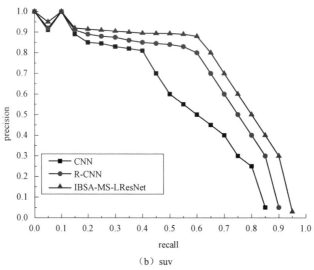

（b）suv

图 6-7　六种车型的 P-R 结果（一）

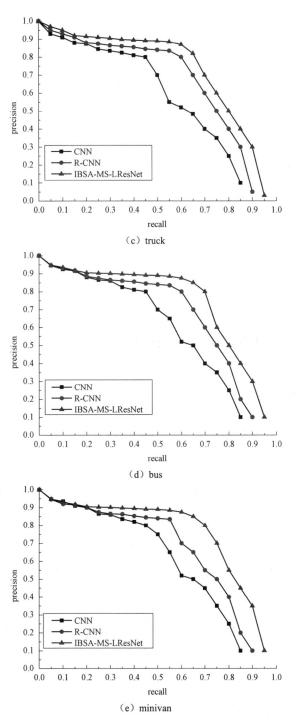

（c）truck

（d）bus

（e）minivan

图 6-7 六种车型的 P-R 结果（二）

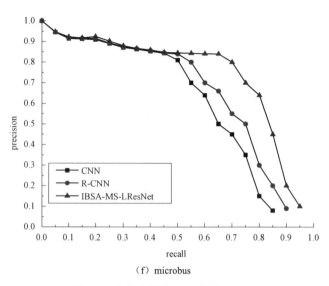

（f）microbus

图 6-7　六种车型的 P-R 结果（三）

二、恶劣天气下的车辆识别技术

（一）环境因素

在探索数字技术赋能的车辆特征识别过程中，面对恶劣天气条件下的挑战，必须深入理解这些环境因素如何影响车辆识别的有效性，并寻找合适的解决方案。恶劣天气，如大雨、大雾或暴雪，会显著降低传统车辆识别技术的准确率，因为这些条件下的视觉障碍会导致图像模糊、光线变化、噪声增加等问题。为了应对这些挑战，技术研究者和开发者正在采取创新方法，如多模态数据融合和机器学习算法，以提高恶劣天气下的车辆识别效果。

在恶劣天气条件下，最关键的步骤之一是图像预处理，这可以显著提高图像的清晰度和质量。例如，去雾算法可以从雾蒙蒙的图像中恢复出清晰的视觉信息。此外，通过结合来自不同传感器（如雷达、激光雷达、红外摄像头）的数据，可以创建一个更全面的视觉模型，这在单一图像来源无法提供清晰信息时尤为重要。

采用先进的深度学习技术，特别是卷积神经网络，可以有效提高车辆识别系统在各种天气条件下的性能。通过训练，这些网络可以学习识别在恶劣天气条件下车辆的特定特征。此外，利用大量包含不同天气条件的数据来训练这些模型，可以进一步提高它们的适应性和准确性。恶劣天气条件下的车辆识别是一个复杂的挑战。这要求不仅要关注技术本身的发展，还需要考虑如何将这些技术集成到更广泛的交通管理系统中。例如，车辆识别系统需要与交通信号控制、交通流量管理和紧急响应机制等其他系统无缝集成，以确保在所有天气条件下的有效性和可靠性。

（二）技术调整

恶劣天气条件下的车辆特征识别技术需要通过适应性策略、算法优化、多模态数据融合，以及持续的模型更新和维护来实现技术调整。这些调整不仅提高了系统在复杂天气条件下的性能，也确保了其在日常使用中的高度可靠性和准确性。

适应性策略在这里指的是识别系统能够根据不同的环境条件自动调整其参数和行为。例如，在雾天或降雨时，系统可以自动增加对比度增强和噪声滤除等预处理步骤，以提升图像的可识别性。此外，系统还可以根据天气条件调整识别算法的权重，如在雪天提高基于形状特征的识别权重，因为在这种情况下颜色信息可能不那么可靠。算法优化是另一个关键的技术调整方面。传统的车辆识别算法在恶劣天气条件下可能效果不佳，因此需要优化以提升鲁棒性。深度学习模型，尤其是卷积神经网络，因其强大的特征提取能力，在这方面显示出巨大潜力。通过在多种天气条件下训练这些模型，可以显著提高其在恶劣天气条件下的识别精度。除了 CNN，生成对抗网络（GAN）也可以用于生成和提高在恶劣天气条件下拍摄的图像的质量，从而提高识别系统的总体性能。技术调整还包括对多模态数据融合技术的应用。考虑单一传感器（如普通摄像头）在恶劣天气条件下的局限性，融合来自不同传感器（如激光雷达、红外摄像头）的数据可以提供更全面的视图，从而提高识别的准确性和可靠性。这种多模态融合方法可以在复杂的环境条件下提供更鲁棒的车辆检测和识别结果。考虑环境的动态变化，持续的模型更新和维护也是技术调整中不可忽视的一部分。随着时间的推移和环境条件的变化，已部署的车辆识别系统可能需要定期更新，以适应新的或未预料到的天气情况。这意味着系统需要具备学习新数据并更新其模型的能力，以保持其在各种条件下的最佳性能。

（三）实践应用分析

把案例的背景设置在一个高交通流量的都市环境中，如大城市的主要交通枢纽或高速公路收费站。在这些地点，精确的车辆识别对于交通管理和监控至关重要。然而，恶劣的天气条件，如大雨或雾霾，显著降低了可见光摄像头的有效性，导致传统的基于视觉的识别系统性能下降。为应对这一挑战，该实践案例中的车辆识别系统采用了多尺度对抗神经网络。这种网络通过训练能够生成清晰的图像，即使在原始图像由于恶劣天气条件而模糊不清的情况下。GAN 模型在这里的关键作用是提高图像质量，以便传统的车辆识别算法能够有效识别车辆的特征。案例中还应用了多模态数据融合技术。除了传统的摄像头，系统还集成了其他类型的传感器，如激光雷达（LiDAR）和红外摄像头，来捕捉在恶劣天气条件下不同的车辆特征。例如，激光雷达可以提供车辆的精确三维轮廓，而红外摄像头能够在低光照条件下有效工作。这些数据的融合为车辆识别提供了更多信息，提高了整体的识别准确率。

为了适应不断变化的环境条件和新出现的挑战，该系统采用了持续学习的方法。通过不断收集新的数据并更新神经网络模型，系统能够适应新的或未预料到的天气条件，保持高性能。在实际应用中，这种恶劣天气下的车辆识别技术显著提高了交通监控的效率和准确性。它不仅在交通管理方面发挥了重要作用，还为应对极端天气条件下的车辆识别问题提供了有价值的参考。

三、车辆特征识别的数据处理与分析

（一）数据收集

车辆特征数据的收集是一个多维度、多技术和高度规范化的过程。它不仅需要高效的技术手段来捕捉和预处理数据，还需要考虑数据的多样性、代表性、以及合规性，以保证车辆特征识别系统的准确性和广泛适用性。数据收集过程中涉及多种传感器技术。这包括高清摄像头、激光雷达、红外摄像头和雷达传感器。这些设备能够在不同环境条件下（包括夜间、雨天或其他低能见度条件下）捕捉车辆的图像和其他相关数据。高清摄像头提供详细的视觉信息，包括车辆颜色、型号和车牌等细节。激光雷达则提供车辆的精确三维轮廓，有助于在复杂背景中识别车辆。红外摄像头在低光条件下有效，而雷达传感器则有助于检测车辆的速度和距离。数据收集过程中还需要考虑数据的多样性和代表性。为了使车辆特征识别系统能够广泛应用于不同类型的车辆和各种环境条件，收集的数据应涵盖各种车型、大小、颜色以及不同天气和光照条件下的车辆图像。此外，还应考虑车辆在不同交通状况下的行为模式，如高速行驶、缓慢行驶或停车状态。

数据预处理也是数据收集过程的一个重要环节。在存储和分析之前，需要对收集到的数据进行清洗和格式化。例如，从摄像头获取的图像可能需要去除噪声、调整亮度和对比度，或裁剪至适当大小。激光雷达和雷达数据可能需要转换成一种统一的格式，以便于后续处理。考虑隐私和安全问题，在收集车辆数据时需遵守相关的法律法规。这包括确保车辆所有者的隐私不被侵犯和数据收集过程中的透明度。例如，车牌号可能需要进行模糊处理以保护车主的隐私。

（二）数据分析

车辆特征识别中的数据分析是一个多层次、多维度的过程，它不仅涉及数据的收集和预处理，还包括利用先进的机器学习和模式识别技术提取关键信息，以及实时和动态地分析这些数据以支持智能交通系统的决策和操作。通过这种方式，数据分析在提高城市交通效率、安全和智能化方面发挥着至关重要的作用。

数据分析在车辆特征识别中的应用始于对原始数据的收集和预处理。这包括从交通监控摄像头、车载传感器、GPS 系统等多种来源收集车辆数据。这些数据通常包括车辆的类型、尺寸、颜色、行驶速度、行驶方向等。预处理步骤则涉及数据清洗、格式化和标准化，以确保数据质量，并为后续分析提供可靠的基础。关键信息的提取是数据分析的核心。这一过程通常依赖于机器学习和模式识别技术，这些技术能够从复杂的数据集中识别出有意义的模式和关系。例如，通过应用卷积神经网络等深度学习模型，可以有效识别和分类车辆的特征，如车型和车牌号码。此外，时间序列分析和聚类算法可用于分析交通流量模式和趋势，如识别高峰时段的交通流量变化。

数据分析的另一个重要方面是实时性和动态性。在快速变化的交通环境中，实时分析车辆数据并做出快速反应对于维护交通流畅和安全至关重要。例如，实时交通监控系统可以通过分析车流密度和速度数据来检测和响应交通拥堵。在车辆特征识别的数据分析中，还需要考虑数据的多维性和异构性。城市交通系统是一个复杂的网络，涉及不同类型的车辆、路况和环境条件。因此，数据分析需要综合考虑这些因素，以提供全面的视角和深入的见解。数据分析的结果对于决策支持和策略制定至关重要。例如，通过分析车辆特征数据，城市规划者可以更好地理解交通模式，从而在道路设计、交通信号控制和公共交通规划中做出更为科学和合理的决策。

（三）信息利用

数据处理与分析后的信息利用决定了技术的实际应用价值和效果。通过对收集的数据进行深入分析，可以在多个领域和场景中应用这些信息，从而极大增强城市交通管理和服务的效率和安全性。

车辆特征识别技术在交通监控和管理中发挥着重要作用。通过对车辆类型、颜色、车牌等特征的识别，交通管理系统能够有效地监控道路状况，识别交通流量模式，甚至及时发现和处理交通拥堵。例如，通过实时监控高速公路上的车流，交通管理中心可以根据车流量和车辆类型调整交通信号灯，优化交通流动。车辆特征识别在执法和安全方面也具有重要意义。警方和交通执法部门可以利用这项技术快速识别和跟踪可疑车辆，有效打击犯罪活动。例如，通过对特定车辆的外观特征和车牌进行匹配，可以迅速定位失窃车辆或参与违法活动的车辆。车辆特征识别还可用于智能停车系统。这些系统能够自动识别进入停车场的车辆，为驾驶员提供实时的停车信息和引导，有效减少停车场内的拥堵和搜索停车位的时间。例如，系统可以根据车辆尺寸为其分配合适的停车位，优化停车场的使用效率。

在公共交通系统中，车辆特征识别同样发挥着重要作用。例如，通过识别公交车、出租车和其他公共交通工具，可以实时监测它们的运行状况，为乘客提供准确的行车时间和换乘信息，增加公共交通的吸引力和便利性。车辆特征识别技术在智能交通系统的发展中扮演着不可或缺的角色。通过整合车辆特征识别数据，可以更好地理解和预测交通模式，从而在规划道路网络、设计交通政策和制定应急预案方面提供支持。

四、车辆识别技术的效果评估与优化

（一）性能评估

性能评估是车辆特征识别技术开发和优化的一个不可或缺的环节。这一过程涉及对车辆识别技术的各个方面进行细致的测试和分析，通过综合评估准确性、可靠性、实时性、效率，以及错误模式，可以不断完善技术，提高其在真实世界应用中的有效性和适用性，以确保其在实际应用中能够高效、准确地执行预期任务。

性能评估的第一个重要方面是准确性。这指的是技术能够正确识别车辆特征的程度，包括车型、颜色、车牌号等信息。准确性通常通过比较技术的输出与事先标记的真实数据进行评估。在这个过程中，使用的评估指标可能包括精确度、召回率、F1得分等。高精确度意味着识别结果中的误报率较低，而高召回率则表明技术能捕捉到大多数正确的识别实例。可靠性是性能评估的另一个重要方面，它指的是技术在不同条件和环境下保持一致性能的能力。在车辆识别中，这意味着技术应能在不同的天气条件、光照条件，甚至在车辆高速移动时都能准确识别。可靠性的评估通常需要在多种情况下进行测试，包括在不同时间段、不同天气和不同交通密度条件下的测试。性能评估还应考虑技术的实时性和效率。在城市交通环境中，实时性是至关重要的，这意味着车辆识别系统需要能够快速处理输入数据，并提供及时的输出。效率方面则涉及系统处理大量数据时的资源消耗，包括计算资源和存储资源。为了全面评估车辆识别技术的性能，还需要进行长期的测试和监控。这涉及在实际交通环境中部署技术，并持续收集和分析性能数据。这些长期的数据能够提供关于技术稳定性和可靠性的更多信息。性能评估的一个重要部分是识别错误和失败模式的分析。这包括识别技术失败的原因，如图像质量不佳、环境干扰、算法局限性，并基于这些发现进行优化和改进。

（二）持续优化

持续优化是一个动态的、多方位的过程，需要不断地评估、更新和改进。通过对数据处理、算法调整、系统设计和用户反馈的综合考量，可以不断提升车辆特征识别技术的准确性、效率和实用性，满足不断变化的应用需求。

数据处理的优化是持续改进的基础。随着技术应用的深入，会积累大量的车辆识别数据。有效利用这些数据可以帮助改进算法的准确性和可靠性。例如，可以通过分析错误识别的情况来发现模式，并在数据预处理阶段引入新的过滤或增强方法来减少这些错误。算法的调整是持续优化的核心。机器学习和深度学习算法，特别是在多尺度对抗神经网络的应用中，需要不断地调整和训练以适应新的数据和环境变化。这可能包括调整神经网络的架构、改进训练过程、引入新的学习技术等。此外，可以采用模型融合的技术，结合多个模型的优势来提高整体的识别性能。系统设计的更新也是持续优化的一部分。随着技术的发展和用户需求的变化，原有的系统架构可能无法满足新的性能要求。因此，可能需要对系统的硬件和软件进行升级，例如，提升处理速度、增强系统的稳定性和可扩展性。用户反馈是优化过程的重要组成部分。用户的实际使用体验和反馈是评估技术性能的重要指标。通过收集用户反馈，可以了解技术在实际应用中的表现，发现问题和需求，从而指导技术的改进方向。持续优化还需要考虑新技术的融入。随着相关领域技术的快速发展，新的方法和理念不断涌现。将这些新技术集成到现有系统中，可以带来性能的显著提升。

第三节　数字技术赋能的交通流量预测

一、图卷积神经网络在交通流量预测中的应用

（一）基础原理

图卷积神经网络是一种专门用于处理图结构数据的神经网络。2017 年，Kipf 和 Welling 提出了基于局部连接和卷积操作的图卷积神经网络——图卷积神经网络，主要作用是将卷积运算引入到图神经网络中，依靠图的结构，通过卷积的方式聚合周围不同领域的节点信息。在数字技术赋能的交通流量预测领域，图卷积神经网络的应用提供了一种高效的方法来分析和预测城市交通流量。GCN 的基础原理结合了传统的卷积神经网络和图理论，以适应

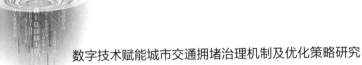

交通网络的复杂性和动态性。通过有效地结合交通网络的空间特征和动态交通流量数据，GCN 为城市交通流量预测提供了一种强大的分析工具，有助于实现更准确和高效的交通管理和规划。

GCN 的核心在于其能够处理图结构数据。与传统的 CNN 不同，GCN 不是在规则的像素网格上操作，而是在图上进行操作，其中图的节点可以表示交通网络中的各个位置，如路口、道路，边则表示这些位置之间的交通连接关系。这使得 GCN 能够直接在交通网络的结构上捕捉空间关系，从而更准确地反映和预测交通流量的动态变化。

GCN 通过聚合邻接节点的信息来更新每个节点的表示。这种聚合机制使得每个节点能够学习到其邻居的特征，从而获得全局的交通流量信息。例如，在预测特定路口的交通流量时，GCN 会考虑与该路口相连的其他路口的交通状况，这有助于更全面地理解交通流的动态变化。GCN 通过层叠多个图卷积层来增强其学习能力。每一层都能够捕捉不同范围的空间依赖关系，多层结构使得网络能够学习更复杂的交通模式。例如，初级层可能专注于局部区域的交通情况，而更深层则可以理解更广泛的交通流动模式。GCN 在处理交通流量预测时还可以与其他类型的神经网络结合使用。例如，与长短期记忆网络（LSTM）结合，可以同时考虑交通流量的空间依赖性和时间序列特征。这种结合使得 GCN 在预测交通流量时不仅能够理解空间上的复杂关系，还能够捕捉时间上的动态变化。

（二）实现方法

利用 GCN 进行交通流量预测的实现方法包括数据的预处理、模型的设计和训练，以及最终的预测应用。这一过程要求综合考虑交通数据的特性、GCN 模型的结构和参数优化等多个方面，以确保模型能够准确地捕捉和预测城市交通流量的动态变化。数据预处理是实现 GCN 的基础。在这一阶段，需要收集并整理交通流量相关的数据，如车辆计数、速度、旅行时间等。这些数据通常来自交通监控系统、GPS 设备和其他传感器。数据预处理的目的是将这些原始数据转换成适合 GCN 处理的格式。例如，可以构建一个图，其中节点代表城市中的路口或道路段，边代表这些节点之间的连接关系。每个节点的特征可以包括交通流量、车速等信息。

模型设计。在 GCN 模型中，核心思想是通过图卷积层来更新每个节点的特征。图卷积层的设计需要考虑如何有效地聚合邻居节点的信息，并将这些信息传递给中心节点。这通常涉及权重矩阵的学习，这些权重决定了邻居节点特征的重要性。此外，模型设计还需要考虑深度（层数）和每层的节点特征维度。模型训练是下一个关键步骤。这一步需要使用历史交通数据来训练 GCN 模型，使其能够学习到交通流量的模式。在训练过程中，通过调整模型参数（如权重和偏差），最小化预测误差。这通常涉及定义一个损失函数，并使用优化算法（如梯度下降法）来迭代优化模型参数。交通流量的预测。在训练好的 GCN 模型基础上，输入实时或最新的交通数据，模型将根据学习到的模式对未来的交通流量进行预测。这些预测结果可以用于交通管理和规划决策支持，如调整信号灯配时、优化交通流动。

（三）实现示例

为了创建一个基于图卷积神经网络的交通流量预测程序，需要定义问题、梳理数据、设计网络架构，并实现算法。以下是一个简化的实现步骤，以 Python 语言为例。

问题定义：预测特定时间段内特定城市地区的交通流量。
数据准备：
　　数据源：需要具有时间标签的交通流量数据，例如每个路口或街道的车流量。
　　数据预处理：包括数据清洗（去除或填充缺失值）、数据归一化等。
图结构构建：根据城市道路网络构建图。在这个图中，节点可以表示道路交叉口，边代表道路。
设计 GCN 模型：
　　定义图卷积层，每一层的输入是节点的特征（如交通流量）和图的邻接矩阵。
　　可以使用多个图卷积层来提取复杂的空间特征。
训练数据准备：
　　使用历史交通流量数据作为特征。

标签是未来某个时刻或时间段的交通流量。

模型训练：

划分数据为训练集和测试集。

使用损失函数（如均方误差）和优化器（如 Adam）进行模型训练。

评估和测试：

在测试集上评估模型的性能，使用诸如准确率、均方误差等指标。

下面是一个简化的 Python 代码示例，使用伪代码和注释说明每个部分。

```python
import torch
import torch.nn as nn
import torch.optim as optim
from torch_geometric.nn import GCNConv


# 定义 GCN 模型
class GCN(nn.Module):
    def __init__(self, num_features, num_classes):
        super(GCN, self).__init__()
        self.conv1 = GCNConv(num_features, 16)
        self.conv2 = GCNConv(16, num_classes)

    def forward(self, data):
        x, edge_index = data.x, data.edge_index

        x = self.conv1(x, edge_index)
        x = torch.relu(x)
        x = self.conv2(x, edge_index)

        return x

# 数据加载和预处理
# 这里需要自定义加载和预处理城市交通流量数据的逻辑

# 构建图结构
# 基于城市道路网络构建图的邻接矩阵和节点特征

# 初始化模型
model = GCN(num_features=输入特征维度, num_classes=输出维度)
optimizer = optim.Adam(model.parameters(), lr=0.01)
```

```
# 训练模型
for epoch in range(epochs):
    model.train()
    optimizer.zero_grad()
    out = model(data)
    loss = 计算损失函数(out, 实际交通流量标签)
    loss.backward()
    optimizer.step()

    if epoch % 10 == 0:
        print(f'Epoch {epoch}, Loss: {loss.item()}')

# 测试模型
model.eval()
prediction = model(test_data)
performance = 计算性能指标(prediction, 测试标签)
print('Test Performance:', performance)
```

这个代码提供了一个基础的 GCN 模型实现框架，需要根据具体的数据和应用场景进行调整和优化。实际应用中，数据的获取和预处理部分通常是最复杂和耗时的。

二、长短记忆神经网络在时间序列分析中的应用

（一）基本概念

长短期记忆神经网络是 Hochreiter 和 Schmidhuber 在 1997 年提出的一种新的神经网络模型，其本质是 RNN 神经网络的一种变体。而 RNN 由于在时序预测方面取得不错效果，但是反向传播的梯度问题依然存在，而 LSTM 解决了这个问题，它能够缓解训练过程中出现的这种梯度消失现象，从总体来说更加有助于更加适合处理交通流量数据。长短期记忆神经网络作为一种先进的深度学习技术，已成为理解和预测城市交通流动的关键工具。LSTM 的核心优势在于其独特的结构设计，使其能够有效捕捉和利用时间序列数据中

的长期依赖关系，这在传统的神经网络结构中是难以实现的。

LSTM 的设计灵感源于人类的记忆机制。它通过特殊的"门"结构来控制信息的流入和流出，从而有效地管理信息在网络中的保留和遗忘。这些门包括输入门、遗忘门和输出门，它们共同工作，以决定在任何给定时间步哪些信息是重要的，应该保留，哪些则可以忽略。这种机制使 LSTM 在处理具有复杂时间属性的数据时表现卓越，如城市交通流量数据。在城市交通管理的应用中，LSTM 可以被用来预测道路交通流量、优化交通信号调度等。例如，在一个典型的交通流量预测场景中，LSTM 网络可以被训练来识别特定时间点或路段的交通模式，并据此预测未来的交通状况。这种预测不仅基于过去的交通流量数据，还可能包括其他相关因素，如天气条件、特殊事件或节假日等。LSTM 的这种应用对城市交通管理同样具有重要意义。通过准确的交通流量预测，城市交通管理部门能够更有效地调配资源，优化交通信号灯控制，减少交通拥堵，提高道路使用效率。此外，对公共交通系统的优化也能从 LSTM 提供的精确预测中受益，如调整公交车和地铁的运行时间表，以更好地满足乘客需求。需要注意的是，LSTM 模型的训练和优化需要大量的数据和计算资源。模型的精确性高度依赖于输入数据的质量和完整性。因此，有效地收集、处理和分析数据是 LSTM 应用成功的关键。

（二）应用策略

LSTM 网络能够有效处理和预测具有时间相关性的交通数据，这对于理解和预测城市交通流量的变化尤为重要。在实施 LSTM 网络进行交通流量分析时，要关注的是交通数据的彻底预处理。这包括了数据的清洗、标准化或归一化处理，以及缺失数据的处理，确保输入到网络中的数据是准确和可靠的。在构建 LSTM 模型时，需要精心选择模型的各种参数和结构，例如，确定隐藏层的数量和神经元的数量，以及选择合适的学习率等。这些参数的选择直接影响了模型捕捉时间序列数据依赖性的能力。模型构建后，紧接着的步骤是模型的训练和验证。这通常涉及使用历史交通数据进行训练，并通过一部分数据进行验证，以确保模型的准确性和泛化能力。在这个过程中，监控模型的性能至关重要，以便在出现问题时及时调整。特别是在处理具有复杂模式和季节性变化的交通数据时，LSTM 的这种能力显得尤为重要。

训练完成后，LSTM 模型可以用于预测未来的交通流量。这些预测可以帮助交通管理者理解和适应交通流量的变化趋势，从而更有效地规划和管理城市交通。例如，预测结果可以用于交通信号控制系统，帮助减少交通拥堵，或用于公共交通系统的调度，提高其效率和吸引力。为了保持 LSTM 模型预测的准确性，重要的是要定期使用最新的交通数据来更新模型。随着城市交通模式的不断变化，模型的适应性学习能力显得尤为关键。这不仅能够提高模型的长期性能，还能确保模型能够准确地反映出交通流量的最新趋势。

（三）实现示例

要设计一个基于长短记忆神经网络的交通流量预测程序，需要先构建一个基本的 LSTM 模型，然后使用交通流量数据进行训练和预测。以下是一个简化的示例程序，展示了如何实现这一过程。

第一，确保安装了 Python 和必要的库，如 tensorflow 和 numpy。可以使用以下命令进行安装（如果尚未安装）。

```bash
pip install tensorflow numpy pandas matplotlib
```

第二，使用以下 Python 代码构建和训练 LSTM 模型：

```python
import numpy as np
import pandas as pd
from tensorflow.keras.models import Sequential
from tensorflow.keras.layers import LSTM, Dense
from sklearn.preprocessing import MinMaxScaler
from sklearn.model_selection import train_test_split
```

```
import matplotlib.pyplot as plt

# 假设你有一个 CSV 文件，其中包含交通流量数据
# 数据应该有至少两列：一个时间戳和相应的交通流量值
data = pd.read_csv('traffic_data.csv')

# 数据预处理
# 将流量数据归一化到 0-1 之间
scaler = MinMaxScaler(feature_range=(0, 1))
traffic_data = scaler.fit_transform(data['traffic_volume'].values.reshape(-1,1))

# 划分训练集和测试集
train_data, test_data = train_test_split(traffic_data, test_size=0.2, shuffle=False)

# 构建训练和测试数据集
def create_dataset(dataset, look_back=1):
    X, Y = [], []
    for i in range(len(dataset) - look_back - 1):
        a = dataset[i:(i + look_back), 0]
        X.append(a)
        Y.append(dataset[i + look_back, 0])
    return np.array(X), np.array(Y)

look_back = 5   # 使用前 5 个时间点的数据预测下一个时间点
X_train, Y_train = create_dataset(train_data, look_back)
X_test, Y_test = create_dataset(test_data, look_back)

# 重塑输入数据为[LSTM 需要的格式]
X_train = X_train.reshape(X_train.shape[0], X_train.shape[1], 1)
X_test = X_test.reshape(X_test.shape[0], X_test.shape[1], 1)

# 构建 LSTM 模型
model = Sequential()
model.add(LSTM(50, return_sequences=True, input_shape=(look_back, 1)))
model.add(LSTM(50, return_sequences=False))
model.add(Dense(25))
model.add(Dense(1))

# 编译模型
```

```
model.compile(optimizer='adam', loss='mean_squared_error')

# 训练模型
model.fit(X_train, Y_train, batch_size=1, epochs=10)

# 预测
train_predict = model.predict(X_train)
test_predict = model.predict(X_test)

# 反归一化预测结果
train_predict = scaler.inverse_transform(train_predict)
test_predict = scaler.inverse_transform(test_predict)

# 绘制预测结果和实际结果
train_predict_plot = np.empty_like(traffic_data)
train_predict_plot[:, :] = np.nan
train_predict_plot[look_back:len(train_predict)+look_back, :] = train_predict

test_predict_plot = np.empty_like(traffic_data)
test_predict_plot[:, :] = np.nan
test_predict_plot[len(train_predict)+(look_back*2)+1:len(traffic_data)-1, :] = test_predict

plt.figure(figsize=(15, 6))
plt.plot(scaler.inverse_transform(traffic_data), label='Actual Traffic Data')
plt.plot(train_predict_plot, label='Train Prediction')
plt.plot(test_predict_plot, label='Test Prediction')
plt.xlabel('Time')
plt.ylabel('Traffic Volume')
plt.title('Traffic Volume Prediction')
plt.legend()
plt.show()
```

请注意，这个代码是一个基本示例，用于展示如何使用 LSTM 进行交通流量预测。在实际应用中，可能需要对数据进行更复杂的预处理，调整模型参数，以及执行更严谨的验证和测试，以确保准确和可靠的预测结果。此外，没有具体的交通数据，所以这段代码是在假设你已经有了适当格式的交通流量数据的基础上编写的。

三、基于 GCN-LSTM 的交通流量预测模型

（一）鸡群算法

鸡群算法是一种模拟大自然中群体捕食的算法，它的核心思想根据设定的等级和觅食方式将鸡群中分为若干个子群，而在每一个子群中保留一只公鸡。由于设定的不同等级规则导致不同鸡子群之间形成了一种竞争关系。在鸡群算法中，让适应值最优的个体成为公鸡，适应度值最差的个体为小鸡，适应度值适中的个体为母鸡。而母鸡具有选择任何一个子群的权利，并且母鸡和小鸡之间的关系并不是固定关系，更新后才会发生改变。因此，在每个子群中，群内个体围绕公鸡进行寻找食物。

设定鸡群的群体数量为 N，空间维度为 D，个体 i 在第 j 维中第 t 次迭代所在位置为 $x_i^j(t)$。公鸡、母鸡和小鸡的位置表示如下。

1. 公鸡位置

公鸡是每一个子群中适应度值最好的，并且在子群中处于引领的位置，具体的位置更新如下：

$$x_i^j(t+1) = x_i^j(t) \times (1 + Randn(0, \sigma^2)) \tag{19}$$

$$\sigma^2 = \begin{cases} 1 & \text{if } f_i \leqslant f_k \\ \exp\left(\dfrac{f_k - f_i}{|f_i| + \varepsilon}\right) & \text{otherwise} \end{cases} \tag{20}$$

式（19）中，$Randn(0, \sigma^2)$ 表示均值为 0，标准差为 σ 的正态分布，ε 是一个保证分母不为 0 的常数，f_i 和 f_k 分别表示当前第 i, k 只公鸡的目标函数值。

2. 母鸡的位置

母鸡是每一个子群中数量最多的个体，在觅食过程中，母鸡主要在公鸡附近搜寻食物，母鸡的位置更新公式如下：

$$x_i^j(t+1) = x_i^j(t) + c_1 \times rand \times (x_{r1}^j(t) - x_i^j(t)) + c_2 \times rand \times (x_{r2}^j(t) - x_{i,j}(t)) \tag{21}$$

$$c_1 = \exp((f_i - f_{r1})/abs(f_i) + \varepsilon) \qquad (22)$$

$$c_2 = \exp(f_{r2} - f_i) \qquad (23)$$

在式（21）中，$rand$ 表示数值为 0.5 的随机数，而 r_1 表示子群中的第 i 只母鸡所对应的公鸡个体，r_2 表示在整个鸡群中，任意选择的公鸡和母鸡的个体，且存在 $r_1 \neq r_2$ 关系。

3. 小鸡的位置

在每一个子群中，小鸡都会随着母鸡身边进行觅食，位置更新如下：

$$x_i^j(t+1) = x_i^j(t) + F \times (x_m^j(t) - x_i^j(t)) \qquad (24)$$

式（24）中，m 表示在该子群中第 i 只小鸡对应的母鸡个体，而采用 F 表示跟随系数，用来说明小鸡跟随母鸡在一起寻找食物的过程。

（二）特征提取及模型参数优化

1. 空间特征提取

交通流预测的准确度得益于邻近交通信息和时间信息的使用。先前的研究表明使用 GCN 可以通过捕捉交通数据空间相关性来预测路网交通流，进而提高交通流预测的精度。

2. 时间特征提取

通过对城市道路网中的交通流数据进行分析可知，在时间维度上每个时刻的交通流状况具有严格的时序关系，因此对于交通流时间维特征的提取，采用时序数据的方法来处理是十分有效的，因此，使用 LSTM 可以获得交通数据时间相关性来预测路网交通流，进而提高交通流预测的精度。

3. 模型参数优化

利用 GCN 和 LSTM 可以完成对流量的预测，但是制约两种模型精度的关键因素之一的是模型的参数，因此为了更好地获得模型性能，将鸡群算法进行改进，并用来优化两种模型的主要参数，从而提高模型的性能。

（三）改进的鸡群算法

在鸡群算法中，公鸡个体的位置非常重要，它决定着算法解的最优值的效果，但是从个体位置的更新中发现公鸡的位置缺乏及时的和全局的个体解进行对比，这样使得算法的局部解和全局解无法及时有效地进行平衡，为了改进这种情况，我们在公鸡位置的更新中引入了非线性学习因子公式：

$$a(t) = t \times \frac{\ln w_{\max} - \ln w_{\min}}{t_{\max}} \tag{25}$$

$$w(t) = e^{-a(t)} \tag{26}$$

在式（25）～式（26）中，t 表示当前迭代次数，$t_{\max}$ 表示最大迭代次数，$w_{\max}$ 和 $w_{\min}$ 分别为学习因子的最大值和最小值。$w(t)$ 为学习因子，因此公鸡个体的位置更新如下：

$$x_i^j(t+1) = x_i^j(t) \times [1 + Randn(0, \sigma^2)] + w(t) \times (x_{best}(t) - x_i^j(t)) \tag{27}$$

在鸡群算法中，每一个母鸡在子群的搜索空间中寻找适应度值最好的公鸡并向其靠拢，这样导致算法在迭代的过程中容易出现个体聚集而丧失了获得更多解的可能性，为了能够避免算法陷入局部最优，本文提出了基于加权思想的母鸡个体，该加权后的个体能够在整个鸡群中一起寻找整个种群最优个体的位置，从而能够帮助个体跳出局部最优，从而保障算法获得更好的解。加权的公式如下所示：

$$x_{center}^t = \sum_{i=1}^{H} c_i^t x_i^t \tag{28}$$

$$c_i^t = \frac{f_i^t}{\sum_{i=1}^{H} f_i^t} \tag{29}$$

式（28）～式（29）中，x_i^t 表示母鸡个体 i 在第 t 次迭代时候的位置，f_i^t 表示母鸡个体 i 的适应度值，c_i^t 为在第 t 次迭代后的归一化的适应度值作为加权系数，x_{center}^t 表示在第 t 次迭代时候母鸡群体中加权中心的位置，H 为母鸡个数。

从小鸡的位置更新的公式中发现，跟随系数是由人为设定的，其作用是保证在子群范围中小鸡跟随母鸡，由于小鸡个体的适应度值是最差的，因此如何提高小鸡个体位置更新就显得非常重要。在小鸡位置更新的过程中，当跟随系数的数值结果较大的时候，就会给算法在迭代后期产生较为严重的震荡现象，从而影响了算法的运行速度，使得算法精度随之降低，反之，则会避免算法产生震荡，使得算法的求解精度逐步上升。从这里可以发现，跟随系数的设置关系到整个鸡群算法的性能，为了避免这种情况的发生，本书提出了一种自适应步长的思想，这种思想可以使得在算法初期，小鸡位置的变换比较小，借助较大的步长可以快速向个体的局部最优值靠近，使得算法的收敛速度得到提升。随着算法的不断运行，自适应步长数值逐渐减少，这样能够保证小鸡在自身周围不断进行优化处理，慢慢向着最优解靠拢。通过自适应思想的调节，一方面可以扩大搜索的范围，同时另一个方面提升了解的搜索精度，进一步提高了解的质量。跟随系数的变化公式如下：

$$F = t \times \frac{f(x_i^t)}{f_{obj}^{\max}(x_i^t) - f_{obj}^{\min}(x_i^t)})$$

（30）

式（30）中，t 表示为当前迭代的次数，$t_{\max}$ 为设定的最大迭代次数，$f_{obj}^{\min}(x_i^t)$ 和 $f_{obj}^{\max}(x_i^t)$ 分别表示个体 i 当前迭代过程中的适应度值最大值和最小值，$f(x_i^t)$ 表示个体 i 的适应度值。

（四）预测步骤

针对某一个路口的历史交通流量数据的学习，预测下一个阶段的交通流量。本书使用 GCN-LSTM 神经网络进行交通流量的预测，但是由于该神经网络的超参数的不确定性使得预测精度将受到影响，为了避免这种情况的发生，本书使用了改进的鸡群算法去优化学习率、动量衰减、批量大小，以及隐藏层单元数主要等参数。具体流程如下。

步骤 1：数据预处理。将收集的数据分别按照神经网络预测特点分为训练集、验证集和测试集，并进行归一化处理。

步骤 2：构建并行处理子模型。设置预测输入数据量为 m，分别用前 3 个，前 6 个，前 9 个交通流数据对下一个阶段的交通流数据进行预测。

步骤 3：算法种群初始化。将鸡群个体进行随机设置。

步骤 4：模型求解：将 GCN-LSTM 的预测结果的均方根误差作为鸡群个体的适应度函数。

步骤 5：算法更新：在鸡群算法中分别采用非线性递减的公鸡位置更新、加权的母鸡个体和自适应的跟随系数优化。

步骤 6：判断是否达到最大迭代次数，如果没有达到最大迭代次数，则转步骤 4，否则终止算法，输出最优值。

四、仿真实验

为了更好地说明此处算法的效果，采用国际公布的流量数据库作为理论测试来源，该数据库是美国加州某条公路 2020 年 1 月 27 日到 2 月 25 日的数据，时间间隔为 5 min，将获得的实验设置按照 8∶1∶1 的比例分配给训练集、验证集和测试数据集合。选择实际场景中的绍兴市区的山会大道和解放路的交叉口（如图 6-8 所示）作为研究对象，收集 2023 年 6 月 1 日至 6 月 10 日的车流量数据，时间间隔为 10 min。本文选择 CPU 为酷睿 I7，内存为 8GDDR4，硬盘为 1T 容量，软件选择 Windows10 系统，软件为 Matlab2012。

图 6-8　交叉路口

（1）评价标准

交通流量预测的效果主要依靠真实的实际值和方法产生的预测值的差值进行反映。目前，在交通流量预测中，主要采用 MAE、RMSE 和 MAPE 作为指标。公式分别如下：

$$MAE = (\sum_{i=1}^{N} |Y_i - y_i|) / N \tag{31}$$

$$RMSE = \sqrt{(\sum_{i=1}^{N} |Y_i - y_i|) / N} \tag{32}$$

$$MAPE = (\sum_{i=1}^{N} |Y_i - y_i|) / N \times 100\% \tag{33}$$

在以上公式中，Y_i 表示第 i 个交通流量数据的预测的数值，y_i 表示第 i 个交通流量数据的实际数值，N 为表示交通流量数据的数量。

（2）改进后的鸡群算法性能分析

为了更好地展示改进后的鸡群算法的性能，本书采用 ICSO 和 CSO 分别优化小波神经网络（WNN）和 GCN-LSTM 采用美国加州某公路作为数据进行交通流量预测，两种算法都采用统一的种群数量，设置迭代次数为 100。表 6-5 显示了在不同的数据流量下的两种算法预测指标的对比。

表 6-5　两种算法在 WNN 和 LSTM 的预测误差对比

模型	$M=3$			$M=6$			$M=9$		
	MAE	RMSE	MAPE	MAE	RMSE	MAPE	MAE	RMSE	MAPE
WNN	31.92	40.28	21.56	28.12	38.96	20.41	20.24	27.56	13.96
CSO-WNN	20.45	36.78	16.23	19.46	35.12	14.63	16.43	22.27	12.67
ICSO-WNN	15.74	20.75	11.75	14.85	16.74	10.76	14.75	20.51	10.27
GCN-LSTM	16.74	23.07	11.63	17.59	23.18	12.12	16.37	22.46	11.19
CSO-GCN-LSTM	13.16	19.00	11.27	15.70	21.39	12.09	15.51	21.47	10.39
ICSO-GCN-LSTM	12.76	18.34	9.37	14.33	20.03	9.87	14.25	19.81	9.87

从表 6-5 的结果中发现，本书算法在 WNN 和 LSTM 方面都具有较好的预测效果，预测误差数值相比于 CSO 具有一定的优势，这说明了本书算法具有较好的优势。但同时也发现 WNN 和 LSTM 存在超参数选择不合理而导

致预测效果不佳的问题，虽然 CSO 对其分别进行了优化，但由于自身性能的问题，使得误差精度无法进一步提高，而 ICSO 算法通过非线性递减的公鸡位置更新、加权的母鸡个体和自适应的跟随系数优化等一系列措施，提高了算法的性能，使得误差精度明显降低。

（3）基于 ICSO-GCN-LSTM 的模型预测效果分析

为了进一步验证本文提出的 ICSO-GCN-LSTM 预测性能，选择了支持向量机（SVM）、小波神经网络（WNN）、ICSO-WNN、ICSO-GCN-LSTM 作为对比算法，针对绍兴市道路路口的车流量评价指标进行对比。如图 6-9～图 6-11 所示。

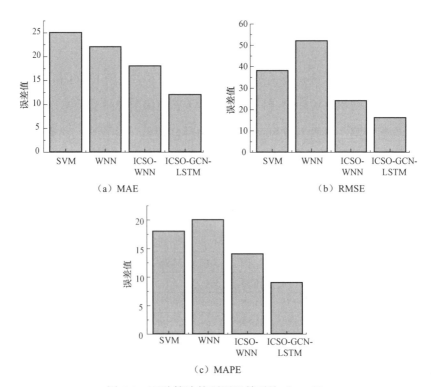

图 6-9　五种算法的预测误差对比（$m=3$）

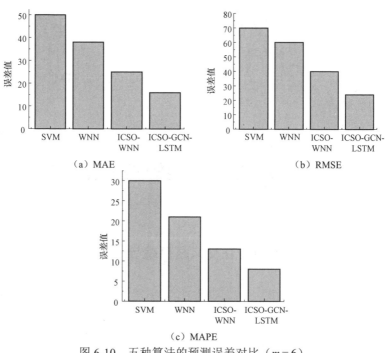

图 6-10　五种算法的预测误差对比（$m=6$）

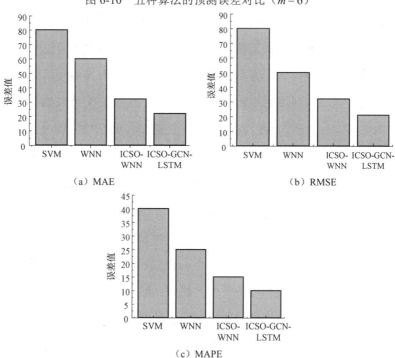

图 6-11　五种算法的预测误差对比（$m=9$）

从图 6-9 中发现，ICSO-GCN-LSTM 算法下的三种预测评价指标的数值都为最小值，相比于 SVM 和 WNN 具有明显的优势，在 RMSE、MAE 和 MAPE 三个指标中具有明显的优势，说明了 ICSO-GCN-LSTM 算法具有较好的预测的优势。

第四节　数字技术赋能的交叉路口疏导

一、强化学习神经网络在交叉路口疏导中的应用

（一）原理解析

强化学习神经网络在交叉路口疏导中的应用是一个高度复杂且动态的问题，它涉及实时交通数据的分析和对不断变化的交通状况的快速响应。在探讨强化学习神经网络在交叉路口疏导中的应用时，需要理解这一技术的基本原理及其如何适应并优化繁忙的交通节点。强化学习神经网络是一种自我学习的系统，通过与环境的不断互动实现目标，这在交叉路口的智能交通管理中尤为关键。强化学习神经网络依赖于智能体（如交通信号控制系统）与其环境（交叉路口的交通情况）之间的交互。智能体在给定的状态（如车辆数量、等待时间）下做出行动决策（如调整信号灯时长），并根据环境反馈（车辆流通率或拥堵程度）来调整其策略。通过这种方式，系统能够自我学习并优化交通流量控制策略。

在交叉路口疏导的应用中，强化学习神经网络先是分析实时交通数据，如车辆流速、车道占用率和等待时间，然后，它根据这些数据来决定信号灯的变换，旨在减少总体等待时间并提高交通流量的效率。这种自我调整的能力使得强化学习成为管理复杂交通系统的理想工具。不过，强化学习神经网络在交叉路口疏导的实际应用中仍面临一些挑战。例如，实时数据的准确性

和完整性是成功实施强化学习的关键，但在实际环境中可能难以获得高质量的实时数据。此外，由于交通环境的复杂性和不可预测性，建立一个能够准确反映所有可能交通情况的强化学习模型是非常具有挑战性的。

（二）应用步骤

在探索如何利用强化学习神经网络构建交叉路口疏导模型时，必须考虑整个过程的综合性。强化学习神经网络的核心是训练一个智能体以使它能够在特定环境中作出最优决策。在交叉路口疏导的应用中，这意味着智能体需要学会如何控制信号灯以最大化道路的通行效率并减少拥堵。需要对交叉路口的环境进行详细的描述和建模。这包括道路布局、车辆流量、信号灯设置等。基于这个环境，设计出智能体的行为模式。这个智能体需要能够解读交通流量数据，识别拥堵模式，并据此作出调整信号灯的决策。

通过训练智能体来学习交叉路口的各种交通场景。训练过程中，智能体会根据其决策的效果获得奖励或惩罚。这一步骤是一个迭代过程，智能体逐渐学习如何在不同的交通情况下作出最优的信号调整。对模型的有效性进行测试也是关键。这不仅包括在模拟环境中的测试，还需要在实际道路情况下进行验证。测试结果将帮助进一步优化模型，确保其在实际应用中的准确性和可靠性。一旦模型经过充分测试并验证有效，它便可以在实际的交叉路口中部署。在实际部署过程中，需要密切监控系统的运行情况，并根据实际交通流量和路口状况进行必要的调整。

（三）应用分析

强化学习神经网络在交叉路口疏导中应用的关键在于构建一个适应城市交通特性的智能系统，能够实时响应不断变化的道路状况。这个过程涉及环境的精确模拟、智能体的开发、奖励机制的设计，以及系统的持续训练和优化。构建一个详细模拟交叉路口的环境是基础。这个模拟环境需要反映现实世界交通的复杂性，包括多车道、不同的交通流量模式，以及可变的交通信号灯设置。这样的环境可以提供给智能体必要的输入数据，如车辆数、等待时间和交通流向等，以便于智能体进行决策。

开发智能体是关键步骤。智能体需要能够从环境中接收输入并做出决策，以优化交通信号灯的状态。这要求智能体具备处理实时数据并快速做出决策的能力。在强化学习神经网络的帮助下，智能体能够通过试错学习来找到减少交通拥堵和提高通行效率的最佳策略。为了使智能体按照预期工作，设计有效的奖励机制至关重要。奖励机制应当鼓励智能体采取减少交通拥堵和提高通行效率的行动。例如，智能体可以在交通流畅通过交叉路口时获得积极的反馈。对智能体进行持续的训练和测试是不可或缺的。通过不断的实验和调整，智能体可以学习如何在各种不同的交通条件下做出最佳决策。这个过程可以借助于各种强化学习算法，如 Q 学习或策略梯度方法。

二、构建交叉路口的智能疏导模型

（一）模型构建

在构建交叉路口的智能疏导模型时，必须采取一种系统化和综合的方法，以确保模型既反映了现实交通情况的复杂性，又能够高效地进行智能化决策。该过程可以分为几个主要步骤，如图 6-12 所示。

图 6-12　构建交叉路口的智能疏导模型的过程

第一，需要准确地定义交叉路口的环境参数。这包括路口的基本布局（如车道数、转弯区域、行人过道）、交通流量（包括车辆和行人）、交通规则（如信号灯的定时和转弯规则），以及可能影响交通的特殊因素（如道路工程、事故或特殊事件）。这一步骤是至关重要的，因为它为智能系统提供了必要的基础数据。

第二，需要开发一个模拟系统，它能够模拟交叉路口的实际交通情况。这个模拟系统必须能够实时更新，并反映出交通状况的实时变化。这不仅包括车辆和行人的流量，还包括他们的行为模式。这种模拟系统可以通过集成交通监控数据、传感器数据和历史交通流量数据来构建。

第三，必须设计一个智能决策支持系统。这个系统将基于模拟环境中的数据做出决策，以优化交叉路口的交通流。这个决策系统可以利用各种机器学习算法，如强化学习，来学习如何根据不断变化的交通情况调整信号灯的时序，减少交通延误，并提高整体交通效率。还必须考虑系统的实时性和适应性。智能疏导系统需要能够快速响应实时数据，并适应突发事件或交通模式的变化。这意味着系统应该具备自我学习和适应的能力，能够随着时间的推移和数据的积累不断改进其决策。

第四，模型的验证和测试是不可或缺的。通过与现实世界数据的比较，可以验证模型的准确性和可靠性。这通常涉及长时间的观察和多种情境下的测试，以确保模型在各种实际交通条件下都能有效工作。

（二）模型评估

交叉路口智能疏导模型的评估是一个多方面、多维度的过程，涉及性能、适用性、可扩展性、可维护性和用户体验等多个方面。通过这种全面的评估，能够确保模型不仅在理论上有效，而且在实际应用中能够达到预期的疏导效果。

性能评估。这一步骤的目的是确定模型是否能够准确预测和管理交叉路口的交通流。这通常涉及比较模型预测的交通流与实际观测数据之间的差异。评估指标可以包括交通流的预测准确率、信号灯调度的优化程度及交通拥堵的减少程度等。性能评估不仅帮助理解模型在实际环境中的表现，也是不断优化和调整模型的基础。

适用性评估。这意味着要考察模型在不同类型的交叉路口和各种交通条件下的表现。因为不同的路口可能有不同的交通流特点和管理需求，一个有效的模型应该具有一定的通用性和灵活性，能够适应不同环境的需求。适用性评估还需要考虑模型在不同时间段（如早晚高峰、节假日等）的表现，以及它对突发事件（如交通事故或道路维修）的响应能力。

可扩展性和可维护性评估。这涉及评估模型是否能够容易地扩展到更大范围的交通网络中，以及其长期运行时的维护需求。可扩展性评估帮助了解在将模型应用到更广泛的城市交通网络时可能遇到的挑战和机遇。而可维护性评估则关注于模型的长期运行成本和所需的技术支持。

用户体验和反馈。这包括收集和分析来自交通管理人员、普通驾驶员、以及公众的反馈，了解他们对于改进的交叉路口管理体验的看法。用户反馈可以提供关于模型实际效果的宝贵信息，并指导未来的优化方向。

三、仿真实验

为了更好地验证结果，选择 CPU 为酷睿 I5，内存为 8GDDR4，硬盘为 1T，操作系统为 Win10，Cityflow 交通仿真平台进行验证，并使用公开的数据集进行测试。在设定好实验中的对比算法的所需要的参数，以及 Cityflow 环境参数，通过运行 python 程序对模型进行训练，来检验算法具有较好的效果。

（一）不同道路规模的对比

本书中采用平均行驶时间作为评价指标，它主要能反映在道路拥堵路口所有车辆从排队拥挤到离开系统所花费的行驶时间的平均值。因此，平均行驶时间越小，说明算法的信号控制策略越好，疏导的效果也就更好。选择了传统的 Fixed-Time、Max Pressure 算法、深度强化学习算法 Press Light 作为对比算法。

表 6-6　不同道路规模下效果对比

	1×1	2×2	1×4	16×3
Fixed-Time	325.78	704.56	685.48	279.25
Max Pressure	129.57	169.52	579.52	390.18
Press Light	98.52	120.36	431.85	249.56
本书算法	101.56	117.12	436.21	234.19

表 6-6 显示了四种算法在不同的路网规模下的规模对比，从表 6-6 中可以发现本书算法和 Press Light 算法的结果在小路网规模下的结果比较接近，仅相比于 Press Light 算法多 5%～8%，但是在较大的路网规模下，本书算法相比于 Press Light 具有将近 10% 左右的优势。同时本书算法相比于 Fixed-Time 和 Max Pressure 算法具有明显的优势。

（二）不同地图规模的对比

选择了如图 6-13 所示的 4 种不同地图规模用来验证本文算法在道路疏导方面的研究。结果图 6-14 所示，从图中的对比结果来看，本文算法相比于 Press Light 在不同的地图规模中具有较好的疏导办法，从四幅图像的结果来看，随着区间的长度逐渐增加，道路疏导的时间逐渐下降，这是由于不断的交通区间扩大，更多的道路可以缓解拥堵，使得缓解时间大大地降低，总体上看本文的算法具有一定的优势。

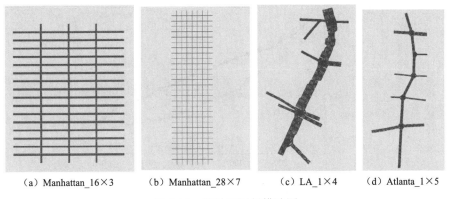

（a）Manhattan_16×3　　（b）Manhattan_28×7　　（c）LA_1×4　　（d）Atlanta_1×5

图 6-13　四种不同规模地图

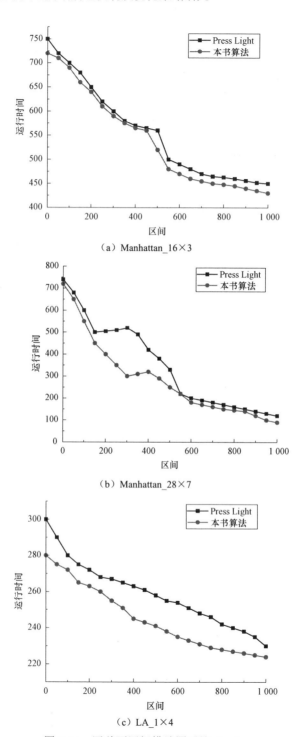

（a）Manhattan_16×3

（b）Manhattan_28×7

（c）LA_1×4

图 6-14　四种不同规模地图对比（一）

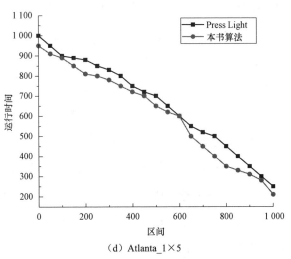

（d）Atlanta_1×5

图 6-14 四种不同规模地图对比（二）

第五节 数字技术赋能的车路协同研究

一、车路协同系统的设计与实施

（一）系统架构

车路协同系统的数字技术赋能下系统架构涉及多个层面的集成与创新，旨在通过高度的信息化和智能化手段，实现车辆与道路设施之间的高效互动，以提升交通系统的整体运行效率和安全性。该系统架构主要基于传感器技术、通信网络、数据处理单元和应用服务四大基础构成部分。系统依托于各种传感器及物联网设备，如 GPS、LiDAR、摄像头，这些设备安装于车辆和道路两侧，实时收集交通流量、车辆状态、道路状况等关键信息。这些信息的实时收集为车路协同系统提供了数据基础。

通信网络是车路协同系统的关键，包括车对车、车对路等多种通信模式，通过蜂窝网络、专用短程通信（DSRC）等技术实现车辆与道路基础设施间

的实时数据交换。这种高效的通信网络确保了信息在车辆和道路设施间的及时传递，为交通管理决策提供支持。数据处理单元是车路协同系统的大脑，包括车载处理单元和云端处理中心，负责对收集到的数据进行分析处理，生成交通流的实时信息和预测模型，指导交通管理和车辆行驶策略。应用服务层则是将处理后的信息转化为具体的交通管理措施和驾驶辅助服务，如智能交通信号控制、车辆导航更新、紧急事件响应。

在整个系统架构中，还需考虑与现有交通管理基础设施的集成问题，以及数据安全和用户隐私保护措施。通过这样一个高度集成和智能化的系统架构，车路协同系统能够有效地提升道路利用率，减少交通拥堵，提高交通安全性，最终实现智慧交通的目标。

（二）实施步骤

1. 需求分析与规划

这一阶段需要深入理解城市交通的实际需求，包括交通流量分布、高峰时段、常见拥堵点和事故多发区域等。基于这些数据和分析，制定出车路协同系统的目标和预期成果，以及系统应具备的功能和性能指标。

2. 系统设计阶段

在这一阶段，设计团队需要根据前期的需求分析，规划系统的架构设计，确定所需的硬件设备（如传感器、通信设备）和软件平台（包括数据处理和应用服务）。同时，还需要设计数据交换的格式和协议，确保不同设备和系统间的兼容性和互操作性。

3. 设备部署与安装

这包括在道路两侧及车辆上安装必要的传感器和通信设备，建立数据传输网络，以及设置中央控制室和数据处理中心。在部署过程中，需要考虑设备的稳定性和耐用性，确保系统能够在各种天气和交通条件下稳定运行。

4. 系统测试与调试阶段

通过模拟不同的交通场景和条件，测试系统的响应时间、数据处理能力和决策准确性等，对发现的问题进行调整和优化。

5. 系统运行与维护确保了车路协同系统的长期稳定运行

这包括对系统软硬件进行定期检查和更新，分析系统运行数据以优化性能，以及根据新的交通管理需求对系统进行升级。

通过以上详细的实施步骤，车路协同系统能够有效地在城市交通管理中发挥作用，提高交通效率，减少拥堵，提升道路安全性。同时，这一过程也促进了数字技术在交通管理领域的深入应用和创新发展。

（三）性能评价

在数字技术赋能的车路协同研究领域，对车路协同系统的性能评价是确保系统能够高效、有效运作的关键环节。性能评价不仅涉及系统实施后的即时反馈，还包括长期的运行效果监控与分析，以便对系统进行持续的优化和升级。性能评价的第一步是制定评价指标。这些指标应当全面覆盖系统的关键性能领域，包括但不限于系统响应速度、数据处理能力、通信效率、用户满意度及交通流量控制的有效性等。例如，系统响应速度可以通过测量数据从采集到处理再到作出反馈的整个周期时间来评估；而交通流量控制的有效性则可以通过比较实施车路协同系统前后的交通流量和拥堵情况来衡量。第二步是测试环节。这通常涉及场景模拟测试和实际运行测试两个阶段。场景模拟测试在系统上线前进行，通过模拟各种交通状况来检验系统的性能表现，确保系统能够在各种预设条件下正常运行。实际运行测试则在系统部署后进行，通过实时监控和收集系统运行数据来评估系统的实际表现。数据分析与优化是性能评价的第三步。根据收集到的测试数据，对系统性能进行全面的分析，找出存在的问题和不足。这一过程中，可能涉及算法优化、硬件升级或工作流程调整等多种改进措施。优化的目标是提升系统的整体性能，提高交通管理的效率和效果。最后一步是长期监控，这一环节也贯穿性能评价始终。车路协同系统的性能评价不是一次性的任务，而是一个持续的过程。通过建立长期的性能监控机制，可以及时发现系统运行中的新问题，根据交通流量和使用模式的变化对系统进行适时调整。

通过上述性能评价流程，可以确保车路协同系统能够持续地提供高效、可靠的服务，有效地缓解城市交通拥堵问题，提升道路使用效率和安全性。同时，这一过程也为未来车路协同系统的设计与实施提供了宝贵的经验和数据支持。

二、区块链技术在车路协同中的应用

（一）基本原理

区块链技术在车路协同系统中的应用提供了一种新的维度来增强交通系统的安全性、透明度和可靠性，不仅提高了数据的安全性和可靠性，也为智能交通管理和控制提供了强大的技术支持，是推动未来城市交通发展的关键技术之一。区块链技术的核心原理是建立一个分布式的、不可篡改的数据记录系统，这使得交通相关的数据信息更加安全和透明。区块链技术的基本原理涉及到数据块的创建和链式连接。每个数据块包含一系列交易或信息，并通过加密算法保证其安全性。这些数据块按时间顺序相连，形成一个连续的链条，即区块链。在车路协同系统中，区块链可以用于记录交通数据、车辆行为记录、交通管理决策等信息，从而确保数据的不可篡改性和可追溯性。在车路协同应用中，区块链技术提供了一种高效的数据共享和管理方法。通过区块链，车辆可以安全地共享其位置、速度、行驶方向等信息，同时保证这些信息的真实性和不可伪造性。这对于实现车辆间的有效通信和协作，提高道路使用效率和安全性至关重要。

区块链技术还能加强车路协同系统中的数据安全和隐私保护。由于区块链的分布式特性，数据不是存储在单一的服务器上，而是分布在整个网络中。这大大降低了数据被篡改或被非法访问的风险。同时，区块链技术还可以通过智能合约等功能，自动执行交通规则和政策，减少人为干预和误操作的可能性。在实际应用中，区块链技术可以与车载传感器、GPS、移动通信技术等结合，实现车辆与道路基础设施之间的实时、有效的数据交换和处理。例如，在智能交通信号系统中，通过区块链记录的车辆流量数据可以用来优化交通信号灯的调整策略，减少交通拥堵和提高道路通行效率。

（二）实施方案

1. 利用区块链技术改善车路协同效率

利用区块链技术改善车路协同效率的关键在于创建一个能够有效处理和共享关键交通信息的系统。第一，需要建立一个区块链网络，该网络由多个节点组成，包括车辆、交通信号系统、监控中心等。每个节点都能够生成和验证交通相关数据，如车辆位置、速度、行驶方向等，并将这些数据以加密的形式存储在区块链上。这保证了数据的透明性、安全性和不可篡改性。第二，需要开发智能合约来自动化交通管理流程。智能合约是区块链技术中的一种程序，能够在满足特定条件时自动执行。例如，智能合约可以用于自动调节交通信号灯，基于实时交通流量数据来优化交通流动。第三，在车辆方面，需要将车载系统与区块链网络连接。通过安装具有区块链功能的车载设备，车辆可以实时向区块链网络发送其状态信息，并接收来自其他车辆或交通基础设施的信息。这种双向通信确保了车辆在交通网络中的实时互动和响应。第四，还应考虑将区块链技术与现有的交通管理系统结合。例如，交通监控中心可以使用区块链数据进行实时交通分析，以便更有效地调配交通资源和响应突发事件。第五，为了增加系统的可用性和覆盖范围，可以推动与其他智能城市项目的合作，如智能停车系统、公共交通系统等，共享区块链上的数据和资源。第六，进行系统测试和优化。在实施初期，应在有限的范围内进行试点测试，以评估系统的实际性能，并根据反馈进行必要的调整和优化。此外，还应考虑用户的体验和反馈，确保系统的易用性和效率。

2. 基于区块链技术提供的可信设备接入方案

利用区块链技术为车路协同管理系统开发一套可靠的设备接入方案。该方案旨在处理城市交通拥堵问题，特别是在联网协作的各个阶段，包括设备注册、身份验证、建立可信共识，以及部署与管理。

（1）在车路信息的接入及管理方面。根据车联网的数据处理能力和网络访问能力，车路协同系统可以大致分为两大类设备：路侧智能设备和智能网联汽车。路侧智能设备能够直接接入工业区块链网络，从而参与到区块链网络的各项活动中；而智能网联汽车则通过车载网关或防火墙间接连接到区块链网络，间接进行交互与协作。在实际应用中，智能汽车在启动或状态发生变化时，可以实时注册或更新其在区块链上的信息。与此同时，路侧智能设备有能力在区块链上部署各种智能合约，用以处理诸如车辆注册、信息更新、认证、数据访问等任务。此外，车辆运营或管理方也可以部署智能合约来管理车辆信息。路侧设备通过区块链不仅能够访问和管理注册信息，还能够跟踪和记录访问历史等重要数据。

车路设备接入区块链，旨在实现数据的存证和溯源查询，确保信息的可靠性和安全性。系统中的接口服务模块支持多语言 SDK 及 Restful API，提供了数据在区块链上的安全访问。此外，通过多链架构，系统实现了数据隔离和业务的高效交互，从而保障了车路协同系统在处理大量数据时的稳定性和高效性。

（2）在智慧交通新型身份认证方面。基于区块链的智慧交通身份认证的基础设施采用模块化设计，这一方案采用了模块化和四层架构的设计思路，涵盖了接口服务、区块链服务及会员服务三大关键模块。

接口服务模块负责提供多语言 SDK 和 Restful API，以便于不同的车路设备能够方便地接入区块链网络，并进行有效的身份数据认证与管理。这一模块的设计使得各类设备能够无缝地与区块链网络进行交互，从而保证整个系统的高度协同和数据安全。

区块链服务模块关注于区块链网络中的核心技术实施，如业务数据的共识机制、记账服务、智能合约的部署与执行、系统的无缝升级，以及支持多语言的开发环境。这些技术保障了区块链网络在处理智慧交通数据时的高效性和灵活性。会员服务模块主要负责处理与身份相关的各项服务，包括基于

CA 的证书管理、私钥的发放和管理、机构的准入管理、签名和验签服务。该模块的主要目的是确保车路设备及其对应用户的准入控制和身份认证过程的安全性和可靠性。

（3）在可信共识方面。考虑车路设备数量庞大且处理的请求频繁但小型，系统采纳了一种高效的多链跨链共识机制。这种机制的核心在于将信息处理业务按层次分散到不同的区块链上，每个层级的链独立处理与其直接相关的业务逻辑。这样的分层处理不仅提高了处理效率，也促进了信息的有效共识。这些层级链之间通过设置多个中继链来实现信息的上下传递。这些中继链负责传输已封装好的区块信息到上下层链，并在各层之间实现共识确认。这样的设计允许跨链信息的流通和验证，从而保障了整个系统的信息一致性和准确性。值得注意的是，这种分层设计和共识机制的具体实施需要根据实际的网络规模和信息处理需求进行调整。这种灵活的设计使得系统能够适应不同规模和复杂度的车路协同环境，从而在保证高效共识的同时，满足不同场景下的需求。

（4）在部署和管理方面，车路协同系统的建设集中于搭建一个区块链即服务平台，该平台覆盖了一系列关键技术，包括区块链网络的可视化部署、监控管理、智能合约的全周期管理、商业接入管理，以及分布式消息传递技术。通过这个平台，用户能够在直观的界面上指导部署过程，构建适应各类计算资源的联盟链网络。同时，可视化监控管理使用户能够实时监控网络的状态、交易情况、日志，以及资源的使用情况，并对网络中的权限、主机、节点、智能合约，以及链本身进行全面管理。

在智能合约的管理方面，平台提供了从编辑、编译、调试、测试到部署和升级的全生命周期支持。此外，根据不同客户的需求，平台还提供了多种商业接入方式，如无节点接入、轻量级集群或重量级集群等。利用公有链的技术，分布式消息通讯模块实现了联盟成员间对分布式事务的有效协同处理。

针对车路协同管控网络的特性，车路设备既可以直接部署在联盟链上，也可以部署在联盟链之外。在控制网络以智能合约形式存在于联盟链上的情况下，车路设备可以直接通过智能合约与联盟链交互，从而访问和执行相关的工业控制任务。若控制网络位于联盟链之外，则车路设备可通过执行联盟链上的辅助智能合约获得控制任务的访问权限，进而与控制任务直接交互。同时，根据控制任务的具体需求，车路设备在执行控制任务过程中产生的交互结果数据可被存储于联盟链的数据库中。

三、边缘计算在智能交通系统中的作用

（一）技术介绍

边缘计算技术，作为智能交通系统的核心技术之一，其主要特点和优势在于其能够在接近数据源（如路侧单元 RSU 或车载单元 OBU）的位置进行数据处理，从而大幅降低数据传输的延迟和网络拥堵，增强数据处理的实时性和效率。这一技术在车路协同系统中发挥着至关重要的作用。在车路协同系统中，车对一切的通信技术起到了枢纽作用。V2X 通信技术中，边缘计算平台作为数据处理的关键节点，不仅能够处理来自路侧单元（RSU）的各种感知数据，如激光雷达、毫米波雷达、高清摄像机等采集的交通信息，还能处理来自车载单元（OBU）的数据，如车辆定位和环境感知等信息。这些数据的实时处理和分析对于确保交通安全、优化交通流量至关重要。

RSU 和 OBU 的高效工作依赖于 V2X 通信的稳定性和安全性。在接入 V2X 通信网络时，这些设备首先进行安全证书的双向验证和通信协议的验证，确保数据传输的安全可靠。随后，设备会提供基本的识别信息，如路口编号、设备编号、通信状态等，以确保正确的数据传输和处理。不同类型的 RSU 根据其功能和安装位置，传输不同的信息。例如，信号灯 RSU 主要传输与信号灯相位相关的信息，而边缘计算平台 RSU 则传输融合感知信息，如交通参与者的位置、速度等。对于车载单元，其自动驾驶控制信息的传输至关重要，这包括车辆的实时速度、位置、加速度，以及车载感知系统的状态等信息。

边缘计算技术的应用使得这些信息的处理更加高效、实时，从而极大提升了智能交通系统的性能，提高了交通管理的效率和车辆行驶的安全性。通过将数据处理任务分配到网络的边缘，即接近数据产生的源头，边缘计算减少了对中心化数据中心的依赖，加快了数据处理速度，降低了系统的响应时间，从而在保障交通安全和提高道路利用效率方面发挥了关键作用。

（二）系统集成

边缘计算在智能交通系统中的集成是一项关键的技术挑战，它要求系统设计师充分考虑数据处理的高效性和系统的整体可靠性。将边缘计算集成到智能交通系统中，需要综合考虑硬件设施、软件平台，以及数据管理和分析的多个方面。在硬件设施方面，边缘计算平台需要与传感器、摄像头、雷达等物理设备紧密集成。这些设备作为数据采集的源头，不仅需要具备高精度和高可靠性的特点，还需确保与边缘计算平台的兼容性和通信效率。例如，路侧的智能设备，如信号灯控制器、环境监测仪器，都需要能够无缝接入边缘计算平台，以便于数据的即时处理和分析。在软件平台方面，边缘计算系统需要配备能够处理大量数据的强大软件工具。这些工具不仅要求高效处理实时数据流，还需要提供数据融合、分析和智能决策支持的功能。此外，边缘计算平台应支持多种通信协议和标准，以确保与不同类型的设备和系统的兼容性。例如，车载通信系统与路侧传感器间的数据交换，需要一个统一的通信协议来保证信息的准确传输。在数据管理和分析方面，边缘计算系统需要能够高效地处理和存储大量的数据。这要求系统具备高速的数据处理能力和足够的存储空间。同时，为了提高数据处理的准确性和系统的决策能力，边缘计算平台需要采用先进的算法和模型，如机器学习和数据挖掘技术，来提取数据中的有价值信息，并基于这些信息做出智能的交通管理决策。

（三）效果评估

边缘计算在智能交通系统中的应用是近年来智能交通发展的一个重要

方向。它通过对交通系统的边缘节点（如路侧单元和车载单元）进行数据处理，从而提高了数据处理的效率和响应速度。在评估边缘计算在智能交通系统中的应用效果时，需要从几个关键方面进行分析。效率的提升是边缘计算最直观的效果之一。由于数据处理在交通系统的边缘进行，这减少了数据传输到中心服务器的需要，从而显著减少了响应时间。这对于需要实时反应的交通场景（如车辆碰撞预防、交通拥堵管理等）尤为重要。例如，在交通信号控制中，边缘计算能够即时分析路口的交通流量，快速调整信号灯的周期，有效缓解交通拥堵。

边缘计算提高了数据处理的可靠性和安全性。由于数据在本地处理，减少了因数据在网络传输过程中的丢失或延迟的风险。此外，边缘计算还能增强数据的安全性，因为数据在本地处理，减少了数据被拦截的可能性。在智能交通系统中，这意味着更加可靠和安全的车辆通信和数据交换。边缘计算使得智能交通系统更加灵活和可扩展。交通系统可以根据需要在不同地点部署更多的边缘计算节点，而无需担心中心服务器的处理能力和存储容量。这种灵活性对于应对不断变化的城市交通需求尤为重要，使交通系统能够更快速地适应新的交通模式和技术变革。边缘计算在智能交通系统中的应用也面临一些挑战，例如，边缘节点的维护和管理、数据处理的标准化和兼容性问题等。因此，持续监测和评估边缘计算的应用效果，对于优化系统设计、提高运行效率和确保系统的长期可靠性至关重要。

第七章　数字技术赋能城市拥堵治理策略优化

本章将深入探讨如何通过强化政策体系、交通工具的技术升级，以及智能交通系统的数字化转型，来实现更高效、更灵活的城市交通管理。分析数字技术在车辆智能化、公共交通工具改造，以及非机动车和步行者管理中的应用，探索如何将这些技术融入现有的交通系统，从而提升整体的交通流动性和安全性。在交通监控系统、交通信号系统，以及城市交通管理平台的构建方面，本章将展示数字技术如何促进数据的有效集成和分析，进而提升交通管理的实时性和准确性。这包括利用先进的监控技术进行实时交通监控，应用智能算法优化交通信号系统，以及建立综合的数字平台来管理城市交通。

第一节　强化政策体系支撑

一、进一步完善数字技术赋能城市拥堵治理的政策体系建设

为了更有效地应对城市交通拥堵问题，需要在政策层面进行深入的研究和完善，特别是在强化政策体系支撑方面。随着 2022 年《扩大内需战略规

划纲要（2022—2035 年）》发布，2023 年，《加快建设交通强国五年行动计划（2023—2027 年）》《关于推进城市公共交通健康可持续发展的若干意见》颁布，表明我国正在积极完善数字技术赋能城市拥堵治理的政策框架，为数字技术在城市拥堵治理中的应用提供了基本的指导和支持，进一步强化了政策体系的支撑。

政策制定者需要更加深入地理解数字技术在城市交通治理中的潜力和局限。例如，大数据分析可以有效地预测交通流量和拥堵趋势，而智能交通系统如智能信号灯和动态路况监控能够实时适应交通变化。因此，政策制定应考虑到这些技术的特点和应用场景，从而更有效地规划和管理城市交通。

政策体系的完善还需考虑数字技术与城市交通治理的深度融合。这不仅包括技术层面的融合，如云计算、物联网、人工智能在交通领域的应用，还包括政策层面的融合，如制定相应的法规、标准和操作指南，确保数字技术的应用既有效又安全。需要在政策层面促进数字技术与传统交通治理方法的融合。例如，通过制定相关法规和操作指南，确保技术应用的有效性和安全性。同时，也要考虑到如何通过政策激励和引导，促进私营部门和公共部门在智能交通技术方面的合作和创新。

强化政策体系支撑还需关注技术发展与社会需求之间的平衡。随着技术的快速发展，应用于城市交通治理的新技术层出不穷，但如何确保这些技术切实满足城市交通治理的实际需求，避免资源浪费和技术脱节，是制定政策时必须考虑的重要方面。

二、鼓励相关研究部门及机构为数字技术赋能城市拥堵治理提供智力支持

为了强化政策体系的支撑作用，必须鼓励相关研究部门及机构为数字技术赋能城市拥堵治理提供持续的智力支持。这样的支持不仅涉及技术的研发和应用，更包括对城市交通拥堵新形势的深入研究，以及对策略和政策体系的不断优化和更新。

研究部门和机构应当关注数字技术的最新发展趋势，如大数据分析、云计算、物联网、人工智能等，并探索这些技术在城市交通拥堵治理中的具体应用。这包括但不限于交通流量监控、交通信号优化控制、智能导航系统的开发与部署。通过这些技术的应用，可以有效提高城市交通管理的效率和响应速度，缓解城市交通拥堵问题。研究部门和机构还需要密切关注城市交通拥堵的新形势和新特点，如城市人口增长、城市扩张、私家车数量增加等因素对交通系统的影响。这要求研究人员不仅要有宏观的视角，观察城市发展的总体趋势，也要有微观的洞察力，了解交通流量变化的具体模式。这样的研究可以为政策制定提供科学依据，确保政策的针对性和有效性。鼓励研究部门和机构参与政策制定过程，提出基于数字技术应用的城市交通拥堵治理方案。这包括制定切实可行的政策措施，如优化公共交通系统、鼓励绿色出行、完善城市交通基础设施。同时，还应当考虑如何利用数字技术收集和分析交通数据，为政策制定和调整提供及时、准确的信息支持。建立一个持续的智力支持机制，确保政策体系能够及时响应数字技术发展和城市交通形势的变化。这需要政府、研究机构、企业和公众等多方面的合作，形成一个开放、动态、互动的智力支持网络。通过这样的网络，可以有效地集聚各方面的智慧和资源，为数字技术赋能下的城市拥堵治理提供持续、有效的支持。

三、强化政策宣传

通过全方位、多渠道的政策宣传，可以有效提升公众对政策内容的认知度，促进政策的广泛接受和积极响应，从而为缓解城市交通拥堵提供强有力的社会支持。利用传统媒体进行政策宣传是基础且必要的手段。报纸、电视和电台作为信息传播的重要渠道，通过开辟专栏、时空连线等形式，可以覆盖到城市的每一个角落，使得政策信息能够迅速而广泛地传播。这种方式便于达到各个年龄层和社会群体，特别是对于不经常使用网络的老年人群体而言，传统媒体仍是获取信息的主要途径。

借助数字技术和社交媒体平台的力量进行政策宣传，可以实现即时、互动的信息传播效果。门户网站、官方微博、微信、QQ 群等新媒体渠道，以其快速、便捷、互动性强的特点，成为政策宣传的重要平台。通过这些平台发布绿色交通、绿色出行等政策解读宣传，不仅能够实时更新政策动态，还能够收集公众意见和反馈，增强政策的透明度和公众的参与感。公共交通工具上滚动播放政策信息是一种覆盖广泛、效果直观的宣传方式。公交车、地铁等公共交通工具每天服务数以百万计的乘客，利用这些空间进行滚动播放政策信息，可以有效提醒和引导公众积极响应政策，采取绿色出行等行为，减少私家车的使用，从而缓解交通拥堵。

强化政策宣传的过程中，还需注意宣传内容的针对性和实用性。政策宣传应围绕政策目标、措施、影响及公众的利益等方面展开，用浅显易懂的语言解读政策，提供具体的行动指南，增强宣传的吸引力和说服力。同时，积极收集公众反馈，适时调整宣传策略，确保政策宣传的有效性和广泛性。

四、持续性的政策评估与创新

政策评估不仅涉及对现有政策执行效果的回顾与分析，更重要的是，它关乎于对政策适应性的持续审视与及时调整，确保政策措施能够与时俱进，有效应对城市交通拥堵的变化情况。政策评估应建立在全面、客观的数据分析基础之上。通过收集与分析相关的交通数据、政策执行数据等，可以准确地评估政策的实施效果，包括对交通流量、拥堵情况、公众满意度等多方面的影响。这种数据驱动的评估方式，不仅能够提供政策效果的量化指标，还能够揭示政策执行中存在的问题和不足，为政策调整和优化提供有力的依据。

持续性的政策评估还需注重政策适应性的检验。随着数字技术的快速发展及城市交通环境的不断变化，原有的政策措施可能无法完全适应新的情况。因此，政策评估应定期进行，不仅评估政策的实施效果，更重要的是评估政策的适应性，即政策是否能够有效应对当前及预期的交通拥堵情况，是否能够充分发挥数字技术的优势，提高城市交通管理的智能化水平。基于持续性评估的结果，政策创新成为保持政策活力和有效性的关键。政策创新不仅包括新政策的制定，更包括对现有政策的调整、完善和升级。例如，根据评估结果，可以对政策目标进行调整，优化政策措施，引入新的技术手段，或是创新政策执行机制等。政策创新应以提升政策效率、优化公众出行体验、减缓城市交通拥堵为目标，通过科学合理的政策设计，实现政策目标与社会需求、技术发展的最佳匹配。持续性的政策评估与创新需要多方参与和协作。政府部门、研究机构、公众等多方利益相关者的参与，不仅可以提供更多元化的视角和建议，还能够增强政策制定的透明度和公众的参与度。通过建立开放、互动的政策评估与创新机制，可以有效聚合社会资源，共同推动城市交通拥堵治理策略的优化与创新。

第二节　交通工具的数字技术优化

一、车辆智能化升级

（一）智能车辆技术的发展

智能车辆技术的发展正成为交通工具数字技术优化的重要方向之一，其对于提升交通效率、安全性，以及环境友好性具有深远的影响。

智能车辆技术的核心在于其高度的自主性和智能化。这包括了自动驾驶技术、高级辅助驾驶系统（ADAS）、互联网连接功能，以及电动化技术。自动驾驶技术通过集成高级传感器、摄像头、雷达和地图数据，使车辆能够在没有人类驾驶员干预的情况下安全行驶。这不仅提高了驾驶的安全性，也为乘客提供了更多的便利和舒适体验。

智能车辆技术的发展推动了交通数据的大规模采集与分析。通过车载传感器和通信技术，智能车辆能够收集大量关于车辆性能、路况、环境条件等的数据。这些数据不仅用于实时的车辆控制和导航，也为交通流量管理和城市规划提供了宝贵的信息资源。例如，通过分析大量车辆的运行数据，可以优化交通信号控制，减少交通拥堵和排放。

智能车辆技术还促进了车辆与车辆、车辆与基础设施之间的通信，即V2X 技术。这使得车辆不仅能够"看到"自己的周围环境，还能够"了解"其他车辆的状态和道路基础设施的信息，从而提高交通系统的整体效率和安全性。例如，通过 V2X 技术，车辆可以提前了解前方路口的信号灯状态，提前作出调整，以减少停车和等待时间。

智能车辆技术的发展还与环境友好性紧密相关。电动汽车的推广减少了对化石燃料的依赖，降低了汽车排放。智能化技术使得电动汽车更加高效，比如通过智能充电系统优化充电时间和电网负载。

（二）交通工具内嵌式系统优化

交通工具内嵌式系统的优化正成为交通工具数字化转型的关键部分。这些内嵌式系统通过集成多种传感器、处理器和软件，使车辆能够更智能地响应各种道路和交通条件。这些系统不仅提高了车辆的智能化水平，还为驾驶者和乘客带来了更安全、更高效、更舒适的驾驶体验。

内嵌式系统的核心在于其先进的车载信息处理能力。现代车辆装备有各种传感器，如摄像头、雷达、超声波传感器，这些传感器能够实时收集车辆周围环境的详细信息。通过内嵌式计算系统对这些数据进行快速处理，车辆可以实时监测周围环境，预测潜在的危险并采取相应的防御措施，如自动刹车、车道保持等。内嵌式系统在提高车辆能效和减少环境影响方面也发挥着重要作用。例如，在电动汽车中，内嵌式系统能够优化电池管理和能量回收，延长车辆的行驶里程，同时降低能源消耗。此外，这些系统还能够根据交通流量和路况调整车辆的驾驶模式，从而进一步提高能源效率。内嵌式系统通过提供先进的导航和车联网服务，增强了驾驶体验。集成 GPS 和网络连接的内嵌式导航系统能够提供实时交通更新和最优路径规划，减少驾驶者在路上的时间。同时，通过车联网技术，驾驶者可以享受各种便利服务，如远程控制、紧急救援服务和实时车辆诊断。内嵌式系统还在车辆的娱乐和通信方面有着重要应用。现代车辆配备了先进的多媒体系统，提供音乐、视频播放、无线互联网接入等功能，使驾驶和乘坐体验更加愉悦。此外，通过内嵌式通信系统，车辆可以实现与其他车辆和道路基础设施的通信，形成更加智能和互联的交通网络。

（三）智能车辆在交通管理中的作用

智能车辆在现代交通管理中的作用是多方面的，它们不仅提升了个体车辆的智能化水平，而且对整个交通系统的高效运行和安全性产生了积极影响。随着数字技术的不断发展，智能车辆已经成为现代交通管理的一个重要组成部分。智能车辆通过先进的传感器和通信技术，能够实时收集和分析道路状况，包括交通流量、道路障碍物、天气条件等信息。这些数据对于改善交通管理至关重要，因为它们可以帮助交通管理中心更准确地了解实时交通状况，从而做出更有效的交通调度和管理决策。例如，通过分析大量车辆收集的数据，可以预测交通拥堵和可能的事故风险，进而采取预防措施，如调整交通信号灯的时序，发布交通警告。

在提高交通安全方面智能车辆也发挥着重要作用。这些车辆装备了各种先进的安全系统，如自动紧急刹车、车道保持辅助、盲点监测，可以有效预防交通事故的发生。此外，智能车辆还能够与其他车辆和道路基础设施进行通信，这意味着车辆可以分享有关道路状况的信息，从而提前警告驾驶员可能的危险，降低事故发生的概率。智能车辆对减少交通拥堵也有积极作用。通过高效的路线规划和车辆调度，智能车辆能够减少不必要的路程和停车次数，从而提高道路使用效率。例如，智能车辆可以根据实时交通信息选择最佳路线，避免拥堵区域，或者在停车场快速找到空车位。在环境保护方面智能车辆贡献了重要力量。许多智能车辆都采用了电动或混合动力技术，这有助于减少汽车尾气排放，改善城市空气质量。同时，通过

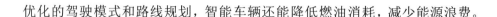

优化的驾驶模式和路线规划，智能车辆还能降低燃油消耗，减少能源浪费。

二、公共交通工具的数字化改造

（一）公共交通工具的智能监控系统

随着科技的进步和城市交通需求的增长，公共交通工具的智能监控系统在提升公共交通效率、安全性和乘客体验方面发挥着越来越重要的作用。智能监控系统通过安装在公共交通工具上的摄像头、传感器和通信设备收集实时数据。这些设备能够监控车辆的内部和外部环境，包括乘客数量、车辆速度、位置、运行状态等信息。通过实时分析这些数据，交通管理中心能够对公共交通网络进行更有效的监督和调度。例如，当某条线路的乘客量突增时，智能监控系统可以立即通知管理中心，从而快速调整车辆分配，以减少乘客等待时间和避免过度拥挤。

智能监控系统在提高公共交通安全方面扮演着关键角色。通过分析车辆内外的视频和传感器数据，系统能够及时发现潜在的安全隐患，如异常行为或潜在的设备故障。在紧急情况下，智能监控系统可以自动警报，并将关键信息实时传送到交通管理中心或紧急服务部门，以确保快速响应。此外，这一系统还可以帮助调查事故原因，提供重要的法律和保险索赔证据。

智能监控系统还能提升乘客的出行体验。例如，通过分析车厢内的乘客流量数据，系统可以提供有关哪些车厢较为拥挤的信息，帮助乘客作出更明智的车厢选择。此外，一些先进的监控系统还能提供面向乘客的服务，如动态信息显示屏、Wi-Fi 接入和紧急呼叫按钮，进一步提高乘客满意度。

智能监控系统通过收集大量的运营数据，为公共交通策略的制定和优化提供了宝贵的参考。数据分析可以揭示乘客习惯、高峰时段流量和线路效率等信息，帮助公共交通运营商优化路线规划、调度决策和资源分配。

（二）数字化票务与乘客信息系统

数字化票务与乘客信息系统在公共交通工具的数字化改造中扮演着至关重要的角色，它们不仅提高了乘客的便利性和满意度，还加强了运营效率和可持续性，是构建现代、高效、环保的公共交通系统的关键技术。数字化票务系统通过提供多种电子支付方式，简化了乘客的购票过程。传统的纸质票务系统逐渐被电子票、手机应用、NFC（近场通信）设备和智能卡等替代。这些技术使得乘客能够通过网络预订和支付车票，不仅减少了排队时间，还提高了交易的安全性和效率。电子票务系统还可以与乘客的个人账户关联，为乘客提供个性化的服务，如优惠信息、积分奖励和历史行程记录。

乘客信息系统通过集成实时数据和先进的通信技术，提供了准确的行程信息。这些系统通常包括车辆到站时间、线路状态、换乘信息和实时交通更新。通过公共交通 App、信息显示屏和车辆内的公告系统，乘客可以及时获取这些信息，有效规划行程，减少等待和旅行时间。例如，在地铁或公交车上，实时信息显示屏不仅显示下一站信息，还提供其他有用的信息，如天气预报、紧急通知和服务更新。

数字化票务与乘客信息系统为公共交通管理提供了宝贵的数据支持。通过分析乘客的购票习惯、出行模式和偏好，运营商能够更好地理解乘客需求，从而优化路线规划、调整班次频率和改进服务。此外，这些系统还能够在特殊情况下迅速通知乘客，如运营中断、线路变更和紧急情况，增强公共交通系统的响应能力和灵活性。在促进公共交通的可持续性和环境友好性方面，数字化票务与乘客信息系统至关重要。通过提供更多的电子票务选项，减少了纸质票的使用，降低了环境影响。同时，通过优化乘客流量和提高车辆使用效率，这些系统还有助于减少能源消耗和排放。

（三）公共交通工具的能效管理

公共交通工具的数字化能效管理在提升能源使用效率、降低运营成本和减少环境污染方面发挥着关键作用。随着数字技术的发展和应用，公共交通工具的能效管理正经历着一场革命性的变革，使其更加智能化、高效化，并朝着可持续发展的目标迈进。

数字技术优化了公共交通工具的能源使用。通过集成高级的传感器和数据分析工具，公共交通系统能够实时监控能源消耗、识别不必要的能源浪费，并优化运行模式。例如，电动公交车可以通过智能充电系统有效管理电池寿命，自动调整充电时间和充电速度，以最小化能源消耗和成本。同样，地铁和轻轨系统也能通过动态调整运行速度和频率来减少能源消耗，同时保持服务效率。智能调度系统在提高能效方面扮演着重要角色。利用大数据分析和预测算法，公共交通管理部门可以根据乘客流量和交通需求调整车辆的运行间隔和数量。这不仅减少了空驶和过度拥挤的情况，还优化了车辆使用效率和能源利用。例如，在需求较低的时段，可以减少车次或使用小型、能效更高的车辆，而在高峰时段则增加车辆以满足乘客需求。数字化能效管理系统还可以帮助公共交通工具减少环境影响。通过实时监控和分析排放数据，公共交通系统能够采取措施减少污染物排放，比如通过优化发动机性能或使用更环保的燃料。此外，这些系统还能够帮助公共交通工具遵守更严格的环保标准和法规，从而减少对环境的负面影响。数字技术还能够促进公共交通工具向更加环保、可持续的能源转型。例如，数字化管理系统可以帮助公交公司更有效地运营混合动力或全电动车队，提升能源利用率，同时减少化石燃料的依赖。通过对车辆能效的持续监测和优化，公共交通系统不仅能够降低运营成本，还能够减少对环境的影响。

三、非机动车与步行者的数字化管理

（一）非机动车辆的智能监测

在当前的城市交通拥堵治理中，非机动车辆和步行者的数字化管理已成为提升城市交通安全和效率的关键环节。特别是在非机动车辆的智能监测方面，数字技术的应用不仅能有效提高交通管理的精准度，还能大幅增强交通安全。非机动车辆的智能监测系统主要基于一系列高级技术，如视频分析、传感器网络和数据分析。视频监控技术在非机动车辆监测中扮演着重要角色。通过安装在交通要道和交叉口的高清摄像头，智能视频分析系统能够实时监控非机动车辆的流量、行驶方向和行驶速度。利用先进的图像识别和深度学习算法，这些系统能够准确识别非机动车辆和行人，及时发现交通违规行为，如逆行、闯红灯等。

传感器网络的应用极大地提高了非机动车辆监测的效率和准确性。通过部署在道路上的地磁感应器、红外传感器和声波传感器等，交通管理系统能够更加精确地捕捉非机动车辆的位置和运动状态。这些信息被实时传输到交通控制中心，与视频监控数据结合，形成全面的交通流动分析。大数据分析在非机动车辆智能监测中也发挥着重要作用。通过收集和分析大量的交通数据，如非机动车辆的日常流量、高峰时段的分布情况、常见的交通违规行为等，交通管理者能够更好地理解非机动车辆的行为模式，据此制定更加科学有效的交通管理措施和策略。智能监测系统还能够即时响应交通事故或异常情况。当系统检测到非机动车辆事故或交通拥堵时，可以立即通知交通管理部门和紧急救援团队，缩短响应时间，提高处理效率。同时，通过实时监控和分析交通数据，智能监测系统还能够预测潜在的交通风险，为交通管理提供科学依据。

（二）步行者导航系统的优化

随着技术的发展，步行者导航系统已经从简单的路径指引演变成为一个综合性的智能服务平台，它不仅提供路径规划，还融合了实时交通信息、环境监测、个性化服务等多种功能。步行者导航系统的核心功能是提供准确、高效的路径规划服务。利用高级的地图技术和复杂的算法，这些系统能够根据步行者的当前位置和目的地提供最佳的步行路径。这些路径不仅考虑了距离和时间的最优化，还考虑了城市的道路状况、施工区域、交通限制等多种因素，确保路径的安全性和可行性。集成实时交通信息是步行者导航系统的重要特点。通过接入城市交通管理系统，步行者导航系统可以实时更新道路、交通信号、人行横道等交通信息，帮助步行者避开交通拥堵区域，减少等待时间。例如，如果某条道路因施工或临时活动而关闭，系统会即时调整路径规划，提供替代方案。环境监测也是步行者导航系统的一项重要功能。通过传感器网络收集的环境数据，如空气质量、噪声水平、温度，可以为步行者提供更多的环境信息，帮助他们选择更为舒适、健康的步行路线。例如，在空气污染较重的天气，系统可能会建议步行者选择绿化覆盖率更高、空气更清新的路径。

个性化服务的提供，使得步行者导航系统更具吸引力。系统可以根据用户的历史行为、偏好设置等数据，提供定制化的导航服务。例如，对于健身爱好者，系统可能会推荐包含公园或其他绿色空间的路径；对于购物爱好者，则可能会提供经过商业区或特色店铺的路线。步行者导航系统还与智能手机和可穿戴设备的应用紧密结合，提供更加便捷、互动的导航体验。通过智能设备，用户可以随时获取导航信息，系统也能根据用户的实时反馈进行调整和优化。

（三）交通安全与智能化提醒

交通安全与智能化提醒系统在提升非机动车和步行者安全方面扮演着越来越重要的角色。这类系统通过集成高级传感器、数据分析和人工智能技术，能够实时监测交通环境，预警潜在风险，从而显著提高非机动车和步行者的安全性。

智能化提醒系统的核心是高效的环境感知能力。借助城市布设的广泛摄像头网络、雷达、红外传感器等设备，系统能够持续监控道路状况、交通流量，以及行人和非机动车的动态。这些传感器收集的数据被实时传输到中央处理系统，在那里进行分析和处理。数据分析和预测是这一系统的另一个关键组成部分。通过应用先进的数据分析技术和机器学习算法，系统能够从海量数据中识别出潜在的风险和异常行为模式。例如，系统可以检测到非机动车在禁行区域的行驶或者行人在非人行道上的异常行走轨迹，进而启动预警机制。智能化提醒系统还包括与用户直接交互的元素。当系统检测到潜在危险时，可以通过城市广播系统、手机应用或者直接在交通信号灯上显示警示信息，提醒行人和非机动车驾驶员注意安全。例如，当系统检测到一辆车以超过安全速度驶近人行横道时，可以通过附近的信号灯向行人发出警告。除了实时监测和预警，智能化提醒系统还可以与城市的交通管理和规划相结合。基于长期收集的数据，城市规划者可以更好地理解非机动车和行人在城市空间中的流动模式，进而优化道路设计和交通规则，如增设人行横道、调整非机动车道布局，从而从根本上提升交通安全。

随着技术的进步，未来的智能化提醒系统还可能包含更多先进功能，如与个人可穿戴设备的直接连接，为行人提供更加个性化的安全提示，或者运用更加先进的预测算法，提前预判并避免可能发生的事故。

第三节　智能交通系统的数字化转型升级

一、交通监控系统的数字化

（一）实时交通监控技术

实时交通监控技术不仅能够提高城市交通的运行效率，还能显著增强交通安全性和应急响应能力。通过集成先进的信息技术和通信系统，实时交通监控技术已成为现代城市交通管理的核心。实时交通监控技术的核心在于其高度的信息化和自动化。通过在城市关键路口和道路上安装高清摄像头、交通流量检测器、速度检测雷达等设备，监控系统能够持续捕捉和记录道路的实时交通状况。这些设备收集的数据包括车辆数量、速度、类型，以及行人流量,为交通管理和决策提供了实时、准确的数据支持。实时数据的分析和处理是实时交通监控技术的另一大特点。通过应用大数据分析技术和人工智能算法,监控系统能够对收集的海量数据进行快速处理和分析,实时识别交通拥堵、事故、违章等情况,并及时向交通管理中心和相关部门报告。此外,系统还能根据历史数据和实时状况,预测交通趋势,为交通调控和规划提供科学依据。交通监控系统的另一重要功能是与交通信号控制系统的集成。通过实时监控道路交通状况,系统可以动态调整交通信号灯的时序,优化交通流动,减少车辆等待时间,提高道路通行效率。例如,在交通高峰时段,监控系统可以实时调整主要路口的信号灯,以减轻拥堵。

在紧急情况下,实时交通监控技术同样不可或缺。在发生交通事故或其他紧急事件时,系统可以迅速定位事故地点,实时传输事故现场情况,协助紧急救援队伍快速响应。同时,系统还可以对周边道路交通进行实时调整,避免次生拥堵,确保救援车辆的畅通无阻。随着技术的不断进步,实时交通监控技术的应用范围和功能也在不断扩展。例如,结合车联网技术,监控系统可以直接与车辆通信,提供实时导航建议,协助驾驶员选择最优路线。此外,未来监控系统还可能与智能交通应用、自动驾驶车辆等更多新兴技术相结合,进一步提升城市交通的智能化水平。

(二)数据分析与交通预测

通过利用大数据技术和智能算法,交通监控系统不仅能实时监测道路状况,还能预测未来交通趋势,从而有效指导交通管理和规划。交通数据分析的核心是从海量实时和历史交通数据中提取有用信息。交通监控系统通过路侧传感器、摄像头、GPS 等设备收集的数据包括车辆流量、速度、行驶方向、事故记录、天气状况等。通过将这些数据输入到先进的数据处理平台,系统可以实现对交通状态的多维度分析,如交通流量分布、高峰时段预测、事故频发地点识别。

交通预测是数据分析的进一步应用。利用机器学习和深度学习技术,交通监控系统可以基于历史数据模式识别和实时交通状况，预测短期内的交通流变化。例如，系统可以根据过去的交通拥堵数据预测未来的高峰时段，或者根据天气预报和即时交通情况预测特定路段的潜在风险。交通预测技术的应用不仅有助于日常交通管理，还对应急响应具有重要意义。在突发事件如交通事故或极端天气情况下，预测技术能够快速预判事故对周边交通的影响，协助交通管理部门迅速做出调整，有效缓解交通拥堵，保障救援车辆的畅通。

交通预测技术在长期城市交通规划中也发挥着重要作用。通过分析历史交通数据，预测技术可以帮助城市规划者理解城市交通发展的趋势，为道路规划、交通设施建设提供科学依据。同时，预测技术还能评估不同交通管理策略的潜在效果，为制定更有效的交通政策提供支持。随着人工智能技术的不断进步，交通预测的准确度和实用性也在不断提升。未来，交通监控系统将能够更精确地预测交通状况，为城市交通管理提供更为有效的决策支持。

（三）事故检测与应急响应系统

事故检测与应急响应系统的核心目标是通过高效的事故检测技术和迅速的应急响应措施，最大程度地减少交通事故带来的影响，保障道路安全和交通流畅。事故检测技术在智能交通系统中扮演着关键角色。利用先进的传感器、摄像头和其他监测设备，事故检测系统可以实时监控道路状况，快速识别交通事故的发生。这些设备不仅能够捕捉车辆速度、位置和行驶方向等信息，还能通过图像识别技术和行为分析，识别异常行驶模式或潜在的事故风险。一旦检测到事故或异常情况，系统会立即发出警报，并将事故信息传递给交通管理中心。

应急响应系统是事故检测后的重要环节。一旦发生交通事故，应急响应系统将协调不同的管理资源和应急服务，如交警、医疗救护和交通疏导，确保快速有效的事故处理。此外，系统还可以利用实时数据和交通模型预测事故对周边交通的影响，提前制定交通疏导方案，避免或减轻次生交通拥堵。

事故检测与应急响应系统还可以与其他智能交通系统组件协同工作。例如，与交通信号控制系统联动，根据事故情况调整信号灯配时，为救援车辆提供快速通行通道。同时，系统还可以通过移动应用或道路显示屏向公众提供事故信息和交通建议，引导驾驶员选择替代路线，减少事故对交通流的影响。

事故数据的收集和分析对于未来事故预防和交通安全管理也至关重要。通过分析事故原因、类型和频率等数据，交通管理部门可以更深入地了解事故发生的根本原因，进而制定更有效的交通安全策略和规划。

二、交通信号系统的智能化改进

（一）自适应交通信号控制

自适应交通信号控制的目的是通过高效的信号控制策略，优化交通流，减少拥堵，提升整体道路使用效率。自适应交通信号控制系统利用先进的数据采集设备（如摄像头、感应器）实时监控交通流量、车速和车辆类型等信息。这些数据被传输到中央控制系统，通过分析实时交通数据，系统能够自动调整信号灯的相位和持续时间，以适应不断变化的交通状况。这种自适应能力使得交通信号更加灵活，能够根据实际交通需求进行优化，减少停车和等待时间，提高道路通行效率。

自适应信号控制系统的核心是高级的算法和计算模型。这些模型不仅考虑当前的交通状况，还能够预测未来的交通流量变化，从而提前调整信号计划。此外，这些系统还可以处理大量历史交通数据，学习和识别特定时间段或特定天气条件下的交通模式，从而使信号控制更加精确和有效。在实际应用中，自适应交通信号控制系统已经证明可以显著改善交通流，减少车辆排队长度和等待时间，降低车辆排放，提高交通安全。例如，在交叉口安装的摄像头和传感器能够实时监测车辆和行人流量，系统根据这些信息自动调整红绿灯时长，优化车流和行人流的交叉通过。这一系统还可以与其他智能交通系统组件协同工作，例如，与紧急车辆优先系统结合，为救护车、消防车等提供快速通行路线；与公共交通优先系统结合，减少公交车的行驶时间和等待时间。

自适应交通信号控制系统还面临一些挑战，如数据处理的复杂性、系统实施成本和城市交通网络的多样性。尽管如此，随着技术的进步和成本的降低，预计这一系统在未来将在更多城市中得到广泛应用，为城市交通管理提供更加智能、高效和可持续的解决方案。

（二）交通流优化算法的应用

交通流优化算法应用的主要目的是通过高级算法的应用来改善城市交通流，缓解拥堵，提升道路网络效率。这些算法通常基于大量的交通数据进行分析和决策。通过实时或历史交通数据的收集和处理，这些算法能够识别交通模式，预测交通趋势，并据此调整交通信号，优化车流分配。这些数据包括但不限于车辆数量、车辆类型、行车速度、车道使用情况和交叉路口的交通流量。

交通流优化算法的关键在于其能够适应复杂的交通场景和不断变化的交通条件。例如，某些算法能够根据时间段（如早晚高峰）或特定事件（如大型活动、交通事故）来动态调整信号计划。这种灵活性使得交通信号控制能够更好地适应实际交通需求，从而减少拥堵和提高道路利用率。这些算法还可以通过学习历史交通数据来识别特定模式，如节假日交通流或特定天气条件下的交通变化。这种预测能力使得交通管理部门能够预先准备，从而更有效地应对可能的交通压力。

交通流优化算法也与其他智能交通系统组件紧密集成。例如，它们可以与车辆检测和分类系统集成，以提供更准确的交通流量和车辆类型数据，从而使信号控制更加精确。此外，这些算法还可以与公共交通系统集成，优化公交车的行驶路线和时间表，减少公交车的行驶时间和等待时间。在实际应用中，交通流优化算法已经显示出显著的效果。它们能够有效减少车辆排队长度，缩短车辆的平均等待时间，提高交通流量的通行效率，减少车辆排放，从而有助于实现更加绿色和可持续的城市交通环境。

这些算法的实施和维护也面临着一些挑战,例如,算法的复杂性、数据质量和完整性问题,以及算法适应不同城市交通网络的能力。未来,随着技术的进步和算法的优化,这些挑战有望得到解决,使得交通流优化算法在全球范围内得到更广泛的应用。

(三)信号系统与车辆通信技术

信号系统与车辆通信技术的融和与优化是智能交通系统发展的关键趋势。这种集成不仅提高了交通管理的效率和安全性,还为实现智能城市的愿景奠定了基础。信号系统与车辆通信技术的结合,主要依赖于两大技术支撑:车联网通信技术和智能交通信号控制系统。V2X 技术涵盖了车与车、车与基础设施、车与行人等多种通信形式,使得车辆能够与周围环境进行实时互动。这种通信方式为智能交通信号系统提供了实时的交通数据,包括车辆位置、速度、行驶方向等关键信息。

智能交通信号系统则利用这些数据进行动态交通流量分析和信号调整,以优化交通流和减少拥堵。例如,信号系统可以根据接收到的实时交通数据调整红绿灯时长,优化车流分配。此外,基于车辆和行人的位置信息,智能信号系统可以提供更安全的过街辅助,减少交通事故。这种技术融合的另一个重要方面是信号优先策略,特别是对公共交通工具如公交车和紧急车辆如救护车和消防车的优先处理。通过 V2X 通讯,这些车辆可以提前向信号系统发送请求,以在交通繁忙时段获得绿灯优先权,从而提高服务效率和应急响应速度。

信号系统与车辆通信技术的融合还促进了车辆自动驾驶技术的发展。自动驾驶车辆可以实时接收来自交通信号系统的数据,从而更加精确地做出驾驶决策,提高行驶的安全性和效率。同时应注意的是要确保系统的可靠性和安全性,特别是在面对网络攻击和数据隐私保护方面。不同品牌和型号的车辆之间的通信兼容性也是一个重要考虑因素。

三、城市交通管理的数字平台建设

（一）综合交通管理平台的开发

在智能交通系统的数字化转型升级中，综合交通管理平台的开发是关键步骤，旨在通过数字化手段优化城市交通管理，提升城市交通系统的效率和可靠性。这一平台通过集成和分析来自各种交通工具和交通基础设施的大量数据，为交通管理者提供决策支持，同时为公众提供实时交通信息。

综合交通管理平台核心是数据的集成和处理能力。平台需要处理来自道路监控摄像头、交通信号系统、公共交通系统与移动设备等多种来源的大数据。这些数据包括但不限于交通流量、车辆速度、事故信息、天气状况和道路条件等。通过高效的数据处理和分析技术，如大数据分析、云计算和人工智能算法，平台能够提供交通流量预测、事故检测、拥堵分析等服务。平台的一个重要功能是实时交通监控和管理。通过集成来自各类传感器和摄像头的实时数据，平台可以快速响应交通事故、拥堵和其他紧急情况，及时调整交通信号，指导交通疏导。此外，平台还可以与智能交通信号系统联动，根据实时交通状况动态调整红绿灯时序，优化交通流。

综合交通管理平台还提供公众服务。通过移动应用和网络界面，公众可以访问实时交通信息，包括道路拥堵情况、公交车到站时间、停车位信息等，从而帮助他们规划出行路线，避开拥堵区域。这不仅提高了公众出行效率，也有助于缓解交通压力。平台的另一重要功能是数据驱动的交通规划和政策制定支持。通过长期收集和分析交通数据，平台可以帮助交通规划者识别城市交通系统的长期趋势和问题点，制定更有效的交通规划和政策。

（二）多模态交通信息的集成

多模态交通信息的集成对于优化城市交通管理、减少拥堵和提升市民生活质量具有重要意义。这种集成不仅涉及各种不同交通模式的数据，如公共交通、私家车辆、自行车和行人流量，还包括城市基础设施的相关信息。

多模态交通信息集成的目的是创建一个统一的平台，该平台能够实时收集和分析来自不同交通模式的数据。例如，公共交通数据包括车辆位置、到站时间和乘客数量，而道路交通数据则涉及车流量、交通速度和事故报告。此外，对于非机动车辆和行人流量的监测也同样重要。通过对这些数据的综合分析，可以更准确地预测交通趋势，制定有效的交通管理策略。

多模态交通信息集成需要高度的数据处理和分析能力。这通常涉及大数据技术、云计算和人工智能算法，以处理和分析庞大的数据量。这些技术能够帮助识别交通瓶颈，预测可能的拥堵情况，并提供基于数据的决策支持。

多模态交通信息集成还应包括一个用户友好的接口，方便市民和交通管理者获取信息。这可以是一个网页平台或移动应用，提供实时交通更新、路线规划和交通警告。例如，如果某条主要道路出现严重拥堵，系统可以立即通知用户并提供替代路线。

实现多模态交通信息的集成也面临一些技术和管理上的挑战。这些挑战包括不同数据来源的标准化、数据共享和隐私保护问题，以及需要高度协调的跨部门合作。为了克服这些挑战，需要建立统一的数据标准，确保数据安全和隐私，以及加强政府机构、私营部门和公众之间的合作。

（三）智慧城市交通管理策略的实施

智慧城市交通管理策略的实施可以显著提高城市交通效率，减少拥堵，提高市民的出行体验。这要求构建一个高度整合的系统，不仅能处理和分析大量交通数据，还能根据这些数据实施有效的管理策略。

智慧城市交通管理策略的实施需要一个强大的数据处理和分析平台。这个平台应该能够实时收集来自各种传感器、监控摄像头、GPS 系统、公共交通和社交媒体等的数据。利用大数据分析、人工智能和机器学习技术，可以从这些数据中提取有用的信息，如交通流量模式、拥堵状况和事故发生的可能性。

基于这些数据，智慧城市交通管理系统可以制定和实施多种策略。例如，通过分析交通流量和拥堵模式，可以优化交通信号灯的时序，减少交通延迟和堵塞。在紧急情况下，如事故或极端天气，系统可以快速调整交通信号，引导车辆避开拥堵区域。此外，智能停车系统可以帮助司机快速找到空闲停车位，减少寻找停车位时的交通拥堵。

智慧城市交通管理策略还应包括公共交通的优化。通过实时监控公交车、地铁和火车的运行状态，可以有效调配车辆和调整时刻表，以满足乘客需求。同时，通过提供实时的公共交通信息，鼓励市民更多地使用公共交通工具，从而减少私家车的使用，降低道路拥堵。

智慧城市交通管理还应考虑到非机动车和行人的安全。例如，通过在重要路口安装智能传感器和摄像头，可以监控行人和自行车的流量，并据此调整交通信号，确保他们的安全。另外需要考虑的就是技术集成、跨部门协作、数据共享和隐私保护等，需要建立统一的技术标准，确保数据安全，同时加强政府、企业和公众之间的合作和沟通。

参考文献

［1］孙一平. 从数字技术到数字职业：内涵、特征与类型［J］. 中国人事科学，2023（2）.

［2］汤喆轶，田丽君，李鹏博. 自动驾驶时代基于电子路票的组合策略管理多模式通勤出行［J］. 系统工程理论与实践，2023，43（1）：266-280

［3］郭海，杨主恩. 从数字技术到数字创业：内涵、特征与内在联系［J］. 外国经济与管理，2021（9）.

［4］李敏，唐杰，吴中明. 交通拥堵管理中可交易电子券方案的公平性分析［J］. 运筹与管理，2022，31（5）：86-92.

［5］段灵峰，胡小伟，韩超. 基于人工智能技术的城市轨道交通综合监控系统设计研究［J］. 交通科技与管理，2021（27）：2-9.

［6］于海宾. 城市交通拥堵问题的分析与对策——以沈阳市为例［J］. 城市道桥与防洪，2020（4）：11-13＋9.

［7］朱鸿伟，田丽君，许岩. 鼓励合乘的可交易电子路票策略管理混合时代出行需求［J］. 系统工程理论与实践，2022，42（5）：1314-1326.

［8］杨鹏飞. 大城市交通拥堵治理研究［J］. 河南科技，2020（16）：106-108.

［9］徐猛，高自友. 基于可交易出行路票的城市交通需求管理［J］. 交通运输系统工程与信息，2021，21（5）：12-21.

［10］唐杰，李敏，吴中明. 考虑交易费用的电子路票方案建模与分析［J］. 系统工程学报，2021，36（4）：552-565.

［11］刘恬婧，田丽君. 可交易电子路票机制下行为效应验证研究［J］. 技术与市场，2021，28（3）：21-25.

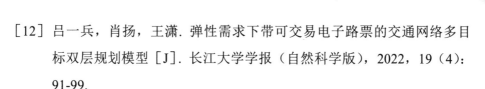

[12] 吕一兵，肖扬，王潇. 弹性需求下带可交易电子路票的交通网络多目标双层规划模型［J］. 长江大学学报（自然科学版），2022，19（4）：91-99.

[13] 张博阳. 探讨人工智能技术在城市智能交通方面的应用［J］. 时代汽车，2020（22）：187-188.

[14] 林明冲. 人工智能技术与交通网联深度融合的城市智能交通技术［J］. 中国设备工程，2020（13）：40-41.

[15] 周正. 基于人工智能技术的城市智能交通应用［J］. 中国高新科技，2020（11）：91-92.

[16] 徐红兵，邓惠俊. 人工智能技术在城市智能交通系统中的应用［J］. 计算机产品与流通，2020（1）：167.

[17] 马建文. 基于 BIM 模型的城市轨道交通自动扶梯智能监测系统［J］. 现代城市轨道交通，2021（5）：102-106.

[18] 郭钦，刘奥. 基于 BIM 技术的城市轨道交通车辆基地可视化智能运维系统［J］. 现代城市轨道交通，2021（3）：86-91.

[19] 李骏，王永军. 中国智慧城市、智慧交通和智能汽车（SCSTSV）：发展战略、系统构架和应用［J］. 汽车文摘，2021（3）：1-7.

[20] 李存强. 人工智能技术在城市智能交通方面的应用研究［J］. 科技视界，2020（2）：9-11.

[21] 刘栋.5G 技术在轨道交通内的应用探讨［J］. 通讯世界，2019（10）：127-128.

[22] 李晔，李文翔，魏愚燊. 道路交通碳排放权交易研究现状与展望［J］. 同济大学学报（自然科学版），2018，46（4）：465-471.

[23] 胡峻伟. 广州市城市公交运营安全的政府监管研究［D］. 广州：华南理工大学，2022.

[24] 张亚琼. 多目标区域公交节能调度优化研究［D］. 兰州：兰州交通大学，2022.

［25］郭艺璇. 基于区间重叠影响下的公交调度优化［D］. 兰州：兰州交通
大学，2021.

［26］陈鹏. 考虑车内拥挤的单线公交发车时刻表编制优化研究［D］. 成都：
西南交通大学，2021.

［27］李文翔，李晔，蔡近近. 政府-企业-居民协同共治的道路交通碳交易机
制［J］. 中国环境科学，2021，41（9）：4426-4438.

［28］赵继敏. 超大城市交通碳减排的激励机制与实现途径［J］. 生态经济，
2021，37（9）：34-39.

［29］王良琴. 基于可靠性的常规公交调度优化研究——以南昌市 211 路公
交为例［D］. 南昌：华东交通大学，2014.

［30］金昱. 国际大城市交通碳排放特征及减碳策略比较研究［J］. 国际城市
规划：2022，37（2）：25-33.

［31］崔文秒. 5G 时代户外在智慧城市建设中的新机遇［J］. 城市轨道交通，
2020（4）：52-55.

［32］李扬，刘平，王丹丹. 基于 5G 网络和 CIM 的智慧城市系统构建探索
［J］. 智能建筑与智慧城市，2020（3）：27-29.

［33］孙晓燕，韩晓，闫小勇，等. 交通出行选择行为实验研究进展［J］.
复杂系统与复杂性科学，2017，14（3）：1-7.

［34］齐航，于跃洋，王光超，等. 策略性交通出行选择行为研究评述：实
验经济学方法的应用［J］. 交通运输工程与信息学报，2022，20（3）：
141-153.

［35］李金海，杨冠华，丁漪，等. 城市轨道交通新线开通对出行方式选择
的影响研究［J］. 交通运输系统工程与信息，2022，22（5）：135-140＋153.

［36］国东芳，王伟. 轨道交通人工智能及工业互联网智能化技术专利态势
研究［J］. 中国发明与专利，2021，18（9）：49-54.

［37］黄淑兵，陆杨，张长辉，等. 人工智能时代公安交通集成指挥平台在
移动警务终端的应用［J］. 道路交通科学技术，2020（1）：33-39.

[38] 张航，陈于强，向芸，等.5G+时代基于车路协同的典型应用场景研究 [J]．长江信息通信，2022（035-001）.

[39] 任大凯，廖振松.5G 车路协同自动驾驶应用研究 [J]．电信工程技术与标准化，2020，33（9）：7.

[40] 张纪元.5G 确定性网络业务商业模式探讨 [J]．中国电信业，2021（10）：3.

[41] 方琰崴，陈亚权，李立平，等.5G 网络切片解决方案和关键技术 [J]．邮电设计技术，2020（3）：5.

[42] 韩籽贞，王鑫．地铁车辆现代化升级改造的发展问题研究 [J]．现代城市轨道交通，2020（6）：134-137.

[43] 赵铎．智能运维技术在城轨车辆管理中的运用 [J]．电脑知识与技术（学术版），2021（35）：129-130.

[44] 彭俊玮，蒋国涛，文林．城市轨道交通智能运维车载子系统的研究与应用 [J]．控制与信息技术，2021（5）：26-32.

[45] 刘永涛，樊亚敏，张莉，等．基于自学习的组网式交通信号灯异常检测研究 [J]．重庆交通大学学报（自然科学版），2021，40（3）：27-33.

[46] 邵叶秦，周昆阳，郑泽斌，等．基于改进的轻量级 YOLOv3 的交通信号灯检测与识别 [J]．南通大学学报（自然科学版），2021，20（3）：34-40.

[47] 孙静，杨森林，师超，等．基于图像处理参数反馈自适应方法设计与应用 [J]．计算机测量与控制，2021，29（6）：164-168.

[48] 池来新，谢宁，张学杰，等．基于粒子群算法的分布式计算系统能效优化方法 [J]．计算机应用与软件，2021，38（6）：182-190，197.

[49] 张云顺，华国栋，李宁，等．基于车路协同的智能驾驶研究综述 [J]．汽车文摘，2022（6）：49-57.

[50] 高顿．边缘计算在车路协同中的场景应用分析 [J]．广东通信技术，2021（5）：58-60.